CODE

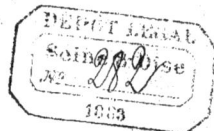

DE

PROCÉDURE CIVILE

(MARTINIQUE, GUADELOUPE ET DÉPENDANCES)

DE

1829 A 1880

PAR

ALEXIS GARNIER

GREFFIER EN CHEF DE LA COUR D'APPEL DE LA MARTINIQUE.

PARIS

LIBRAIRIE A. MARESCQ AÎNÉ

A. CHEVALIER-MARESCQ, SUCCESSEUR

20, RUE SOUFFLOT, 20

Au coin de la rue Victor-Cousin

1883

CODE

DE

PROCÉDURE CIVILE

(MARTINIQUE, GUADELOUPE ET DÉPENDANCES)

OUVRAGES DU MÊME AUTEUR :

Code d'instruction criminelle.
Code pénal.
Code civil (*sous presse*).

———

EN PRÉPARATION :

Code de commerce.
Organisation judiciaire.

4095-81 — Conseil. Typ. et stér. Crété.

CODE

DE

PROCÉDURE CIVILE

(MARTINIQUE, GUADELOUPE ET DÉPENDANCES)

DE

1829 A 1880

PAR

ALEXIS GARNIER

GREFFIER EN CHEF DE LA COUR D'APPEL DE LA MARTINIQUE.

———

PARIS

LIBRAIRIE A. MARESCQ AÎNÉ

A. CHEVALIER-MARESCQ, SUCCESSEUR

20, RUE SOUFFLOT, 20

Au coin de la rue Victor-Cousin

—

1883

PRÉFACE

« La forme emporte le fond. »

Ce vieil adage du droit français témoigne de la nécessité de bien soigner la forme pour ne pas compromettre le fond ; et il en résulte que tout ce qui tend à faciliter l'étude et la pratique de la procédure ne peut qu'être utile. Tel serait un travail réunissant les parties éparses de la législation sur la matière et les présentant en un tout complet pour en mieux faire ressortir le sens et la portée.

En France, les différents codes, régulièrement annotés, reproduisent sous forme synoptique, les textes anciens, intermédiaires et nouveaux, et, en les rapprochant ainsi les uns des autres, établissent les relations de ces textes entre eux et leur dépendance mutuelle.

Ce soin de codifier, que se partagent des jurisconsultes distingués, n'a lieu ni à la Guadeloupe, ni à la Martinique, où cependant les lois exceptionnelles qui régissent les colonies se succèdent incessamment en se modifiant et se traduisent, nous osons le dire, en un véritable chaos.

Il nous a donc paru qu'une publication sur le Code de procédure civile colonial pourrait rendre quelque service : c'est dans ce but que nous l'avons entreprise, et nous croyons avoir apporté à sa préparation tout le soin nécessaire.

Elle présente l'ensemble des textes promulgués dans le cours de cinquante-deux ans et collationnés sur les actes officiels.

L'ancien mode de procéder en matière civile était réglé par des ordonnances et arrêtés dont les dispositions n'ont été abrogées que par l'ordonnance du 19 octobre 1828, et ces dispositions ont été remplacées tant par le Code de procédure civile rendu exécutoire sous les modifications contenues dans cette même ordonnance, que par les lois, décrets, etc., qui ont suivi jusqu'à ce jour.

Ces différents textes, précédés des instructions ministérielles qui expliquent ladite ordonnance, font l'objet de cet essai de codification, lequel contient une référence des articles, et est terminé par une table des matières, une table de concordance et une table alphabétique.

Les notes à consulter et les textes en vigueur, autres que les articles du Code et ceux de l'ordonnance applicative, sont indiqués par des chiffres et reproduits au bas des pages du volume.

Les articles abrogés sont placés de même, mais sous renvois par des lettres minuscules.

Cette méthode, assez généralement adoptée, offrant les plus grandes facilités pour les recherches, nous rappelle cette pensée de La Harpe :

« Le *temps,* qui partout est précieux, l'est peut-être dans les tribunaux plus que partout ailleurs. »

Puisse ce travail être de quelque utilité à ceux qui s'occupent de l'étude des lois !

A. GARNIER,

Greffier en chef de la Cour d'appel.

Fort-de-France (Martinique), le 31 décembre 1880.

INSTRUCTIONS MINISTÉRIELLES

SUR LE MODE DE PROCÉDER EN MATIÈRE CIVILE AUX ANTILLES, ADRESSÉES

A M. LE GOUVERNEUR DE LA MARTINIQUE.

Paris, le 14 novembre 1828. (N° 437.)

Monsieur, je vous adresse ci-joint une ampliation de l'ordonnance du Roi, en date du 19 octobre 1828, qui règle provisoirement le mode de procéder en matière civile à la Martinique.

Le Code de procédure civile n'a point été promulgué dans la colonie ; mais la révision qu'il doit subir préalablement exige un travail long et difficile qui n'a pu être fait en même temps que l'organisation judiciaire.

De là résultait la nécessité d'une ordonnance transitoire. Cette mesure fut prise, pour l'île de Bourbon, dans les mêmes circonstances, et des motifs semblables la rendent indispensable pour les Antilles.

L'ordonnance Royale du 19 octobre 1828 ne diffère que très peu de celle qui a été rendue pour l'île de Bourbon, et ces différences proviennent uniquement de ce que l'organisation judiciaire de cette colonie n'est pas identique avec celle de la Martinique et de la Guadeloupe.

L'ordonnance ci-jointe se compose de deux titres.

Le premier renferme les modifications apportées au Code de procédure proprement dit.

Le second contient des dispositions supplémentaires à ce Code.

Les modifications qui s'appliquent au 1er titre du livre Ier du Code de procédure qui traite de la *justice de paix*, ne sont relatives qu'aux changements apportés par l'organisation judiciaire dans la compétence et dans la composition des tribunaux.

Les juges de paix ayant désormais une compétence commerciale, il fallait régler devant quel juge de paix serait donnée la citation en pareille matière, et jusqu'à quelle somme leur jugement serait exécutoire par provision. L'exécution provisoire a été admise jusqu'à 300 francs, et la caution a été exigée en matière pure civile, parce que la quotité de la somme ayant été augmentée, on a craint que les juges de paix ne commissent des erreurs souvent irréparables, s'il n'y avait pas de caution fournie. A l'égard des jugements en matière commerciale, l'exécution aura lieu sans caution, lorsqu'il y aura titre non attaqué, on condamnation précédente dont il n'y aura pas d'appel; et, dans ce cas, ce sera au juge à l'ordonner.

L'article du Code relatif aux assignations à donner à l'État, au Trésor, aux administrations et établissements publics, au Roi, aux communes, aux sociétés de commerce, aux unions et Directions de créanciers, et à ceux qui n'ont aucun domicile à la Martinique, à la Guadeloupe, a subi les changements qu'exigeaient les dénominations nouvelles introduites dans ces colonies.

On a maintenu les dispositions du livre II du Code relatives à la conciliation; mais afin de donner au juge de paix plus de moyens pour amener les parties à se concilier, on lui a accordé la faculté de les entendre, en son hôtel, séparément.

On conçoit en effet que la tentative de conciliation devant le public, et vis à vis des parties à qui le juge n'a pas encore fait sentir les inconvénients d'un procès, n'est guère efficace et ne tend, le plus souvent, qu'à aigrir les amours-propres qui se trouvent en présence.

La faculté accordée à la partie de se faire accompagner chez le juge de paix par un parent ou un ami, a pour objet d'empêcher que ce magistrat, se trouvant seul avec la personne citée en conciliation, n'abuse envers elle de son autorité, et n'emploie des moyens condamnables pour déterminer l'abandon de l'action intentée.

La substitution du Juge Royal a eu lieu dans tous les actes qui exigent l'intervention du président du tribunal de première instance, pour permettre d'assigner à bref délai; et les délais des ajournements pour les individus domiciliés dans les îles du Vent, et dans les pays situés à l'ouest du cap de Bonne-Espérance et à l'est du cap Horn, ainsi qu'à l'ouest de ce cap, et à l'est du cap de Bonne-Espérance, ont été fixés à des termes proportionnés à l'éloignement de ces divers lieux.

Au nombre des causes susceptibles de communication au Ministère public se trouvent placées *les demandes et contestations relatives aux*.............., *ainsi que toutes les demandes au principal qui auront été précédées d'une instance en référé.*

Dans les cas où les plaidoiries se feront à huis-clos, le Procureur général transmettra extrait de la délibération au Gouverneur.

Le Juge Royal rendra seul les jugements en première instance, et néanmoins *devra prendre l'avis des juges auditeurs présents à l'audience.*

Vous recommanderez au Procureur Général de veiller à ce que, sous aucun prétexte, les juges auditeurs ne se dispensent du service d'audience.

Les dispositions relatives à la manière de recueillir les opinions et de vider les partages dans un tribunal composé de plusieurs juges, ont été supprimées. Toutefois l'intervention du plus ancien des juges auditeurs, présents à l'audience, est admise pour régler l'opposition aux qualités, en cas d'empêchement du juge qui aura présidé.

En réglant les formalités pour les enquêtes, on a dû s'occuper de l'audition des. . . . . .
. . . . *Le juge Royal* et

le lieutenant de juge seront respectivement juges des demandes en nullité dans les enquêtes qu'ils n'auront pas faites.

Le titre XX du livre II du Code, sur le renvoi à un autre tribunal pour cause de parenté ou alliance, a reçu quelques modifications en ce sens que le nombre des magistrats qui composent les tribunaux et la cour étant moins considérable qu'en France, il était conséquent de diminuer le nombre des parents ou alliés d'une des parties dont la présence dans un tribunal ou dans une cour, permettra à l'autre partie de demander le renvoi.

La permanence de la chambre d'accusation a mis dans le cas d'attribuer à cette chambre, jugeant civilement, le droit de statuer sur la déclaration des juges qui sauraient cause de récusation en leur personne, ainsi que sur les récusations formées par les parties.

C'est le même motif qui a déterminé à faire assigner devant cette chambre, en audience publique, pour obtenir des défenses d'exécuter les jugements qui auraient été mal à propos qualifiés en dernier ressort ; mais dans ces divers cas, elle n'usera de ce droit que dans l'intervalle des sessions de la cour royale.

Quelques modifications ont été faites au livre IV qui traite des *voies extraordinaires pour attaquer les jugements.*

Dans les colonies où il n'y a pas de barreau constitué comme en France, il a fallu restreindre à la signature de deux avocats-avoués, et à leur défaut, de deux avoués, la précaution de la loi relative à la consultation exigée de la partie qui se pourvoit par requête civile.

Le besoin impérieux pour les colonies de ne pas ralentir la marche de la justice par des dispositions qui entraîneraient avec elles des longueurs inutiles, a fait modifier l'article du Code relatif au cas où une cour royale, composée d'une seule section civile, aurait prononcé l'admission de la prise à partie.

En France, c'est à la Cour de cassation qu'il appartient de statuer sur la remise à la cour la plus voisine ; mais, dans les colonies de la Martinique et de la Guadeloupe, chacune des deux cours de ces îles se trouvera de plein droit respectivement saisie, lorsqu'une d'elles aura prononcé l'admission.

Le livre V, sur l'exécution des jugements, contient un certain nombre de modifications dont voici les plus importantes :

Parmi les objets insaisissables, sera toujours compris. . . . .

Les commissaires commandants des communes n'étant pas toujours, tant à raison de leurs affaires personnelles que de leur position sociale, en mesure d'assister l'huissier saisissant, pour ordonner, s'il y a lieu, l'ouverture des portes, le projet appelle, en cas d'absence ou du refus de ces officiers publics, l'officier de l'État civil à remplir ces fonctions, et le rend passible de tous dommages et intérêts s'il n'obtempère pas à la réquisition de l'huissier.

L'extrême difficulté d'opérer les saisies mobilières sur les propriétés rurales, et les graves inconvénients qu'entraîne, en cas de saisie, le placement de gardiens étrangers sur les habitations éloignées des bourgs, et où le propriétaire commande en maître absolu, l'impossibilité pour le saisissant de faire transporter les denrées saisies au lieu où doit s'opérer la vente, lorsque les communications ne sont pas toujours faciles, et que le propriétaire a seul en sa possession les moyens de transport, ont fait admettre, comme règle invariable, que le propriétaire sur lequel s'opèrerait une saisie mobilière, ou, à son défaut, son principal économe serait, de droit, gardien judiciaire des effets saisis; qu'il serait tenu de les transporter au lieu et au jour indiqués pour la vente, et que, s'il n'effectuait pas ce transport, il y serait contraint par corps, en vertu d'une simple ordonnance de juge, qu'enfin, en cas de détournement des objets saisis, il serait passible des peines portées par l'article 408 du Code pénal.

Les formalités exigées par le Code pour la vente de la vaisselle d'argent et des bijoux saisis, ne pourront avoir lieu qu'autant que la valeur de ces objets s'élèvera à 600 francs environ. Cette disposition a pour motif d'épargner aux parties des frais supérieurs à la valeur des objets vendus.

Les arrêtés des administrateurs de la Martinique et de la Guadeloupe portant suspension des dispositions relatives aux saisies immobilières, sont provisoirement maintenus, mais cette suspension n'aura d'effet que jusqu'au moment où la révision du Code de procédure permettra d'adopter un système qui donne aux créanciers les garanties qu'ils ont droit d'attendre, en protégeant à la fois les intérêts du débiteur et ceux de l'agriculteur.

L'ordonnance ci-jointe apporte à la 2ᵉ partie du Code, relative à des procédures particulières, les modifications que nécessitaient le défaut de tribunaux de commerce, de chambres de notaires et d'avoués; l'abolition du divorce; l'existence d'un curateur en titre d'office qui rend inutile la nomination d'un curateur pour chaque succession vacante; la position des colonies relativement à l'équateur, qui fait que les jours sont presque égaux aux nuits pendant tout le cours de l'année; l'application, aux individus qui sont absents de ces îles, des règles relatives à ceux qui sont absents du territoire du royaume; la nécessité d'investir les commissaires commandants des communes et leurs lieutenants, de certaines fonctions dévolues par le Code aux maires qui n'existent point à la Martinique et à la Guadeloupe; l'obligation d'insérer les annonces dans les journaux de ces colonies; . . . . .
. . . .

Le deuxième titre de l'ordonnance, intitulé : *Dispositions supplémentaires du Code de procédure civile*, est consacré, dans ses trois premiers chapitres, à régler ce qui est relatif à la distribution des causes, à l'instruction d'audience, à la communication au ministère public et au jugement, soit devant les justices de paix et les tribunaux de première instance, soit devant la cour royale.

La plupart de ces dispositions éparses dans divers lois et décrets, notamment dans la loi du 20 avril 1810, et dans les décrets des 30 mars 1808 et 6 juillet 1810, touchent de si près à la procédure, qu'on n'a pas jugé à propos de les comprendre dans l'organisation judiciaire; dès lors elles devaient être annexées au Code de procédure civile.

Je n'entrerai point dans le détail des dispositions de chacun des articles contenus dans ces trois chapitres. Il suffira de dire que l'on a adopté, sur cette matière, les diverses règles suivies dans la métropole, en retranchant celles qui ne pouvaient s'appliquer à des tribunaux où un seul juge rend la justice.

Le quatrième et dernier chapitre de ce titre, intitulé : *Du mode de procéder sur les demandes en annulation, détermine :*

Les cas où les jugements de justices de paix pourront être attaqués devant la cour royale ; les délais et les formes de pourvoi ; le montant de l'amende à consigner ; les délais et les formes de la procédure à suivre, et les effets de l'annulation, suivant qu'elle sera prononcée dans l'intérêt des parties ou dans l'intérêt de la loi.

Les dispositions de ce dernier chapitre ont été extraites de la procédure devant la Cour de cassation, en supprimant ce qui est inapplicable à la cour royale.

Les modifications dont je viens de vous donner l'analyse sont simples : elles étaient commandées par la nouvelle organisation judiciaire et devront recevoir leur exécution en même temps que celle-ci.

La présente dépêche devra être enregistrée au greffe de la cour royale.

Recevez, etc...

Le Ministre secrétaire d'État de la Marine et des Colonies,

Signé : Hyde de neuville.

Le greffier en chef,

Signé : Lamotte.

(Vol⁴ 19, f° 133. s.)

AVIS

ABRÉVIATIONS.

B.O.M. . . . . Bulletin officiel de la Martinique.
B.O.G. . . . . Bulletin officiel de la Guadeloupe.
C. de la M. . . . . Code de la Martinique.
C. . . . . Code civil.
Co. . . . . Code de commerce.
Décr. . . . . Décret.
I. Cr. . . . . Code d'instruction criminelle.
L. . . . . Loi.
Ord. . . . . Ordonnance.
Org. jud. . . . . Organisation judiciaire.
p. . . . . Page.
P. . . . . Code pénal.
Pr. . . . . Code de procédure civile.
S. . . . . Suivantes.
T. . . . . Tarifs.
t. . . . . Tome.
V. . . . . Voyez.
— . . . . Placé entre des nᵒˢ d'articles signifie : à ; ainsi 1-5 signifie : 1 à 5.
Les points (. . . . .) remplacent les dispositions qui concernaient les esclaves.

DÉNOMINATIONS.

Celles de Code civil, cours d'appel, Président de la République, président du tribunal, procureur de la République, territoire de la République, etc., doivent être considérées comme étant, de droit, substituées à celles, propres à leur époque respective, de : Code Napoléon, cour royale, cour impériale, roi, empereur, juge royal, procureur du roi, procureur impérial, territoire de l'Empire, etc.

ORDONNANCE DU ROI

SUR LE MODE DE PROCÉDER EN MATIÈRE CIVILE A L'ILE DE LA MARTINIQUE, ET A L'ILE DE LA GUADELOUPE ET SES DÉPENDANCES (1)

Paris, le 19 octobre 1828.

Charles, par la grâce de Dieu, Roi de France et de Navarre ;

Vu notre ordonnance du 24 septembre 1828, sur l'organisation de l'ordre judiciaire, et l'administration de la justice aux îles de la Martinique et de la Guadeloupe ;

(1) Les actes dont le texte composait l'ancienne législation sur le mode de procéder, en matière civile, dans les deux colonies, se trouvent au « Code de la Martinique », t. I, p. 35, 274, 277 ; t. II, p. 211 ; t. III, p. 19, 75, s. ; t. IV, p. 717, 719 ; ces actes sont :

L'arrêt en règlement du Conseil souverain de la Martinique, en date du 5 novembre 1681, ordonnant l'enregistrement sur les registres du greffe de l'ordonnance du mois d'août 1667 ; — la déclaration du Roi, du mois de septembre 1683, sur les évocations et les requêtes civiles, interprétant et réformant celle du 2 juin 1680 ; — la déclaration du Roi, du 24 août 1726, sur les déguerpissements ; — l'ordonnance de même date sur les licitations et partages ; — un arrêt du conseil d'État du Roi, du 31 juillet 1763, portant règlement sur les procédures dans les affaires qui étaient de nature à être introduites au Conseil par les habitants de la Martinique ; — un arrêt en règlement du Conseil souverain, en date du 10 novembre 1769, concernant les avocats ; — un autre arrêt du même Conseil, en date du 10 mai 1771, établissant une bourse commune entre les huissiers ; — un arrêté du grand juge, portant règlement sur les procédures susceptibles de communication au Ministère public, en date du 25 brumaire an XIII (16 novembre 1804) ; — enfin, un autre arrêté du grand juge, de même date, concernant les avoués dans les plaidoiries des affaires non sommaires.

Une circulaire ministérielle, du 24 mars 1807, avait invité « les trois premiers chefs des colonies » à prendre une délibération commune relativement à l'application du Code de procédure civile et ainsi qu'il avait été fait en 1805 pour le Code civil (C. de la M., t. V, p. 193); mais aucune suite n'avait été donnée à cette dépêche aux Antilles.

L'ancienne législation de ces deux colonies n'a été abrogée, nous le répétons ici, que par l'ordonnance du 19 octobre 1828, et elle a été remplacée tant par le Code de procédure civile de 1806, rendu exécutoire sous les modifications contenues en ladite ordonnance, que par des lois, décrets, etc., qui, depuis, se sont succédé en se modifiant.

La promulgation de l'ordonnance précitée a été faite, à la Martinique, par arrêté local en date du 3 mars 1829, lu, ainsi que ladite ordonnance et les instructions ministérielles qui l'expliquent, en audience publique de la Cour qui en a ordonné l'enregistrement sur les registres du Greffe (Registre des enregistrements, vol. XIX, f° 111, et B. O. M. 1829, p. 172, 373).

Il a été procédé de même à la Guadeloupe, en exécution d'un arrêté local, daté du 10 février 1829 (Registre 6 des enregistrements, f° 40. V° et B. O. G, 1829, p. 325-335.)

2

Vu les ordonnances et arrêtés qui règlent le mode de procéder en matière civile dans ces colonies :

Voulant mettre en harmonie les dispositions de ces divers ordonnances et arrêtés, en attendant que le nouveau Code de procédure civile destiné aux Antilles soit terminé ;

Sur le rapport de notre Ministre, Secrétaire d'État au Département de la marine et des colonies ;

Nous avons ordonné et ordonnons ce qui suit :

TITRE PREMIER

DES MODIFICATIONS APPORTÉES AU CODE DE PROCÉDURE CIVILE

ARTICLE PREMIER

Le code de procédure civile sera exécuté aux îles de la Martinique et de la Guadeloupe et de ses dépendances sous les modifications ci-après établies :

(V. ces modifications à la suite des articles du Code.)

CODE DE PROCÉDURE CIVILE

PREMIÈRE PARTIE

PROCÉDURE DEVANT LES TRIBUNAUX

LIVRE PREMIER

DE LA JUSTICE DE PAIX

(Décret du 14 avril 1806, promulgué le 23 du même mois.)

TITRE PREMIER

DES CITATIONS

Art. **1**. Toute citation devant les juges de paix contiendra la date des jour, mois et an, les noms, profession et domicile du demandeur, les noms, demeure et immatricule de l'huissier, les noms et demeure du défendeur; elle énoncera sommairement l'objet et les moyens de la demande, et indiquera le juge de paix qui doit connaître de la demande, et le jour de la comparution. — **Pr.** 4 et s., 61; **C.** 102. **T.** 7, 21.

2. En matière purement personnelle et mobilière, la citation sera donnée devant le juge du domicile du défendeur; s'il n'a pas de domicile, devant le juge de sa résidence.

(*Ordonnance du* 19 *octobre* 1828, article 2.) — En matière personnelle ou mobilière, la citation énoncée en l'art. 2 du Code de procédure civile sera donnée devant le juge du domicile du défendeur; et, s'il n'a pas de domicile, devant le juge de sa résidence, sauf l'exception portée en l'article 420, en ce qui concerne les matières commerciales.

(*Ordonnance du* 19 *octobre* 1828, art. 4.) — Lorsqu'il y aura lieu de renvoyer les parties devant l'un des juges de paix des cantons limitrophes, le juge royal pourra prononcer ce renvoi, soit sur simple requête des parties et sur les conclusions du Ministère public, soit à la réquisition du procureur du Roi (1). — **Pr.** 50—1°, 59; 69—8°, 363 et s.; **C.** 102 et s., 527 et s.

(1) V. le décret du 16 août 1854, art. 3, sous l'article 46 de l'ordonnance du 19 octobre 1828.

3. Elle le sera devant le juge de la situation de l'objet litigieux, lorsqu'il s'agira :

1° Des actions pour dommages aux champs, fruits et récoltes;

2° Des déplacements de bornes, des usurpations de terres, arbres, haies, fossés et et autres clôtures, commis dans l'année ; des entreprises sur les cours d'eau, commises pareillement dans l'année ; et de toutes autres actions possessoires ;

3° Des réparations locatives ;

4° Des indemnités prétendues par le fermier ou locataire pour non-jouissance, lorsque le droit ne sera pas contesté ; et des dégradations alléguées par le propriétaire.

— **Pr.** 23 et s., 38 ; **C.** 645, 646, 666 et s., 1720 et s., 1754 et s., 2228, 2243 ; **P.** 389, 456.

4. La citation sera notifiée par l'huissier de la justice de paix du domicile du défendeur; en cas d'empêchement, par celui qui sera commis par le juge : copie en sera laissée à la partie; s'il ne se trouve personne en son domicile, la copie sera laissée au maire ou adjoint de la commune, qui visera l'original sans frais.

L'huissier de la justice de paix ne pourra instrumenter pour ses parents en ligne directe, ni pour ses frères, sœurs et alliés au même degré (1). — **Pr.** 5, 52, 61 et s., 1039 ; **T.** 21.

---

(1) *Loi du 25 mai 1838* (*).

Art. 16. Tous les huissiers d'un même canton auront le droit de donner toutes les citations et de faire tous les actes devant la justice de paix. Dans les villes où il y a plusieurs justices de paix, les huissiers exploitent concurremment dans le ressort de la juridiction assignée à leur résidence. Tous les huissiers du même canton seront tenus de faire le service des audiences et d'assister le juge de paix toutes les fois qu'ils en seront requis ; les juges de paix choisiront leurs huissiers audienciers.

Art. 17 (*modifié*). Dans toutes les causes, excepté celles où il y aurait péril en la demeure, et celles dans lesquelles le défendeur serait domicilié hors du canton, ou des cantons de la même ville, le juge de paix pourra interdire aux huissiers de sa résidence de donner aucune citation en justice, sans qu'au préalable il n'ait appelé, sans frais, les parties devant lui.

Art. 18. Dans toutes les causes portées devant la justice de paix, aucun huissier ne pourra ni assister comme conseil, ni représenter les parties en qualité de procureur fondé, à peine d'une amende de 25 à 50

francs qui sera prononcée sans appel par le juge de paix.

Ces dispositions ne seront pas applicables aux huissiers qui se trouveront dans l'un des cas prévus par l'art. 86 du Code de procédure civile.

Art. 19. En cas d'infraction aux dispositions des articles 16, 17 et 18, le juge de paix pourra défendre aux huissiers du canton de citer devant lui, pendant un délai de quinze jours à trois mois, sans appel et sans préjudice de l'action disciplinaire des tribunaux et des dommages-intérêts des parties, s'il y a lieu.

Loi du 2 mai 1855 (**).

Art. 2. L'art. 17 de la loi du 25 mai 1838 est modifié ainsi qu'il suit :

Art. 17. Dans toutes les causes, excepté celles qui requièrent célérité, et celles dans lesquelles le défendeur serait domicilié hors du canton ou des cantons de la même ville, il est interdit aux huissiers de donner aucune citation en justice, sans qu'au préalable le juge de paix n'ait appelé les parties devant lui, au moyen d'un avertissement sur papier non timbré, rédigé et délivré par le greffier, au nom et sous la surveillance du juge de paix, et expédié par la poste,

---

(*) Cette loi a été déclarée exécutoire dans les colonies par décret du 16 août 1854 (B. O. 1854, M. p. 579, 721 et s. ; G. p. 329 et s.). Antérieurement à cette époque, l'art. 17 de lad. loi du 25 mai 1838 avait été seul rendu applicable à la Martinique et à la Guadeloupe par le décret du 22 janvier 1852 (B. O. 1852, M. p. 163; G. p. 168, s.).

(**) Rendue exécutoire dans les colonies de la Martinique, de la Guadeloupe, etc., par décret du 2 juillet 1862 (B. O. 1862 : M. p. 401 ; G. p. 306, 307).

5. Il y aura un jour au moins entre celui de la citation et le jour indiqué pour la comparution, si la partie citée est domiciliée dans la distance de trois myriamètres.

Si elle est domiciliée au-delà de cette distance, il sera ajouté un jour par trois myriamètres.

Dans le cas où les délais n'auront point été observés, si le défendeur ne comparaît pas, le juge ordonnera qu'il sera réassigné, et les frais de la première citation seront à la charge du demandeur (1). — **Pr.** 19, 51, 72 et s., 1033.

6. Dans les cas urgents, le juge donnera une cédule pour abréger les délais, et pourra permettre de citer, même dans le jour et à l'heure indiqués. — **Pr.** 5, 29, 63, 72, 795, 808; **I. Cr.**, 146.: **T.** 7.

7. Les parties pourront toujours se présenter volontairement devant un juge de paix ; auquel cas, il jugera leur différend, soit en dernier ressort, si les lois ou les parties l'y autorisent, soit à la charge de l'appel, encore qu'il ne fût le juge naturel des parties, ni à raison du domicile du défendeur, ni à raison de la situation de l'objet litigieux.

La déclaration des parties qui demanderont jugement sera signée par elles, ou mention sera faite si elles ne peuvent signer. — **Pr.** 54, 1003, 1005 ; **C.** 1350, 1351, 2123 ; **T.** 21.

TITRE DEUXIÈME

DES AUDIENCES DU JUGE DE PAIX, ET DE LA COMPARUTION DES PARTIES

8. Les juges de paix indiqueront au moins deux audiences par semaine; ils pourront juger tous les jours, même ceux de dimanches et fêtes, le matin et l'après-midi.

Ils pourront donner audience chez eux, en tenant les portes ouvertes. — **Pr.** 9 et s., 7; **P.** 9.

9. Au jour fixé par la citation, ou convenu entre les parties, elles comparaîtront en personne ou par leurs fondés de pouvoir, sans qu'elles puissent faire signifier aucune défense (2). — **Pr.** 13, 19, 53.

10. Les parties seront tenues de s'expliquer avec modération devant le juge, et de

sous bande simple, scellée du sceau de la justice de paix avec affranchissement.

A cet effet, il sera tenu par le greffier un registre sur papier non timbré, constatant l'envoi et le résultat des avertissements ; ce registre sera coté et parafé par le juge de paix. Le greffier recevra pour tout droit et par chaque avertissement, une rétribution de vingt-cinq centimes, y compris l'affranchissement qui sera, dans tous les cas, de dix centimes.

S'il y a conciliation, le juge de paix, sur la de-

mande de l'une des parties, peut dresser procès-verbal des conditions de l'arrangement; ce procès-verbal aura force d'obligation privée.

Dans les cas qui requièrent célérité, il ne sera remis de citation non *précédée* d'avertissement qu'en vertu d'une permission donnée, sans frais, par le juge de paix, sur l'original de l'exploit.

En cas d'infraction aux dispositions ci-dessus de la part de l'huissier, il supportera, sans répétition, les frais de l'exploit.

(1) V. Sous l'article 1033 le décret du 22 avril 1863, art. 4.

(2) V. Sous l'article 4, les articles 18 et 19 de la loi du 25 mai 1838.

garder en tout le respect qui est dû à la justice ; si elles y manquent, le juge les y rappellera d'abord par un avertissement ; en cas de récidive, elles pourront être condamnées à une amende qui n'excédera pas la somme de dix francs, avec affiches du jugement, dont le nombre n'excédera pas celui des communes du canton. — **Pr.** 11, 12, 88 et s., 781, 4°; **I. Cr.** 181, 504 506 ; **P.** 222.

11. Dans le cas d'insulte ou irrévérence grave envers le juge, il en dressera procès-verbal, et pourra condamner à un emprisonnement de trois jours au plus. — **Pr.** 10. 12, 89, et s.; **I. Cr.** 91, 181, 504 et s., 222.

12. Les jugements, dans les cas prévus par les précédents articles, seront exécutoires par provision. — **Pr.** 10, 11, 17.

13. Les parties ou leurs fondés de pouvoir seront entendus contradictoirement. La cause sera jugée sur-le-champ, ou à la première audience ; le juge, s'il le croit nécessaire. se fera remettre les pièces. — **Pr.** 9, 15, 19 et s.

14. Lorsqu'une des parties déclarera vouloir s'inscrire en faux, déniera l'écriture, on déclarera ne pas la reconnaître, le juge lui en donnera acte ; il paraphera la pièce, et renverra la cause devant les juges qui doivent en connaître. — **Pr.** 193, et s., 214 et s., 427, 1015 ; **C.** 1319, 1324.

15. Dans les cas où un interlocutoire aurait été ordonné, la cause sera jugée définitivement, au plus tard, dans le délai de quatre mois du jour du jugement interlocutoire ; après ce délai, l'instance sera périmée de droit ; le jugement qui serait rendu sur le fond sera sujet à l'appel, même dans les matières dont le juge de paix connaît en dernier ressort, et sera annulé, sur la réquisition de la partie intéressée. — **Pr.** 16, 31, 397 et s., 404, 432, 473.

Si l'instance est périmée par la faute du juge, il sera passible des dommages et intérêts. — **Pr.** 505—3°, 509; **C.** 397 452, 473, 1382.

16. L'appel des jugements de la justice de paix ne sera pas recevable après les trois mois à dater du jour de la signification faite par l'huissier de la justice de paix, ou tel autre commis par le juge (1). — **Pr.** 31, 404, 443 et s., 450, 454, 456 ; **I. Cr.** 174 ; **T.** 21, 27.

---

(1) *Loi du 25 mai 1838.*
Art. 13. L'appel des jugements des juges de paix ne sera recevable ni avant les trois jours qui suivront celui de la prononciation des jugements, à moins qu'il n'y ait lieu à exécution provisoire, ni après les 30 jours qui suivront la signification à l'égard des personnes domiciliées dans le canton.
Les personnes domiciliées hors du canton auront, pour interjeter appel, outre le délai de 30 jours, le délai réglé par les articles 73 et 1033 du Code de procédure civile.

Art. 14. Ne sera pas recevable l'appel des jugements mal à propos qualifiés en premier ressort, ou qui, étant en dernier ressort, n'auraient point été qualifiés.
Seront sujets à l'appel les jugements qualifiés en dernier ressort, s'ils ont statué soit sur des questions de compétence, soit sur des matières dont le juge de paix ne pouvait connaître qu'en premier ressort.
Néanmoins, si le juge de paix s'est déclaré compétent, l'appel ne pourra être interjeté qu'après le jugement définitif (*).

(*) V. en outre, l'art. 16 de la même loi sous l'art. 4, et la note placée sous ce dernier article.

17. Les jugements des justices de paix, jusqu'à concurrence de trois cents francs, seront exécutoires par provision, nonobstant l'appel, et sans qu'il soit besoin de fournir caution ; les juges de paix pourront, dans les autres cas, ordonner l'exécution provisoire de leurs jugements, mais à la charge de donner caution.

(*Ordonnance du* 19 *octobre* 1828, art. 3.) — Au cas prévu par l'article 17, les jugements rendus par les tribunaux de paix, en matière purement civile, seront, jusqu'à concurrence de trois cents francs, exécutoires par provision, et nonobstant appel, mais à la charge de donner caution.

Il en sera de même des jugements rendus en matière commerciale ; toutefois ils pourront être exécutés provisoirement sans caution, dans les cas spécifiés en l'article 439.

Lorsque, soit en matière civile, soit en matière commerciale, le jugement prononcera la contrainte par corps, l'appel sera suspensif quant à ce chef seulement (1). — **Pr.** 135, 153, 439, 457 et **s.** ; **C.** 2011, 2019 ; **T.** 21.

18. Les minutes de tout jugement seront portées par le greffier sur la feuille d'audience, et signées par le juge qui aura tenu l'audience et par le greffier (2). — **Pr.** 30, 138, 139, 141.

TITRE TROISIÈME

DES JUGEMENTS PAR DÉFAUT ET DES OPPOSITIONS A CES JUGEMENTS.

19. Si au jour indiqué par la citation, l'une des parties ne comparaît pas, la cause sera jugée par défaut, sauf la réassignation dans le cas prévu dans le dernier alinéa de l'article 5. — **Pr.** 20 et **s.**, 149, 153, 156, 434 ; **T.** 21.

---

(1) *Loi du* 25 *mai* 1838.

Art. 11. L'exécution provisoire des jugements sera ordonnée dans tous les cas où il y a titre authentique, promesse reconnue, ou condamnation précédente dont il n'y a point eu appel.

Dans tous les autres cas, le juge pourra ordonner l'exécution provisoire, nonobstant appel, sans caution lorsqu'il s'agira de pension alimentaire, ou lorsque la somme n'excédera pas 300 francs, et avec caution, au-dessous de cette somme.

La caution sera reçue par le juge de paix.

Art. 12. S'il y a péril en la demeure, l'exécution provisoire pourra être ordonnée sur la minute du jugement avec ou sans caution, conformément aux dispositions de l'article précédent.

Décret du 6 *décembre* 1869 portant application aux Antilles et à la Réunion de l'article premier de la loi du 22 juillet 1867 sur la contrainte par corps.

Art. 1er. La contrainte par corps est supprimée en matière commerciale, civile et contre les étrangers dans les colonies de la Martinique, de la Guadeloupe et de la Réunion.

Art. 2. La disposition qui précède est applicable à tous jugements, en cas de contrainte par corps antérieurs au présent décret (*).

(2) V. l'article 88 de l'ordonnance du 19 octobre 1828.

(*) Ledit décret a été promulgué en 1870 : à la Martinique, le 2 février, et à la Guadeloupe, le lendemain (B. O. 1870, M. p. 94, 95 ; G. p. 43).

20. La partie condamnée par défaut pourra former opposition, dans les trois jours de la signification faite par l'huissier du juge de paix, ou autre qu'il aura commis.

L'opposition contiendra sommairement les moyens de la partie, et assignation au prochain jour d'audience, en observant toutefois les délais prescrits pour les citations : elle indiquera les jour et heure de la comparution, et sera notifiée ainsi qu'il est dit ci-dessus (1). — **Pr.** 1 et s., 156 et s., 435 et s., 455 ; **T.** 21.

21. Si le juge de paix sait par lui-même, ou par les représentations qui lui seraient faites à l'audience par les proches, voisins, ou amis du défendeur, que celui-ci n'a pu être instruit de la procédure, il pourra, en adjugeant le défaut, fixer, pour le délai de l'opposition, le temps qui lui paraîtra convenable ; et, dans le cas où la prorogation n'aurait été ni accordée d'office ni demandée, le défaillant pourra être relevé de la rigueur du délai, et admis à opposition, en justifiant qu'à raison d'absence ou de maladie grave, il n'a pu être instruit de la procédure.

22. La partie opposante qui se laisserait juger une seconde fois par défaut ne sera plus reçue à former une nouvelle opposition. — **Pr.** 165.

TITRE QUATRIÈME

DES JUGEMENTS SUR LES ACTIONS POSSESSOIRES

23. Les actions possessoires ne seront recevables qu'autant qu'elles auront été formées, dans l'année du trouble, par ceux qui, depuis une année au moins, étaient en possession paisible par eux ou les leurs, à titre non précaire (2). — **Pr.** 3-2°, 24 et s. ; **C.** 641, 642, 644, 682, 688, 691, 2226, 2230, 2236 et s., 2243.

24. Si la possession ou le trouble sont déniés, l'enquête qui sera ordonnée ne pourra porter sur le fond du droit. — **Pr.** 23, 25, 27, 34 et s.

25. Le possessoire et le pétitoire ne seront jamais cumulés. — **Pr.** 3, 23, 24 ; **C.** 644, 645, 653, 691.

26. Le demandeur au pétitoire ne sera plus recevable à agir au possessoire.

27. Le défendeur au possessoire ne pourra se pourvoir au pétitoire qu'après que l'instance sur le possessoire aura été terminée : il ne pourra, s'il a succombé, se pourvoir qu'après qu'il aura pleinement satisfait aux condamnations prononcées contre lui.

Si néanmoins la partie qui les a obtenus était en retard de les faire liquider, le juge du pétitoire pourra fixer, pour cette liquidation, un délai, après lequel l'action au pétitoire sera reçue. — **Pr.** 26, 186.

---

(1) V. Sous l'article 4, l'art. 16 de la loi du 25 mai 1838 et la note.
(2) V. L. 15 mai 1838, art. 6.

TITRE CINQUIÈME

DES JUGEMENTS QUI NE SONT PAS DÉFINITIFS, ET DE LEUR EXÉCUTION

28. Les jugements qui ne seront pas définitifs ne seront point expédiés, quand ils auront été rendus contradictoirement et prononcés en présence des parties. Dans le cas où le jugement ordonnerait une opération à laquelle les parties devraient assister, il indiquera le lieu, le jour et l'heure, et la prononciation vaudra citation. — **Pr.** 29, 31, 34 ct s., 41 et s., 451, 452.

29. Si le jugement ordonne une opération par des gens de l'art, le juge délivrera, à la partie requérante, cédule de citation pour appeler les experts ; elle fera mention du lieu, du jour, de l'heure, et contiendra le fait, les motifs et la disposition du jugement relative à l'opération ordonnée.

Si le jugement ordonne une enquête, la cédule de citation fera mention de la date du jugement, du lieu, du jour et de l'heure. — **Pr.** 6, 34 et s., 41 et s ; **T.** 21, 24, 25.

30. Toutes les fois que le juge de paix se transportera sur le lieu contentieux, soit pour en faire la visite, soit pour entendre les témoins, il sera accompagné du greffier qui apportera la minute du jugement préparatoire. — **Pr.** 18, 28, 41 et s ; **T.** 12.

31. Il n'y aura lieu à l'appel des jugements préparatoires qu'après le jugement définitif et conjointement avec l'appel de ce jugement ; mais l'exécution des jugements préparatoires ne portera aucun préjudice aux droits des parties sur l'appel, sans qu'elles soient obligées de faire à cet égard aucune protestation ni réserve.

L'appel des jugements interlocutoires est permis avant que le jugement définitif ait été rendu.

Dans ce cas, il sera donné expédition du jugement interlocutoire. — **Pr.** 16, 404, 443, 451, 452, 454, 456 et s ; **T.** 21.

TITRE SIXIÈME

DE LA MISE EN CAUSE DES GARANTS

32. Si, au jour de la première comparution, le défendeur demande à mettre garant en cause, le juge accordera délai suffisant en raison de la distance du domicile du garant : la citation donnée au garant sera libellée, sans qu'il soit besoin de lui notifier le jugement qui ordonne sa mise en cause. — **Pr.** 1 et s., 175 et s. ; **T.** 21.

33. Si la mise en cause n'a pas été demandée à la première comparution, ou si la citation n'a pas été faite dans le délai fixé, il sera procédé, sans délai, au jugement de l'action principale, sauf à statuer séparément sur la demande en garantie. — **P.** 32, 178 179.

TITRE SEPTIÈME

DES ENQUÊTES.

34. Si les parties sont contraires en faits de nature à être constatés par témoins, et dont le juge de paix trouve la vérification utile et admissible, il ordonnera la preuve et en fixera précisément l'objet. — **Pr.** 28 et s., 34, 35 et s., 252, 254, 407 ; **C.** 1341 et s. ; **T.** 21, 24.

35. Au jour indiqué, les témoins, après avoir dit leurs noms, profession, âge et demeure, feront le serment de dire vérité, et déclareront s'ils sont parents ou alliés des parties et à quel degré, et s'ils sont leurs serviteurs ou domestiques. — **Pr.** 36 et s., 39, 262 et s.

36. Ils seront entendus séparément, en présence des parties, si elles comparaissent ; elles seront tenues de fournir leurs reproches avant la déposition, et de les signer ; si elles ne le savent ou ne le peuvent, il en sera fait mention : les reproches ne pourront être reçus après la déposition commencée, qu'autant qu'ils seront justifiés par écrit. — **Pr.** 40, 262, 270, 283 et s ; **T.** 24.

37. Les parties n'interrompront point les témoins ; après la déposition, le juge pourra, sur la réquisition des parties, et même d'office, faire aux témoins les interpellations convenables. — **Pr.** 273 et s., 276.

38. Dans tous les cas où la vue du lieu peut être utile pour l'intelligence des dépositions et spécialement dans les actions pour déplacement de bornes, usurpations de terres, arbres, haies, fossés ou autres clôtures et pour entreprises sur les cours d'eau, le juge de paix se transportera, s'il le croit nécessaire, sur le lieu, et ordonnera que les témoins y seront entendus. — **Pr.** 3, 28, 30, 41 et s ; **T.** 8.

39. Dans les causes sujettes à l'appel, le greffier dressera procès-verbal de l'audition des témoins : cet acte contiendra leurs noms, âge, profession et demeure, leur serment de dire vérité, leur déclaration s'ils sont parents, alliés, serviteurs ou domestiques des parties, et les reproches qui auraient été fournis contre eux. Lecture de ce procès-verbal sera faite à chaque témoin pour la partie qui le concerne ; il signera sa déposition, ou mention sera faite qu'il ne sait ou ne peut signer. Le procès-verbal sera, en outre, signé par le juge et le greffier. Il sera procédé immédiatement au jugement, ou au plus tard à la première audience. — **Pr.** 15, 17, 35, 274 et s., 411, 412.

40. Dans les causes de nature à être jugées en dernier ressort, il ne sera point dressé de procès-verbal ; mais le jugement énoncera les noms, âge, profession et demeure des témoins, leur serment, leur déclaration s'ils sont parents, alliés, serviteurs ou domestiques des parties, les reproches et le résultat des dépositions. — **Pr.** 28, 43, 410, 432, 453, 454.

TITRE HUITIÈME

DES VISITES DES LIEUX, ET DES APPRÉCIATIONS.

41. Lorsqu'il s'agira, soit de constater l'état des lieux, soit d'apprécier la valeur des indemnités et dédommagements demandés, le juge de paix ordonnera que le lieu contentieux sera visité par lui, en présence des parties. — **Pr.** 28 et s., 38, 295 et s ; **T.** 8.

42. Si l'objet de la visite ou de l'appréciation exige des connaissances qui soient étrangères au juge, il ordonnera que les gens de l'art, qu'il nommera par le même jugement, feront la visite avec lui et donneront leur avis : il pourra juger sur le lieu même, sans désemparer. Dans les causes sujettes à l'appel, procès-verbal de la visite sera dressé par le greffier, qui constatera le serment prêté par les experts. Le procès-verbal sera signé par le juge, par le greffier et par les experts ; et si les experts ne savent ou ne peuvent signer, il en sera fait mention. — **Pr.** 28 et s., 302 et s., 322, 1034, 1035 ; **T.** 21, 25.

43. Dans les causes non sujettes à l'appel, il ne sera point dressé de procès-verbal ; mais le jugement énoncera les noms des experts, la prestation de leur serment et le résultat de leur avis. — **Pr.** 40.

TITRE NEUVIÈME

DE LA RÉCUSATION DES JUGES DE PAIX.

44. Les juges de paix pourront être récusés, 1° quand ils auront intérêt personnel à la contestation ; 2° quand ils seront parents ou alliés d'une des parties, jusqu'au degré de cousin germain inclusivement ; 3° si, dans l'année qui a précédé la récusation, il y a eu procès criminel entre eux et l'une des parties ou son conjoint, ou ses parents et alliés en ligne directe ; 4° s'il y a procès civil existant entre eux et l'une des parties, ou son conjoint ; 5° s'ils ont donné un avis écrit dans l'affaire. — **Pr.** 378 et s.

45. La partie qui voudra récuser un juge de paix sera tenue de former la récusation et d'en exposer les motifs par un acte qu'elle fera signifier, par le premier huissier requis, au greffier de la justice de paix, qui visera l'original. L'exploit sera signé, sur l'original et la copie, par la partie ou son fondé de pouvoir spécial. La copie sera déposée au greffe, et communiquée immédiatement au juge par le greffier. — **Pr.** 382, 384, 387, 1039. — **C.** 1984, 1987 ; **T.** 14, 30.

46. Le juge sera tenu de donner au bas de cet acte, dans le délai de deux jours, sa déclaration par écrit, portant, ou son acquiescement à la récusation, ou son refus de s'abstenir avec ses réponses aux moyens de récusation. — **Pr.** 47, 386 et s., **I. Cr.** 542.

47. Dans les trois jours de la réponse du juge qui refuse de s'abstenir, ou faute par lui de répondre, expédition de l'acte de récusation et de la déclaration du juge, s'il y en a, sera envoyée par le greffier, sur la réquisition de la partie la plus diligente, au procureur du roi près le tribunal de première instance dans le ressort duquel la justice de paix est située : la récusation y sera jugée en dernier ressort dans la huitaine, sur les conclusions du procureur du roi, sans qu'il soit besoin d'appeler les parties. — **Pr.** 83-4°, 311, 385;. **T.** 14.

LIVRE DEUXIÈME

DES TRIBUNAUX INFÉRIEURS

(Suite du décret du 14 avril 1806.)

TITRE PREMIER

DE LA CONCILIATION

48. Aucune demande principale introductive d'instance entre parties capables de transiger, et sur des objets qui peuvent être la matière d'une transaction, ne sera reçue dans les tribunaux de première instance, que le défendeur n'ait été préalablement appelé en conciliation devant le juge de paix, ou que les parties n'y aient volontairement comparu. — **Pr.** 49 et s., 59, 68, 173, 1003 et s.; **C.** 1124, 2045.

49. Sont dispensées du préliminaire de conciliation,

1° Les demandes qui intéressent l'État et le domaine, les communes, les établissements publics, les mineurs, les interdits, les curateurs aux successions vacantes;

2° Les demandes qui requièrent célérité ;

3° Les demandes en intervention ou en garantie;

4° Les demandes en matière de commerce;

5° Les demandes de mise en liberté, celles en main-levée de saisie ou opposition, en paiement de loyers, fermages ou arrérages de rentes ou pensions; celles des avoués en paiement de frais ;

6° Les demandes formées contre plus de deux parties, encore qu'elles aient le même intérêt ;

7° Les demandes en vérification d'écritures, en désaveu, en règlement de juges, en renvoi, en prise à partie ; les demandes contre un tiers saisi, et en général sur les saisies, sur les offres réelles, sur la remise des titres, sur leur communication, sur les séparations de biens, sur les tutelles et curatelles ; et enfin toutes les causes exceptées par les lois. — **Pr.** 59, 60, 69, 72, 175, 188 et s., 193 et s., 320, 339, 345, 352 et s., 363 et s., 368, 404, 415 et s., 505, et s., 511, 557 et s., 566, 567, 570, 583, 608, 636 et s., 666, 718 et s., 795 et s., 815 et s., 839, et s., 856, 865 et s., 878, 883 et s., 890 et s., 998, 1032 ; **C.** 388, 476 et s., 489 et s., 811.

50. Le défendeur sera cité en conciliation :

1° En matière personnelle et réelle, devant le juge de paix de son domicile ; s'il y a deux défendeurs, devant le juge de l'un d'eux, au choix du demandeur ;

2° En matière de société autre que celle de commerce, tant qu'elle existe, devant le juge du lieu où elle est établie ;

3° En matière de succession, sur les demandes entre héritiers, jusqu'au partage inclusivement ; sur les demandes qui seraient intentées par les créanciers du défunt, avant le partage ; sur les demandes relatives à l'exécution des dispositions à cause de mort, jusqu'au jugement définitif, devant le juge de paix du lieu où la succession est ouverte. — **Pr.** 2, 49-4°, 59, 69-6° ; **C.** 102,110, 718 et s., 815, 822.

51. Le délai de la citation sera de trois jours au moins.

(*Ordonnance du* 19 *octobre* 1828, *art.* 5.) — L'article 51 est modifié ainsi qu'il suit : Le délai de la citation en conciliation sera de trois jours au moins. Durant ce délai, le juge de paix pourra appeler les parties en son hôtel, et les entendre séparément ou en présence l'une de l'autre, à l'effet de les concilier. Dans ce cas, il sera loisible aux parties de se faire assister d'un parent ou d'un ami, pourvu qu'il ne soit pas officier ministériel. — **Pr.** 5, 72, 1033.

52. La citation sera donnée par un huissier de la justice de paix du défendeur ; elle énoncera sommairement l'objet de la conciliation (1). — **Pr.** 1, 4 et s. ; **T.** 24.

53. Les parties comparaîtront en personne ; en cas d'empêchement, par un fondé de pouvoir (2). — **Pr.** 9, 48 ; **C.** 1428 ; **T.** 69.

54. Lors de la comparution, le demandeur pourra expliquer, même augmenter sa demande, et le défendeur former celles qu'il jugera convenables : le procès-verbal qui en sera dressé contiendra les conditions de l'arrangement, s'il y en a ; dans le cas contraire, il fera sommairement mention que les parties n'ont pu s'accorder.

Les conventions des parties, insérées au procès-verbal, ont force d'obligation privée. — **Pr.** 58, 65, 1005 ; **C.** 1322 et s ; **T.** 10.

55. Si l'une des parties défère le serment à l'autre, le juge de paix le recevra, ou fera mention du refus de le prêter. — **C.** 1357 et s.

56. Celle des parties qui ne comparaîtra pas sera condamnée à une amende de dix francs ; et toute audience lui sera refusée jusqu'à ce qu'elle ait justifié de la quittance. — **Pr.** 58, 173, 186.

(1) V. sous l'article 4 l'art. 16 de la loi du 25 mai 1838.
2) V. sous l'article 4 les art. 18 et 19 de la loi du 25 mai 1838.

57. La citation en conciliation interrompra la prescription, et fera courir les intérêts ; le tout, pourvu que la demande soit formée dans le mois, à dater du jour de la non-comparution on de la non-conciliation. — **c.** 2245, 2274.

58. En cas de non-comparution de l'une des parties, il en sera fait mention sur le registre du greffe de la justice de paix, et sur l'original ou la copie de la citation, sans qu'il soit besoin de dresser procès-verbal. — **Pr.** 65.

TITRE DEUXIÈME

DES AJOURNEMENTS

59. En matière personnelle, le défendeur sera assigné devant le tribunal de son domicile ; s'il n'a pas de domicile, devant le tribunal de sa résidence ;

S'il y a plusieurs défendeurs, devant le tribunal du domicile de l'un d'eux, au choix du demandeur ;

En matière réelle, devant le tribunal de la situation de l'objet litigieux ;

En matière mixte, devant le juge de la situation, ou devant le juge du domicile du défendeur ;

En matière de société, tant qu'elle existe, devant le juge du lieu où elle est établie ;

En matière de succession, 1° sur les demandes entre héritiers, jusqu'au partage inclusivement ; 2° sur les demandes qui seraient intentées par des créanciers du défunt, avant le partage ; 3° sur les demandes relatives à l'exécution des dispositions à cause de mort, jusqu'au jugement définitif, devant le tribunal du lieu où la succession est ouverte ;

En matière de faillite, devant le juge du domicile du failli ;

En matière de garantie, devant le juge où la demande originaire sera pendante ;

Enfin, en cas d'élection de domicile pour l'exécution d'un acte, devant le tribunal du domicile élu, ou devant le tribunal du domicile réel du défendeur, conformément à l'article 111 du Code civil. — **Pr.** 2, 49, 50, 60, 64, 68, 69, 171, 175 et s., 181, 356, 363, 527, 567 ; **C.** 3, 14, 102 et s., 110, 111, 822, 843, 1625 et s ; 1832 et s ; **Co.** 18 et s., 48, 50, 437, 438 et s ; **T.** 27, 68.

60. Les demandes formées pour frais par les officiers ministériels seront portées au tribunal où les frais ont été faits. — **Pr.** 49-5°, 59, 543, 544 ; **C.** 2273 ; **T.** 151.

61. L'exploit d'ajournement contiendra, 1° la date des jour, mois et an, les noms, profession et domicile du demandeur, la constitution de l'avoué qui occupera pour lui, et chez lequel l'élection de domicile sera de droit, à moins d'une élection contraire par le même exploit ;

2° Les noms, demeure et immatricule de l'huissier, les noms et demeure du défendeur, et mention de la personne à laquelle copie de l'exploit sera laissée ;

3° L'objet de la demande, l'exposé sommaire des moyens ;

4° L'indication du tribunal qui doit connaître de la demande, et du délai pour comparaître : le tout à peine de nullité. — **Pr.** 1, 68, 69, 70, 71, 72, 75, 456, 563, 673, 1029 et s. ; **T.** 27, 68.

62. Dans le cas du transport d'un huissier, il ne lui sera payé pour tous frais de déplacement qu'une journée au plus. — **Pr.** 67, 68, 71 ; **T.** 23, 66.

63. Aucun exploit ne sera donné un jour de fête légale, si ce n'est en vertu de permission du président du tribunal. — **Pr. s.** 781, 808, 828, 1037 ; **Co.** 134, 162, 187 ; **P.** 25.

64. En matière réelle ou mixte, les exploits énonceront la nature de l'héritage, la commune, et, autant qu'il est possible, la partie de la commune où il est situé, et deux au moins des tenants et aboutissants ; s'il s'agit d'un domaine, corps de ferme ou métairie, il suffira d'en désigner le nom et la situation : le tout à peine de nullité. — **P.** 59, 627, 1029.

65. Il sera donné, avec l'exploit, copie du procès-verbal de non-conciliation, ou copie de la mention de non-comparution, à peine de nullité ; sera aussi donnée copie des pièces ou de la partie des pièces sur lesquelles la demande est fondée : à défaut de ces copies, celles que le demandeur sera tenu de donner dans le cours de l'instance n'entreront point en taxe. — **Pr.** 58 ; 1029 ; **T.** 28.

66. L'huissier ne pourra instrumenter pour ses parents et alliés, et ceux de sa femme, en ligne directe à l'infini, ni pour ses parents et alliés collatéraux, jusqu'au degré de cousin issu de germain inclusivement ; le tout à peine de nullité. — **Pr.** 4, 71, 1029 ; 1031.

67. Les huissiers seront tenus de mettre à la fin de l'original et de la copie de l'exploit, le coût d'icelui, à peine de cinq francs d'amende, payables à l'instant de l'enregistrement. — **Pr.** 62, 104, 1029 ; **T.** 66.

68. Tous exploits seront faits à personne ou domicile ; mais si l'huissier ne trouve au domicile ni la partie, ni aucun de ses parents ou serviteurs, il remettra de suite la copie à un voisin, qui signera l'original ; si ce voisin ne peut ou ne veut signer, l'huissier remettra la copie au maire, ou adjoint de la commune, lequel visera l'original sans frais. L'huissier fera mention du tout, tant sur l'original que sur la copie. — **Pr.** 4, 59, 61, 62, 69, 70, 71, 104, 419, 443, 444, 456, 1029 ; **C.** 102 et s., 111, 218, 1428, 1549 ; **Co.** 173 ; **T.** 66.

69. Seront assignés :

1° L'État, lorsqu'il s'agit de domaine et droits domaniaux, en la personne ou au domicile du préfet du département où siège le tribunal devant lequel doit être portée la demande en première instance ;

2° Le trésor public, en la personne ou au bureau de l'agent ;

3° Les administrations ou établissements publics, en leurs bureaux, dans le lieu où réside le siège de l'administration ; dans les autres lieux, en la personne et au bureau de leur préposé ;

4° Le roi, pour ses domaines, en la personne du procureur du roi de l'arrondissement (1) ;

5° Les communes, en la personne ou au domicile du maire ; et, à Paris, en la personne ou au domicile du préfet ;

Dans les cas ci-dessus, l'original sera visé de celui à qui copie de l'exploit sera laissée ; en cas d'absence ou de refus, le visa sera donné, soit par le juge de paix, soit par le procureur du roi près le tribunal de première instance, auquel, en ce cas, la copie sera laissée ;

6° Les sociétés de commerce, tant qu'elles existent, en leur maison sociale ; et, s'il n'y en a pas, en la personne ou au domicile de l'un des associés ;

7° Les unions et directions de créanciers, en la personne ou au domicile de l'un des syndics ou directeurs ;

8° Ceux qui n'ont aucun domicile connu en France, au lieu de leur résidence actuelle : si le lieu n'est pas connu, l'exploit sera affiché à la principale porte de l'auditoire du tribunal où la demande est portée ; une seconde copie sera donnée au procureur du roi, lequel visera l'original ;

9° Ceux qui habitent le territoire français hors du continent, et ceux qui sont établis chez l'étranger, au domicile du procureur du roi près le tribunal où sera portée la demande, lequel visera l'original, et enverra la copie pour les premiers, au ministre de la marine, et pour les seconds, à celui des affaires étrangères.

(*Ordonnance du* 19 *octobre* 1828, *art.* 6.) — L'article 69 est modifié ainsi qu'il suit :

Seront assignés, 1° l'État, lorsqu'il s'agit de domaines et droits domaniaux, en la personne ou au domicile du directeur général (2) de l'intérieur ;

2° Le trésor, en la personne ou au bureau du trésorier ;

3° Les administrations ou établissements publics, en leurs bureaux, dans le lieu où réside le siège de l'administration ; dans les autres lieux en la personne ou au bureau de leur préposé ;

4° Le roi, pour ses domaines, en la personne du procureur du roi de l'arrondissement ;

5° Les communes, en la personne ou au domicile du commissaire commandant de la commune ;

Dans les cas ci-dessus, l'original sera visé de celui à qui copie de l'exploit sera laissée ; en cas d'absence ou de refus, le visa sera donné, soit par le juge de paix, soit par le procureur du roi, auquel en ce cas la copie sera laissée ;

6° Les sociétés de commerce, tant qu'elles existent, en leur maison sociale ; et s'il n'y en a pas, en la personne ou au domicile de l'un des associés ;

(1) Ce numéro avait été modifié par l'article 22 du Sénatus-Consulte du 12 décembre 1852.
(2) Le titre de Directeur Général a été changé en celui de Directeur de l'Intérieur (Décision royale du 28 juin 1833, B. O. M.1833, p. 330 et s.).

7° Les unions et directions de créanciers, en la personne ou au domicile de l'un des syndics ou directeurs;

8° Ceux qui n'ont aucun domicile connu dans la colonie, au lieu de leur résidence actuelle ; si le lieu n'est pas connu, l'exploit sera affiché à la principale porte de l'auditoire du tribunal où la demande est portée; une seconde copie sera donnée au procureur du roi, lequel visera l'original, et adressera la copie au procureur général, qui l'enverra au ministre de la marine et des colonies, chargé de la transmettre aux parties assignées.

Si la facilité des communications et la distance des lieux rendent la transmission par l'intermédiaire du gouvernement plus prompte, le procureur général lui adressera la copie (1). — **Pr.** 49-1°, 50-2° 59, 61, 70, 73, 456, 470, 560, 583, 1029, 1033, 1039; **C.** 111 ; **Co.** 18 et s., 529 et s; **T.** 27.

70. Ce qui est prescrit par les deux articles précédents sera observé à peine de nullité. — **Pr.** 173. 1029; **P.** 146

71. Si un exploit est déclaré nul par le fait de l'huissier, il pourra être condamné aux frais de l'exploit et de la procédure annulée, sans préjudice des dommages et intérêts de la partie, suivant les circonstances. — **Pr.** 132, 173, 360, 609, 1029, 1031 ; **C.** 1382.

72. Le délai ordinaire des ajournements, pour ceux qui sont domiciliés en France, sera de huitaine.

Dans les cas qui requerront célérité, le président pourra, par ordonnance rendue sur requête, permettre d'assigner à bref délai.

(*Ordonnance du* 19 *octobre* 1828, *art.* 7.) — Le délai des ajournements prescrits pour l'article 72 sera de huitaine pour ceux qui sont domiciliés dans la colonie.

Dans les cas qui requerront célérité, le juge royal pourra, par ordonnance rendue sur requête, permettre d'assigner à bref délai (2). — **Pr.** 5, 49-2°, 73, 76, 404, 417 et s., 793, 839, 1033 ; **T.** 77.

73 (ainsi remplacé : Décr. 22 avril 1863) (3). — Si celui qui est assigné demeure hors de la colonie, le délai sera :

1° Pour ceux qui demeurent dans les îles du Vent, de deux mois ;

2° Pour ceux qui demeurent dans les Guyanes, dans les îles Sous le Vent, les grandes

---

(1) *Décret colonial du* 12 *juin* 1837.

Art. 2. Chaque commune est administrée par un corps municipal.

Le corps municipal se compose du maire, de ses adjoints et des conseillers municipaux (¹).

(2) V. sous l'article 46 de la dite ordonnance du 19 octobre 1828, l'art. 2 du décret du 16 août 1854.

(3) Art. 1er. L'article 73 du Code de procédure civile tel qu'il a été rendu exécutoire aux Antilles par l'article 8 de l'ordonnance sus-visée du 19 octobre 1828, sera remplacé par les dispositions suivantes : (V. le nouveau texte). Le dit décret du 22 avril 1863, promulgué à la Guadeloupe le 7 et à la Martinique le 6 juillet suivant (B. O. M. 1863 : M. p. 284; G. p. 279 et s.).

(¹) B. O. M. 1837, p. 111, 6; G. p. 196.

4

Antilles et dans les pays qui bordent la mer des Antilles et le golfe du Mexique, aux États-Unis d'Amérique situés sur l'océan Atlantique, au Canada, aux îles Saint-Pierre et Miquelon, et à Terre-Neuve, de quatre mois ;

3° Pour ceux qui demeurent en Algérie, sur le continent et dans les îles de l'Europe, de cinq mois ;

4° Pour ceux qui demeurent dans les autres pays de l'océan Atlantique, de six mois ;

5° Pour ceux qui demeurent dans tous les pays situés entre les détroits de Malaca et de la Sonde et le Cap de Bonne-Espérance, de sept mois ;

Et 6° pour ceux qui demeurent dans les autres parties du monde, de dix mois.

Les délais ci-dessus seront doublés en cas de guerre maritime (1). — **Pr.** 69-9°, 74, 445 **s.**, 486, 639 : **Co.** 192.

74. Lorsqu'une assignation à une partie domiciliée hors de la France sera donnée à sa personne en France, elle n'emportera que les délais ordinaires, sauf au tribunal à les prolonger s'il y a lieu.

(*Ordonnance du* 19 *octobre* 1828, *art.* 9.) — Lorsqu'aux termes de l'article 74 une assignation à une partie domiciliée hors de la colonie sera donnée à sa personne dans la colonie, elle n'emportera que les délais ordinaires, sauf au tribunal à les prolonger s'il y a lieu. — **Pr.** 73.

TITRE TROISIÈME

CONSTITUTION D'AVOUÉS ET DÉFENSES

75. Le défendeur sera tenu, dans les délais de l'ajournement, de constituer avoué ; ce qui se fera par acte signifié d'avoué à avoué. Le défendeur ni le demandeur ne pourront révoquer leur avoué, sans en constituer un autre. Les procédures faites et jugements obtenus contre l'avoué révoqué et non remplacé seront valables. — **Pr.** 61-1°, 76, 147, 148, 149, 157 et **s.**, 342 et **s.**, 470, 1038 ; **T.** 68, 70.

76. Si la demande a été formée à bref délai, le défendeur pourra, au jour de l'échéance, faire présenter à l'audience un avoué, auquel il sera donné acte de sa constitution ; ce jugement ne sera point levé : l'avoué sera tenu de réitérer, dans le jour, sa constitution par acte ; faute par lui de le faire, le jugement sera levé à ses frais. — **Pr.** 72, 470 ; **T.** 81.

---

(1) Art. 8 de l'ordonnance du 19 octobre 1828. — L'article 73 est remplacé par les dispositions suivantes :

Si celui qui est assigné demeure hors du territoire de la colonie, le délai sera :

1° Pour ceux demeurant dans les îles du Vent, de deux mois ;

2° Pour ceux demeurant dans les pays situés à l'ouest du cap de Bonne-Espérance et à l'est du cap Horn, de six mois ;

3° Pour ceux demeurant à l'est du cap de Bonne-Espérance et à l'ouest du cap Horn, d'un an.

77. Dans la quinzaine du jour de la constitution, le défenseur fera signifier ses défenses, signées de son avoué; elles contiendront offre de communiquer les pièces à l'appui, ou à l'amiable, d'avoué à avoué, ou par la voie du greffe. — **Pr.** 75, 97, 188 et s., 405; **T.** 72. 91.

78. Dans la huitaine suivante, le demandeur fera signifier sa réponse aux défenses. — **Pr.** 77, 81, 337, 404.; **T.** 72.

79. Si le défendeur n'a point fourni ses défenses dans le délai de quinzaine, le demandeur poursuivra l'audience sur un simple acte d'avoué à avoué. — **Pr.** 77, 80; **T.** 70.

80. Après l'expiration du délai accordé au demandeur pour faire signifier sa réponse, la partie la plus diligente pourra poursuivre l'audience sur un simple acte d'avoué à avoué; pourra même le demandeur poursuivre l'audience, après la signification des défenses, et sans y répondre. — **Pr.** 78, 154.

81. Aucunes autres écritures ni significations n'entreront en taxe. — **Pr.** 1031.

82. Dans tous les cas où l'audience peut être poursuivie sur un acte d'avoué à avoué, il n'en sera admis en taxe qu'un seul pour chaque partie. — **P.** 79, 80, 154, 1031; **T.** 70.

TITRE QUATRIÈME

DE LA COMMUNICATION AU MINISTÈRE PUBLIC

83. Seront communiquées au procureur du Roi les causes suivantes :

1° Celles qui concernent l'ordre public, l'État, le domaine, les communes, les établissements publics, les dons et legs au profit des pauvres;

2° Celles qui concernent l'état des personnes et les tutelles;

3° Les déclinatoires sur incompétence;

4° Les règlements de juges, les récusations et renvois pour parenté et alliance;

5° Les prises à partie;

6° Les causes des femmes non autorisées par leurs maris, ou même autorisées, lorsqu'il s'agit de leur dot, et qu'elles sont mariées sous le régime dotal ; les causes des mineurs, et généralement toutes celles où l'une des parties est défendue par un curateur;

7° Les causes concernant ou intéressant les personnes présumées absentes.

Le procureur du Roi pourra néanmoins prendre communication de toutes les autres causes dans lesquelles il croira son ministère nécessaire; le tribunal pourra même l'ordonner d'office.

(*Ordonnance du 19 octobre 1828, art. 10.*) — Seront communiquées au procureur du Roi, outre les causes énumérées en l'article 83, les demandes et contestations relatives aux........, ainsi que toutes demandes au principal qui auront été précédées d'une instance en référé (1). — **Pr.** 44 et s., 49, 84, 141, 168, 170, 193, et s., 251, 311, 359, 363 et s., 368 et s., 378 et s., 480, 486, 498, 505 et s., 782, 856, 858, 861 et s., 876, 879, 886, 891, 896, 900, 987, 1001; **C.** 99. 184, 199, 218 et s., 306, 326, 356, 489 et s., 515, 1426, 1449, 1450.

84. En cas d'absence ou empêchement des procureurs du Roi et de leurs substituts, ils seront remplacés par l'un des juges ou suppléants.

(*Ordonnance du* 19 *octobre* 1828, *art.* 11.) — Dans les cas d'absence et d'empêchement prévus par l'article 84, le procureur du roi et son substitut seront remplacés par les plus anciens des juges-auditeurs, sans préjudice de la faculté accordée au gouverneur par l'article 61 de l'ordonnance du 24 septembre 1828 sur l'organisation judiciaire (2). — **Pr.** 118, 470.

TITRE CINQUIÈME

DES AUDIENCES, DE LEUR PUBLICITÉ ET DE LEUR POLICE

85. Pourront les parties, assistées de leurs avoués, se défendre elles-mêmes : le tribunal cependant aura la faculté de leur interdire ce droit, s'il reconnaît que la passion ou l'inexpérience les empêche de discuter leur cause avec la décence convenable ou la clarté nécessaire pour l'instruction des juges. — **Pr.** 470.

86. Les parties ne pourront charger de leur défense, soit verbale, soit par écrit, même à titre de consultation, les juges en activité de service, procureurs généraux, avocats généraux, procureurs du roi, substituts des procureurs généraux du roi, même dans des tribunaux autres que ceux près desquels ils exercent leurs fonctions : pourront néanmoins les juges, procureurs généraux, avocats généraux, procureurs du roi, et substituts des procureurs généraux et du roi plaider, dans tous les tribunaux, leurs causes personnelles, et celles de leurs femmes, parents ou alliés en ligne directe, et de leurs pupilles. — **Pr.** 378-8°, 470.

87. Les plaidoiries seront publiques, excepté dans les cas où la loi ordonne qu'elles seront secrètes. Pourra cependant le tribunal ordonner qu'elles se feront à huis-clos, si la discussion publique devait entraîner ou scandale ou des inconvénients graves ; mais, dans ce cas, le tribunal sera tenu d'en délibérer, et de rendre compte de sa délibération au procureur général près la cour royale ; et si la cause est pendante dans une cour royale, au Ministère de la justice.

---

(1) V. les articles 69-72 de ladite ordonnance du 19 octobre 1828, titre II, dispositions supplémentaires au Code de procédure civile, chap. II, de la communication des causes au ministère public.

Par suite de l'abolition de l'esclavage (décret du 27 avril 1848) les demandes et contestations relatives aux affranchissements n'ayant plus de raison d'être, l'article 10 de cette même ordonnance se trouve modifié en cette partie.

(2) V. sous l'article 46 de ladite ordonnance, l'art. 2 du décret du 16 août 1854.

(Ordonnance du 13 *octobre* 1828, *art.* 12.) — Lorsque, aux termes de l'article 87, la cour royale aura ordonné que les plaidoiries se feront à huis-clos, le greffier remettra sans délai expédition de la délibération prise par la cour au procureur général, qui sera tenu de la transmettre sans retard au gouverneur. — **Pr.** 8, 111 ; I **Cr.** 153, 170, 171, 210; Org. jud. 24 septembre 1828, art. 4 ; **T.** 22.

88. Ceux qui assisteront aux audiences se tiendront découverts, dans le respect et le silence : tout ce que le président ordonnera pour le maintien de l'ordre sera exécuté ponctuellement et à l'instant.

La même disposition sera observée dans les lieux où, soit les juges, soit les procureurs du roi, exerceront des fonctions de leur état. — **Pr.** 10, 89 et s., 276, 1036 ; I. **Cr.** 34, 181, 267, 504 et s.; **P.** 222 et s.

89. Si un ou plusieurs individus, quels qu'ils soient, interrompent le silence, donnent des signes d'approbation ou d'improbation soit à la défense des parties, soit aux discours des juges ou du ministère public, soit aux interpellations, avertissements ou ordres des président, juge-commissaire ou procureur du roi, soit aux jugements ou ordonnances, causent ou excitent du tumulte de quelque manière que ce soit, et si, après l'avertissement des huissiers, ils ne rentrent pas dans l'ordre sur-le-champ, il leur sera enjoint de se retirer, et les résistants seront saisis et déposés à l'instant dans la maison d'arrêt pour vingt-quatre heures ; ils y seront reçus sur l'exhibition de l'ordre du président, qui sera mentionné au procès-verbal de l'audience. — **Pr.** 10, 12, 781-4°; **I. Cr.** 34, 267, 504 et s.

90. Si le trouble est causé par un individu remplissant une fonction près le tribunal, il pourra, outre la peine ci-dessus, être suspendu de ses fonctions; la suspension, pour la première fois, ne pourra excéder le terme de trois mois. Le jugement sera exécutoire par provision, ainsi que dans le cas de l'article précédent. — **Pr.** 10, 1036 ; I. **Cr.** 267, 504.

91. Ceux qui outrageraient ou menaceraient les juges ou les officiers de justice dans l'exercice de leurs fonctions seront, de l'ordonnance du président, du juge-commissaire ou du procureur du Roi, chacun dans le lieu dont la police lui appartient, saisis et déposés à l'instant dans la maison d'arrêt, interrogés dans les vingt-quatre heures, et condamnés par le tribunal, sur le vu du procès-verbal qui constatera le délit, à une détention qui ne pourra excéder le mois, et à une amende qui ne pourra être moindre de vingt-cinq francs, ni excéder trois cents francs.

Si le délinquant ne peut être saisi à l'instant, le tribunal prononcera contre lui, dans les vingt-quatre heures, les peines ci-dessus, sauf l'opposition que le condamné pourra former dans les dix jours du jugement, en se mettant en état de détention. — **Pr.** 11; I. **Cr.** 181, 505, 508; **P.** 222 et s.

92. Si les délits commis méritaient peine afflictive ou infamante, le prévenu sera envoyé en état de mandat de dépôt devant le tribunal compétent, pour être poursuivi et puni suivant les règles établies par le Code d'instruction criminelle. — **I. Cr.** 506 et **s.**; **P.** 222 et **s.**

TITRE SIXIÈME

DES DÉLIBÉRÉS ET INSTRUCTIONS PAR ÉCRIT

93. Le tribunal pourra ordonner que les pièces seront mises sur le bureau, pour en être délibéré au rapport d'un juge nommé par le jugement, avec indication du jour auquel le rapport sera fait. — **Pr.** 94, 95, 110, 111, 116, 405, 470 ; **T.** 84.

94. Les parties et leurs défenseurs seront tenus d'exécuter le jugement qui ordonnera le délibéré, sans qu'il soit besoin de le lever ni signifier, et sans sommation : si l'une des parties ne remet point ses pièces, la cause sera jugée sur les pièces de l'autre. — **Pr.** 93 ; **T.** 90.

. **95.** Si une affaire ne paraît pas susceptible d'être jugée sur plaidoirie ou délibéré, le tribunal ordonnera qu'elle sera instruite par écrit, pour en être fait rapport par l'un des juges nommés par le jugement.

Aucune cause ne peut être mise en rapport qu'à l'audience et à la pluralité des voix. **Pr.** 96 et **s.**, 110, 116 et **s.**, 338, 341, 350 et **s.**, 461, 470 ; **T.** 84.

96. Dans la quinzaine de la signification du jugement, le demandeur fera signifier une requête contenant ses moyens ; elle sera terminée par un état des pièces produites au soutien.

Le demandeur sera tenu, dans les vingt-quatre heures qui suivront cette signification, de produire au greffe et de faire signifier l'acte de produit. — **Pr.** 98 et **s.**, 104; **P.** 409, **T.** 70, 39, 91.

97. Dans la quinzaine de la production du demandeur au greffe, le défendeur en prendra communication, et fera signifier sa réponse avec état au bas des pièces au soutien ; dans les vingt-quatre heures de cette signification, il rétablira au greffe la production par lui prise en communication, fera la sienne, et en signifiera l'acte.

Dans le cas où il y aurait plusieurs défendeurs, s'ils ont tout à la fois des avoués et des intérêts différents, ils auront chacun les délais ci-dessus fixés pour prendre communication, répondre et produire : la communication leur sera donnée successivement, à commencer par le plus diligent. — **Pr.** 77, 96, 106, 189, 324 ; **T.** 70, 73, 91.

98. Si le demandeur n'avait pas produit dans le délai ci-dessus fixé, le défendeur mettra sa production au greffe, ainsi qu'il a été dit ci-dessus : le demandeur n'aura que huitaine pour en prendre communication et contredire ; ce délai passé, il sera procédé au jugement, sur la production du défendeur. — **Pr.** 96, 106, 189, 524.

99. Si c'est le défendeur qui ne produit pas dans le délai qui lui est accordé, il sera procédé au jugement, sur la production du demandeur. — **Pr.** 97, 98, 100, 113, 342, 524.

100. Si l'un des délais fixés expire sans qu'aucun des défendeurs ait pris communication, il sera procédé au jugement sur ce qui aura été produit. — **Pr.** 97 et s., 113, 342, 524.

101. Faute par le demandeur de produire, le défendeur le plus diligent mettra sa production au greffe ; et l'instruction sera continuée ainsi qu'il est dit ci-dessus. — **Pr.** 96, 98.

102. Si l'une des parties veut produire de nouvelles pièces, elle le fera au greffe, avec acte de produit contenant état desdites pièces, lequel sera signifié à avoué, sans requête de production nouvelle ni écritures, à peine de rejet de la taxe, lors même que l'état des pièces contiendrait de nouvelles conclusions. — **Pr.** 105, 1031 ; **T.** 71, 90.

103. L'autre partie aura huitaine pour prendre communication, et fournir sa réponse, qui ne pourra excéder six rôles. — **Pr.** 106; **T.** 71, 90.

104. Les avoués déclareront, au bas des originaux et des copies de toutes leurs requêtes et écritures, le nombre des rôles, qui sera aussi énoncé dans l'acte de produit, à peine de rejet lors de la taxe. — **Pr.** 67, 133, 1031 ; **T.** 70, 74.

105. Il ne sera passé en taxe que les écritures et significations énoncées au présent titre. **Pr.** 1031.

106. Les communications seront prises au greffe sur les récépissés des avoués, qui en contiendront. — **Pr.** 189.

107. Si les avoués ne rétablissent, dans les délais ci-dessus fixés, les productions par eux prises en communication, il sera, sur le certificat du greffier, et sur un simple acte pour venir plaider, rendu jugement à l'audience, qui les condamnera personnellement, et sans appel, à ladite remise, aux frais du jugement, sans répétition, et en dix francs au moins de dommages-intérêts par chaque jour de retard.

Si les avoués ne rétablissent les productions dans la huitaine de la signification du dit jugement, le tribunal pourra prononcer, sans appel, de plus forts dommages et intérêts, même condamner l'avoué par corps, et l'interdire pour tel temps qu'il estimera convenable.

Les dites condamnations pourront être prononcées sur la demande des parties, sans qu'elles aient besoin d'avoués, et sur un simple mémoire qu'elles remettront ou au président, ou au rapporteur, ou au procureur du Roi (1). — **Pr.** 96 et s., 126, 191, 536 ; **T.** 90.

108. Il sera tenu au greffe un registre sur lequel seront portées toutes les productions, suivant leur ordre de date : ce registre, divisé en colonnes, contiendra la date de la production, les noms des parties, de leurs avoués et du rapporteur; il sera laissé une colonne en blanc (2).

109. Lorsque toutes les parties auront produit, ou après l'expiration des délais ci-dessus fixés, le greffier, sur la réquisition de la partie la plus diligente, remettra les

---

(1) V. sous l'article 17, le décret du 6 décembre 1869, relatif à la contrainte par corps.

(2) V. les articles 71 et 72 de l'ordonnance du 19 octobre 1828, tit. II (Dispositions supplémentaires au Code de procédure civile, chap. II, de la communication des causes au ministère public).

pièces au rapporteur, qui s'en chargera, en signant sur la colonne laissée en blanc au registre des productions. — **Pr.** 114; **T.** 90.

110. Si le rapporteur décède, se démet ou ne peut faire le rapport, il en sera commis un autre, sur requête, par ordonnance du président, signifiée à partie ou à son avoué trois jours au moins avant le rapport. — **Pr.** 93, 95; **T.** 75, 76.

111. Tous rapports, même sur délibérés, seront faits à l'audience; le rapporteur résumera le fait et les moyens sans ouvrir son avis : les défenseurs n'auront, sous aucun prétexte, la parole après le rapport; ils pourront seulement remettre sur-le-champ au président de simples notes énonciatives des faits sur lesquels ils prétendraient que le rapport a été incomplet ou inexact. — **Pr.** 87, 95, 112, 461, 668, 762.

112. Si la cause est susceptible de communication, le procureur du Roi sera entendu en ses conclusions à l'audience (1). — **Pr.** 83.

113. Les jugements rendus sur les pièces de l'une des parties, faute par l'autre d'avoir produit, ne seront point susceptibles d'opposition. — **Pr.** 94, 98 et s., 343, 351, 1016; **T.** 85.

114. Après le jugement, le rapporteur remettra les pièces au greffe; et il en sera déchargé par la seule radiation de sa signature sur le registre des productions. — **Pr.** 108, 115.

115. Les avoués, en retirant leurs pièces, émargeront le registre; cet émargement servira de décharge au greffier. — **Pr.** 103, 108, 114; **T.** 70, 91.

TITRE SEPTIÈME

DES JUGEMENTS

116 (*Ordonnance du* 19 *octobre* 1828, *art.* 13.) — L'article 116 est remplacé par la disposition suivante :

Les jugements seront rendus par le juge royal seul, qui néanmoins devra prendre l'avis des juges-auditeurs présents à l'audience.

Les jugements seront prononcés sur-le-champ; toutefois le juge royal pourra ordonner qu'il en sera délibéré en chambre du Conseil; il pourra ainsi continuer la cause à une des prochaines audiences, pour prononcer le jugement (2). — **Pr.** 93, 95, 117 et s., 141; **T.** 86.

117. S'il se forme plus de deux opinions, les juges plus faibles en nombre seront tenus de se réunir à l'une des deux opinions qui auront été émises par le plus grand nombre; toutefois ils ne seront tenus de s'y réunir qu'après que les voix auront été recueillies une seconde fois.

(1) V. les articles 71 et 72 de l'ordonnance du 19 octobre 1828, tit II. (Dispositions supplémentaires au Code de procédure civile, chap. II, de la communication des causes au ministère public).

(2) V. le décret du 16 août 1864, art. 2, sous l'art. 46 de l'ordonnance du 19 octobre 1828.

(*Ordonnance du* 19 *octobre* 1828, *art.* 14.) — Les articles 117 et 118 sont supprimés, en ce qui regarde le tribunal de première instance (1). — **Pr.** 116, 118 et s., 467.

118. En cas de partage, on appellera, pour le vider, un juge; à défaut du juge, un suppléant; à son défaut, un avocat attaché au barreau, et à son défaut, un avoué; tous appelés selon l'ordre du tableau : l'affaire sera de nouveau plaidée (2). — **Pr.** 84, 468,

119. Si le jugement ordonne la comparution des parties, il indiquera le jour de la comparution. — **Pr.** 324 et s., 470.

120. Tout jugement qui ordonnera un serment énoncera les faits sur lesquels il sera reçu. — **Pr.** 55, 121, 470; **C.** 1357 et s.; **P.** 366.

121. Le serment sera fait par la partie en personne, et à l'audience. Dans le cas d'un empêchement légitime et dûment constaté, le serment pourra être prêté devant le juge que le tribunal aura commis, et qui se transportera chez la partie, assisté du greffier.

Si la partie à laquelle le serment est déféré est trop éloignée, le tribunal pourra ordonner qu'elle prêtera le serment devant le tribunal du lieu de sa résidence.

Dans tous les cas, le serment sera fait en présence de l'autre partie, ou elle dûment appelée par acte d'avoué à avoué, et, s'il n'y a pas d'avoué constitué, par exploit contenant l'indication du jour de la prestation. — **Pr.** 120, 534, 1035; **c.** 1357 et s.; **P.** 366; **T.** 29, 70.

122. Dans les cas où les tribunaux peuvent accorder des délais pour l'exécution de leurs jugements, ils le feront par le jugement même qui statuera sur la contestation, et qui énoncera les motifs du délai. — **Pr.** 123, 125, 442, 472, 530; **c.** 1184, 1188, 1244, 1900, 1901, 2212; **Co.** 157.

123. Le délai courra du jour du jugement, s'il est contradictoire, et de celui de la signification, s'il est par défaut. — **Pr.** 147, 1033.

124. Le débiteur ne pourra obtenir un délai, ni jouir du délai qui lui aura été accordé, si ses biens sont vendus à la requête d'autres créanciers, s'il est en état de faillite, de contumace, ou s'il est constitué prisonnier, ni enfin lorsque, par son fait, il aura diminué les sûretés qu'il avait données par le contrat à son créancier. — **C.** 1188, 1613, 1900, 1913; **Co.** 437 et s.

125. Les actes conservatoires seront valables, nonobstant le délai accordé. — **Pr.** 122; **c.** 1180.

126. La contrainte par corps ne sera prononcée que dans les cas prévus par la loi : il est néanmoins laissé à la prudence des juges de la prononcer :

1° Pour dommages et intérêts en matière civile, au-dessus de la somme de trois cents francs ;

2° Pour reliquats de compte de tutelle, curatelle, d'administration de corps et com-

---

(1) V. le décret du 16 août 1854, art. 2. sous l'art. 46 de l'ordonnance du 19 octobre 1828.

(2) V. suprà l'art. 14 de l'ordonnance du 19 octobre 1828 et la note.

munauté, établissements publics, ou de toute administration confiée par justice, et pour toutes restitutions à faire par suite desdits comptes (I).

127. Pourront les juges, dans les cas énoncés en l'article précédent, ordonner qu'il sera sursis à l'exécution de la contrainte par corps pendant le temps qu'ils fixeront ; après lequel elle sera exercée sans nouveau jugement. Ce sursis ne pourra être accordé que par le jugement qui statuera sur la contestation, et qui énoncera les motifs de délai (1). — **Pr.** 122, 126, 478 ; **C.** 1184, 1244, 2212.

128. Tous jugements qui condamneront en des dommages et intérêts, en contiendront la liquidation, ou ordonneront qu'ils seront donnés par état. — **Pr.** 137, 183, 523 et s. ; **c.** 1149.

129. Les jugements qui condamneront à une restitution de fruits ordonneront qu'elle sera faite en nature pour la dernière année ; et pour les années précédentes, suivant les mercuriales du marché le plus voisin, eu égard aux saisons et aux prix communs de l'année ; sinon à dire d'experts, à défaut de mercuriales. Si la restitution en nature pour la dernière année est impossible, elle se fera comme pour les années précédentes.— **Pr.** 303, 305, 526.

130. Toute partie qui succombera sera condamnée aux dépens.— **Pr.** 131 et s., 166, 183, 192, 301, 338, 401, 403, 470, 525, 543 et s., 062, 1031 ; **C.** 441, 1260, 1382, 2101—1, 2105—1° ; **I. cr.** 162, 171 194, 368.

131. Pourront néanmoins les dépens être compensés en tout ou en partie, entre conjoints, ascendants, descendants, frères et sœurs, ou alliés au même degré ; les juges pourront aussi compenser les dépens en tout ou en partie, si les parties succombent respectivement sur quelques chefs. — **Pr.** 130.

132. Les avoués et huissiers qui auront excédé les bornes de leur ministère, les tuteurs, curateurs, héritiers bénéficiaires ou autres administrateurs qui auront compromis les intérêts de leur administration, pourront être condamnés aux dépens, en leur nom et sans répétition, même aux dommages et intérêts s'il y a lieu ; sans préjudice de l'interdiction contre les avoués et huissiers, et de la destitution contre les tuteurs et autres, suivant la gravité des circonstances. — **Pr.** 71, 360, 523 et s., 1031 ; **C.** 444, 509, 803 et s., 811, 1146 et s., 1202, 1382, 1428, 1531, 1549.

133. Les avoués pourront demander la distraction des dépens à leur profit, en affirmant, lors de la prononciation du jugement, qu'ils ont fait la plus grande partie des avances. La distraction des dépens ne pourra être prononcée que par le jugement qui emportera la condamnation : dans ce cas, la taxe sera poursuivie et l'exécutoire délivré au nom de l'avoué, sans préjudice de l'action contre sa partie. — **Pr.** 137, 470, 760, 764.

134. S'il a été formé une demande provisoire, et que la cause soit en état sur le provisoire et sur le fond, les juges seront tenus de prononcer sur le tout par un seul jugement. — **Pr.** 172, 288, 338, 470, 473.

(1) V. sous l'art. 17 le décret du 6 décembre 1869 sur la contrainte par corps.

135. L'exécution provisoire sans caution sera ordonnée, s'il y a titre authentique, promesse reconnue ou condamnation précédente par jugement dont il n'y ait point d'appel.

L'exécution provisoire pourra être ordonnée, avec ou sans caution, lorsqu'il s'agira :

1° D'apposition et levée des scellés, ou confection d'inventaire ;

2° De réparations urgentes ;

3° D'expulsion des lieux, lorsqu'il n'y a pas de bail, ou que le bail est expiré ;

4° De séquestres, commissaires et gardiens ;

5° De réception de caution et certificateurs ;

6° De nomination de tuteurs, curateurs et autres administrateurs et de reddition de compte :

7° De pensions ou provisions alimentaires. — **Pr**. 17, 137, 155, 193, 439, 440, et s., 457 et s., 517, 522, 527 et s., 581, 582, 809, 882, et s., 921, 930, 941, et s., 998 et s., 1024 ; **C**. 203 et s., 955, 1317, et s., 1322, 1724, 1737, 1743, 1754 et s., 1955.

136. Si les juges ont omis de prononcer l'exécution provisoire, ils ne pourront l'ordonner par un second jugement, sauf aux parties à la demander sur l'appel. — **Pr**. 122, 135, 439, 458 et s.

137. L'exécution provisoire ne pourra être ordonnée pour les dépens, quand même ils seraient adjugés pour tenir lieu de dommages et intérêts. — **Pr**. 130 et s., 439.

138. Le président et le greffier signeront la minute de chaque jugement aussitôt qu'il sera rendu : il sera fait mention, en marge de la feuille d'audience, des juges et du procureur du Roi qui y auront assisté ; cette mention sera également signée par le président et le greffier (1). — **Pr**. 18, 139 et s., 141, 470, 1040.

139. Les greffiers qui délivreront expédition d'un jugement avant qu'il ait été signé, seront poursuivis comme faussaires. — **Pr**. 138, 140, 146, 1029 ; **I. cr**. 196, 448 et s. ; **P**. 145.

140. Les procureurs du Roi et généraux se feront représenter tous les mois les minutes des jugements, et vérifieront s'il a été satisfait aux dispositions ci-dessus : en cas de contravention, ils en dresseront procès-verbal, pour être procédé ainsi qu'il appartiendra. — **Pr**. 138 et s. ; **I. Cr**. 196.

141. La rédaction des jugements contiendra les noms des juges, du procureur du Roi, s'il a été entendu, ainsi que des avoués ; les noms, professions et demeures des parties, leurs conclusions, l'exposition sommaire des points de fait et de droit, les motifs et le dispositif des jugements (2). — **Pr**. 83, 84. 111, 138, 142 et s. ; 433, 470.

142. La rédaction sera faite sur les qualités signifiées entre les parties : en conséquence, celle qui voudra lever un jugement contradictoire sera tenue de signifier à

---

(1) V. les articles 77 et s., 84, 85 et 86 de l'ordonnance du 19 octobre 1828, titre II (Dispositions supplémentaires au Code de procédure civile) et le décret du 16 août 1854, art. 2, sur l'organisation judiciaire, ce dernier article reproduit sous l'art. 46 de ladite ordonnance.

(2) V. comme complément de cet article 141, l'article 77 de l'ordonnance du 19 octobre 1828, titre II (dispositions supplémentaires au Code de procédure civile).

l'avoué de son adversaire les qualités contenant les noms, professions et demeures des parties, les conclusions et les points de fait et de droit. — **Pr.** 141, 143 et s., 145, 470; **T.** 87, 88.

143. L'original de cette signification restera pendant vingt-quatre heures entre les mains des huissiers audienciers. — **Pr.** 142, 244 et s.

144. L'avoué qui voudra s'opposer soit aux qualités, soit à l'exposé des points de fait et de droit, le déclarera à l'huissier, qui sera tenu d'en faire mention. — **T.** 90.

145 (*Ordonnance du 19 octobre 1828, art. 15.*) — L'article 145 est remplacé par la disposition suivante : Sur un simple acte d'avoué à avoué, les parties seront réglées, sur l'opposition aux qualités, par le juge qui aura présidé, et, en cas d'empêchement, par le plus ancien des juges auditeurs qui auront assisté à l'audience (1). — **Pr.** 142, 143, 144, 149; **T.** 70, 90.

146. Les expéditions des jugements seront intitulées et terminées au nom *du Roi,* conformément *à l'article* 48 *de la Charte constitutionnelle* (2). — **Pr.** 433, 470, 545, 853, 854; **C.** 1335, 1336; **I. Cr.** 521, 522.

147. S'il y a avoué en cause, le jugement ne pourra être exécuté qu'après avoir été signifié à avoué, à peine de nullité ; les jugements provisoires et définitifs qui prononceront des condamnations seront en outre signifiés à la partie, à personne ou domicile, et il y sera fait mention de la signification à l'avoué. — **Pr.** 148, 153, 155 et s., 443, 548, 763, 1029.

148. Si l'avoué est décédé ou a cessé de postuler, la signification à partie suffira ; mais il y sera fait mention du décès ou de la cessation des fonctions de l'avoué. — **Pr.** 75, 162 et s., 342, 1038.

TITRE HUITIÈME

DES JUGEMENTS PAR DÉFAUT ET OPPOSITIONS

149. Si le défendeur ne constitue pas avoué, ou si l'avoué constitué ne se présente pas au jour indiqué pour l'audience, il sera donné défaut. — **Pr.** 19 et s., 75 et s., 154, 157 et s., 160, 342 et s., 434, 470; **T.** 82.

150. Le défaut sera prononcé à l'audience, sur l'appel de la cause, et les conclusions de la partie qui le requiert seront adjugées, si elles se trouvent justes et bien

---

(1) V. sous l'art. 46 de l'ordonnance du 19 octobre 1828, le décret du 16 août 1854, art. 2.

(2) *Décret du 2 septembre* 1871.

Les expéditions des arrêts, jugements, mandats de justice, ainsi que les grosses et expéditions des contrats et de tous autres actes susceptibles d'exé-

cution forcée, seront intitulés ainsi qu'il suit :
« République Française, »
« Au nom du peuple français, »
Et terminés par la formule suivante :
« En conséquence, le Président de la République française mande et ordonne...... (*).

vérifiées : pourront néanmoins les juges faire mettre les pièces sur le bureau, pour prononcer le jugement à l'audience suivante. **Pr.** 19 et **s.**, 116, 149, 151 et **s.**, 434.

151. Lorsque plusieurs parties auront été citées pour le même objet à différents délais, il ne sera pris défaut contre aucune d'elles qu'après l'échéance du plus long délai. — **Pr.** 72, 73, 179, 184, 1033.

152. Toutes les parties appelées et défaillantes seront comprises dans le même défaut ; et s'il en est pris contre chacune d'elles séparément, les frais desdits défauts n'entreront point en taxe, et resteront à la charge de l'avoué, sans qu'il puisse les répéter contre la partie. — **Pr.** 132, 151, 1031.

153. Si de deux ou plusieurs parties assignées l'une fait défaut et l'autre comparaît, le profit du défaut sera joint, et le jugement de jonction sera signifié à la partie défaillante par un huissier commis : la signification contiendra assignation au jour auquel la cause sera appelée ; il sera statué par un seul jugement, qui ne sera pas susceptible d'opposition. **Pr.** 158, 165, 184, 435, 762, 763 ; **T.** 29.

154. Le défendeur qui aura constitué avoué pourra, sans avoir fourni de défenses, suivre l'audience par un seul acte, et prendre défaut, contre le demandeur qui ne comparaîtrait pas. — **Pr.** 75, 76, 80, 82, 434.

155. Les jugements par défaut ne seront pas exécutés avant l'échéance de la huitaine de la signification à avoué, s'il y a eu constitution d'avoué, et de la signification à personne ou domicile, s'il n'y a pas eu constitution d'avoué ; à moins qu'en cas d'urgence l'exécution n'en ait été ordonnée avant l'expiration de ce délai, dans les cas prévus par l'article 135.

Pourront aussi les juges, dans le cas seulement où il y aurait péril en la demeure, ordonner l'exécution nonobstant l'opposition, avec ou sans caution ; ce qui ne pourra se faire que par le même jugement. — **Pr.** 17, 135, 147, 149, 435, 439, 458, 517 ; **C.** 2011.

156. Tous jugements par défaut contre une partie qui n'a pas constitué d'avoué seront signifiés par un huissier commis, soit par le tribunal, soit par le juge du domicile du défaillant que le tribunal aura désigné ; ils seront exécutés dans les six mois de leur obtention, sinon seront réputés non avenus. — **Pr.** 153, 157, 158, 159, 350, 397, 435, 436, 548 et **s.**, 1029 ; **Co.** 643. **T.** 29, 76, 89.

157. Si le jugement est rendu contre une partie ayant un avoué, l'opposition ne sera recevable que pendant huitaine, à compter du jour de la signification à avoué. — **Pr.** 113, 149, 155, 159 et **s.**, 165, 257, 351, 352, 436, 440, 442, 809 ; **T.** 89.

158. S'il est rendu contre une partie qui n'a pas d'avoué, l'opposition sera recevable jusqu'à l'exécution du jugement. — **Pr.** 257, 159, 162, 165, 436 ; **Co.** 642, 643.

159. Le jugement est réputé exécuté, lorsque les meubles saisis ont été vendus, ou que le condamné a été emprisonné ou recommandé, ou que la saisie d'un ou de plusieurs de ses immeubles lui a été notifiée, ou que les frais ont été payés, ou enfin lorsqu'il y a quelque acte duquel il résulte nécessairement que l'exécution du jugement a été connue de la partie défaillante : l'opposition formée dans les délais ci-dessus et dans les formes ci-après prescrites suspend l'exécution, si elle n'a pas été ordonnée nonobstant opposition (1). — **Pr.** 135, 155 et s., 158, 162, 455, 611.

160. Lorsque le jugement aura été rendu contre une partie ayant un avoué, l'opposition ne sera recevable qu'autant qu'elle aura été formée par requête d'avoué à avoué. — **Pr.** 157, 161, 163, 165, 1030.

161. La requête contiendra les moyens d'opposition, à moins que des moyens de défense n'aient été signifiés avant le jugement, auquel cas il suffira de déclarer qu'on les emploie comme moyens d'opposition : l'opposition qui ne sera pas signifiée dans cette forme n'arrêtera pas l'exécution ; elle sera rejetée sur un simple acte, et sans qu'il soit besoin d'aucune autre instruction. — **Pr.** 160, 162 et s., 437, 1029 ; **T.** 75.

162. Lorsque le jugement aura été rendu contre une partie n'ayant pas d'avoué, l'opposition pourra être formée, soit par acte extrajudiciaire, soit par déclaration sur les commandements, procès-verbaux de saisie ou d'emprisonnement, ou tout autre acte d'exécution, à la charge par l'opposant de la réitérer avec constitution d'avoué, par requête, dans la huitaine ; passé lequel temps elle ne sera plus recevable, et l'exécution sera continuée, sans qu'il soit besoin de la faire ordonner.

Si l'avoué de la partie qui a obtenu le jugement est décédé, ou ne peut plus postuler, elle fera notifier une nouvelle constitution d'avoué au défaillant, lequel sera tenu, dans les délais ci-dessus, à compter de la signification, de réitérer son opposition par requête, avec constitution d'avoué.

Dans aucun cas, les moyens d'opposition fournis postérieurement à la requête n'entreront en taxe (1). — **Pr.** 131, 132, 148, 156, 158 et s., 165, 342 et s., 438, 1031, 1033 ; **T.** 29.

163. Il sera tenu au greffe un registre sur lequel l'avoué de l'opposant fera mention sommaire de l'opposition, en énonçant les noms des parties et de leurs avoués, les dates du jugement et de l'opposition : il ne sera dû de droit d'enregistrement que dans le cas où il en serait délivré expédition. — **Pr.** 164, 548 et s. ; **T.** 90.

164. Aucun jugement par défaut ne sera exécuté à l'égard d'un tiers que sur un certificat du greffier, constatant qu'il n'y a aucune opposition portée sur le registre. — **Pr.** 163, 548 ; et s., **T.** 90.

165. L'opposition ne pourra jamais être reçue contre un jugement qui aurait débouté d'une première opposition. — **Pr.** 22, 113, 149, 351 ; **I. cr.** 188.

---

(1) V. sous l'article 17 le décret du 6 décembre 1860, relatif à la contrainte par corps.

TITRE NEUVIÈME

DES EXCEPTIONS

§ I. — De la caution à fournir par les étrangers.

166. Tous étrangers, demandeurs principaux ou intervenants, seront tenus, si le défendeur le requiert, avant toute exception, de fournir caution, de payer les frais et dommages-intérêts auxquels ils pourraient être condamnés. — **Pr.** 130, 167, 173, 186, 423, 517 et **s.**; **C.** 11, 16, 2040 et **s.**; **T.** 75.

167. Le jugement qui ordonnera la caution fixera la somme jusqu'à concurrence de laquelle elle sera fournie : le demandeur qui consignera cette somme ou qui justifiera que ses immeubles situés en France sont suffisants pour en répondre sera dispensé de fournir caution. — **Pr.** 166, 517 et **s.**; **C.** 16, 2041.

§ II. — Des renvois.

168. La partie qui aura été appelée devant un tribunal autre que celui qui doit connaître de la contestation pourra demander son renvoi devant les juges compétents. — **Pr.** 59 et **s.**, 169, 173, 181, 368 et **s.**, 424 ; **T.** 75.

169. Elle sera tenue de former cette demande préalablement à toutes autres exceptions et défenses. — **Pr.** 166, 170, 173, 186.

170. Si néanmoins le tribunal était incompétent à raison de la matière, le renvoi pourra être demandé en tout état de cause ; et si le renvoi n'était pas demandé, le tribunal sera tenu de renvoyer d'office devant qui de droit. — **Pr.** 83-3°, 168, 424, 454 ; **I. Cr.** 359 ; **Co.** 631, 632, 638.

171. S'il a été formé précédemment, en un autre tribunal, une demande pour le même objet, ou si la contestation est connexe à une cause déjà pendante en un autre tribunal, le renvoi pourra être demandé et ordonné. — **Pr.** 83-4°, 363 et **s.**; **C.** 1351 ; **I. Cr.** 3.

172. Toute demande en renvoi sera jugée sommairement, sans qu'elle puisse être réservée ni jointe au principal. — **Pr.** 168, 174, 188, 404 et **s.**, 425, 473.

§ III. — Des nullités.

173. Toute nullité d'exploit ou d'acte de procédure est couverte, si elle n'est proposée avant toute défense ou exception autre que les exceptions d'incompétence. — **Pr.** 71, 132, 166, 169, 171, 186, 188, 470, 1030 ; **T.** 75.

174. L'héritier, la veuve, la femme *divorcée* (1) ou séparée de biens, assignée comme commune, auront trois mois, du jour de l'ouverture de la succession ou dissolution de la communauté, pour faire inventaire, et quarante jours pour délibérer : si l'inventaire a été fait avant les trois mois, le délai de quarante jours commencera du jour qu'il aura été parachevé.

S'ils justifient que l'inventaire n'a pu être fait dans les trois mois, il leur sera accordé un délai convenable pour le faire, et quarante jours pour délibérer ; ce qui sera réglé sommairement.

L'héritier conserve néanmoins, après l'expiration des délais ci-dessus accordés, la faculté de faire encore inventaire et de se porter héritier bénéficiaire, s'il n'a pas fait d'ailleurs acte d'héritier, ou s'il n'existe pas contre lui de jugement passé en force de chose jugée qui le condamne en qualité d'héritier pur et simple. — **Pr.** 177, 186, 426, 1033 ; **C.** 795, 797, 798, 800, 1456, 1459 ; **T.** 75.

175. Celui qui prétendra avoir droit d'appeler en garantie sera tenu de le faire dans la huitaine du jour de la demande originaire, outre un jour pour trois myriamètres. S'il y a plusieurs garants intéressés en la même garantie, il n'y aura qu'un seul délai pour tous, qui sera réglé selon la distance du lieu de la demeure du garant le plus éloigné. — **Pr.** 32 et **s.**, 49, 59, 177 et **s.**, 181, 337, 1033 ; **C.** 884 et **s.**, 1625 et **s.**, 1640.

176. Si le garant prétend avoir droit d'en appeler un autre en sous-garantie, il sera tenu de le faire dans le délai ci-dessus, à compter du jour de la demande en garantie formée contre lui ; ce qui sera successivement observé à l'égard du sous-garant ultérieur. — **Pr.** 175, 1033.

177. Si néanmoins le défendeur originaire est assigné dans les délais pour faire inventaire et délibérer, le délai pour appeler garant ne commencera que du jour où ceux pour faire inventaire et délibérer seront expirés. — **Pr.** 174, 187.

178. Il n'y aura pas d'autre délai pous appeler garant, en quelque matière que ce soit, sous prétexte de minorité ou autre cause privilégiée ; sauf à poursuivre les garants, mais sans que le jugement de la demande principale en soit retardé. — **Pr.** 33, 175, 181, 1029.

179. Si les délais des assignations en garantie ne sont échus en même temps que celui de la demande originaire, il ne sera pris aucun défaut contre le défendeur originaire, lorsqu'avant l'expiration du délai, il aura déclaré, par acte d'avoué à avoué, qu'il a formé sa demande en garantie ; sauf, si le défendeur, après l'échéance du délai pour appeler le garant, ne justifie pas de la demande en garantie, à faire droit sur la demande originaire, même à le condamner à des dommages-intérêts, si la demande en

(1) Le divorce est aboli (L. 8 mai 1816).

garantie par lui alléguée se trouve n'avoir pas été formée. — **Pr.** 5, 175 et **s.**, 337 et **s.**; **T.** 70.

180. Si le demandeur originaire soutient qu'il n'y a lieu au délai pour appeler garant, l'incident sera jugé sommairement. — **Pr.** 337 et **s.**, 404 et **s.**; **T.** 75.

181. Ceux qui seront assignés en garantie seront tenus de procéder devant le tribunal où la demande originaire sera pendante, encore qu'ils dénient être garants; mais s'il paraît par écrit, ou par l'évidence du fait, que la demande originaire n'a été formée que pour les traduire hors de leur tribunal, ils y seront renvoyés. — **Pr.** 59, 168; **C.** 424, 1383; **Co.** 173, 631.

182. En garantie formelle, pour les matières réelles ou hypothécaires, le garant pourra toujours prendre le fait et cause du garanti, qui sera mis hors de cause, s'il le requiert avant le premier jugement.

Cependant le garanti, quoique mis hors de cause, pourra y assister pour la conservation de ses droits, et le demandeur originaire pourra demander qu'il y reste pour la conservation des siens. — **Pr.** 183, 185; **C.** 1625 et **s.**, 2178.

183. En garantie simple, le garant pourra seulement intervenir, sans prendre le fait et cause du garanti. — **Pr.** 339 ; **C.** 2011 et **s.**

184. Si les demandes originaires et en garantie sont en état d'être jugées en même temps, il y sera fait droit conjointement; sinon le demandeur originaire pourra faire juger sa demande séparément : le même jugement prononcera sur la disjonction, si les deux instances ont été jointes; sauf, après le jugement du principal, à faire droit sur la garantie, s'il y échet. — **Pr.** 134, 343, 1034.

185. Les jugements rendus contre les garants formels seront exécutoires contre les garantis.

Il suffira de signifier le jugement aux garantis, soit qu'ils aient été mis hors de cause, ou qu'ils y aient assisté, sans qu'il soit besoin d'autre demande ni procédure. A l'égard des dépens, dommages et intérêts, la liquidation et l'exécution ne pourront en être faites que contre les garants.

Néanmoins, en cas d'insolvabilité du garant, le garanti sera passible des dépens, à moins qu'il n'ait été mis hors de cause; il le sera aussi des dommages et intérêts, si le tribunal juge qu'il y a lieu. — **Pr.** 128, 130, 523 et **s.**, 543 et **s.**

186. Les exceptions dilatoires seront proposées conjointement et avant toutes défenses au fond. — **Pr.** 166, 169, 173, 187, 338.

187. L'héritier, la veuve et la femme *divorcée* (1) ou séparée, pourront ne proposer leurs exceptions dilatoires qu'après l'échéance des délais pour faire inventaire et délibérer. — **Pr.** 174, 186.

_____

(1) Le divorce est aboli (L. du 8 mai 1816).

§ V. — De la communication des pièces.

188. Les parties pourront respectivement demander, par un simple acte, communication des pièces employées contre elles, dans les trois jours où lesdites pièces auront été signifiées ou employées. — **Pr.** 77, 97, 189 et s., 1033 ; **T.** 70.

189. La communication sera faite entre avoués, sur récépissé, ou par dépôt au greffe : les pièces ne pourront être déplacées, si ce n'est qu'il y en ait minute, ou que la partie y consente. — **Pr.** 96 et s., 106, 523, 524 ; **T.** 91.

190. Le délai de la communication sera fixé, ou par le récépissé de l'avoué, ou par le jugement qui l'aura ordonnée : s'il n'était pas fixé, il sera de trois jours.

191. Si après l'expiration du délai, l'avoué n'a pas rétabli les pièces, il sera, sur simple requête, et même sur simple mémoire de la partie, rendu ordonnance portant qu'il sera contraint à ladite remise, incontinent et par corps ; même à payer trois francs de dommages-intérêts à l'autre partie par chaque jour de retard, du jour de la signification de ladite ordonnance, outre les frais desdites requête et ordonnance, qu'il ne pourra répéter contre son constituant (1). — **Pr.** 107, 126, 132, 1029, 1031 ; **T.** 70, 76.

192. En cas d'opposition, l'incident sera réglé sommairement ; si l'avoué succombe, il sera condamné personnellement aux dépens de l'incident, même en tels autres dommages-intérêts et peines qu'il appartiendra, suivant la nature des circonstances. — **Pr.** 130, 191, 405 et s., 524 ; **T.** 75.

TITRE DIXIÈME

DE LA VÉRIFICATION DES ÉCRITURES

193. Lorsqu'il s'agira de reconnaissance et vérification d'écritures privées, le demandeur pourra, sans permission du juge, faire assigner à trois jours pour avoir acte de la reconnaissance, ou pour faire tenir l'écrit pour reconnu.

Si le défendeur ne dénie pas la signature, tous les frais relatifs à la reconnaissance ou à la vérification, même ceux de l'enregistrement de l'écrit, seront à la charge du demandeur. — **Pr.** 14, 49-7°, 83, 130, 194 et s., 1033 ; **C.** 970, 1006, 1007, 1008, 1315, 1322, 1323, 1324, 2123.

194. Si le défendeur ne comparaît pas, il sera donné défaut, et l'écrit sera tenu pour reconnu : si le défendeur reconnaît l'écrit, le jugement en donnera acte au demandeur. — **Pr.** 19, 149, 150, 193, 195, 214 ; **C.** 1322 et s.

195. Si le défendeur dénie la signature à lui attribuée, ou déclare ne pas recon-

(1) V. sous l'article 17 le décret du 6 décembre 1869, sur la contrainte par corps.

naître celle attribuée à un tiers, la vérification en pourra être ordonnée tant par titre que par experts et par témoins. — **Pr.** 14, 193, 194, 211, 232, 323 ; **C.** 1008, 1323, 1334.

196. Le jugement qui autorisera la vérification ordonnera qu'elle sera faite par trois experts, et les nommera d'office, à moins que les parties ne se soient accordées pour les nommer. Le même jugement commettra le juge devant qui la vérification se fera ; il portera aussi que la pièce à vérifier sera déposée au greffe, après que son état aura été constaté, et qu'elle aura été signée et paraphée par le demandeur ou son avoué, et par le greffier, lequel dressera du tout un procès-verbal. — **Pr.** 195, 219 et s., 225, 302 et s., 1035 ; **I. Cr.** 448 ; **T.** 92.

197. En cas de récusation contre le juge-commissaire ou les experts, il sera procédé ainsi qu'il est prescrit aux titres XIV et XXI du présent livre. — **Pr.** 237, 308, 311, 378 et s.

198. Dans les trois jours du dépôt de la pièce, le défendeur pourra en prendre communication au greffe sans déplacement : lors de ladite communication, la pièce sera paraphée par lui, ou par son avoué, ou par son fondé de pouvoir spécial ; et le greffier en dressera procès-verbal. — **Pr.** 189, 196, 228, 1033 ; **T.** 92.

199. Au jour indiqué par l'ordonnance du juge-commissaire, et sur la sommation de la partie la plus diligente, signifiée à avoué s'il en a été constitué, sinon à domicile, par un huissier commis par ladite ordonnance, les parties seront tenues de comparaître devant ledit commissaire, pour convenir de pièces de comparaison : si le demandeur en vérification ne comparaît pas, la pièce sera rejetée ; si c'est le défendeur, le juge pourra tenir la pièce pour reconnue. Dans les deux cas, le jugement sera rendu à la prochaine audience, sur le rapport du juge-commissaire, sans acte à venir plaider : il sera susceptible d'opposition. — **T.** 76, 92.

200. Si les parties ne s'accordent pas sur les pièces de comparaison, le juge ne pourra recevoir comme telles :

1° Que les signatures apposées aux actes par devant notaires, ou celles apposées aux actes judiciaires, en présence du juge et du greffier, ou enfin les pièces écrites et signées par celui dont il s'agit de comparer l'écriture, en qualité de juge, greffier, notaire, avoué, huissier, ou comme faisant, à tout autre titre, fonction de personne publique ;

2° Les écritures et signatures privées, reconnues par celui à qui est attribuée la pièce à vérifier, mais non celles déniées ou non reconnues par lui, encore qu'elles eussent été précédemment vérifiées et reconnues être de lui.

Si la dénégation ou méconnaissance ne porte que sur partie de la pièce à vérifier, le juge pourra ordonner que le surplus de ladite pièce servira de pièce de comparaison. — **Pr.** 236 ; **C.** 1317, 1322 ; **I. Cr.** 448 et s.

201. Si les pièces de comparaison sont entre les mains de dépositaires publics ou autres, le juge-commissaire ordonnera qu'aux jour et heure par lui indiqués les détenteurs desdites pièces les apporteront au lieu où se fera la vérification ; à peine, contre les dépositaires publics, d'être contraints par corps, et les autres par les voies ordi-

naires, sauf même à prononcer contre ces derniers la contrainte par corps, s'il y échet (1).
— **Pr.** 205, 206, 221, 245 ; **I. Cr.** 454 ; **T.** 166.

202. Si les pièces de comparaison ne peuvent être déplacées, ou si les détenteurs sont trop éloignés, il est laissé à la prudence du tribunal d'ordonner, sur le rapport du juge-commissaire, et après avoir entendu le procureur du Roi, que la vérification se fera dans le lieu de la demeure des dépositaires, ou dans le lieu le plus proche, où que, dans un délai déterminé, les pièces seront envoyées au greffe par les voies que le tribunal indiquera par son jugement. — **Pr.** 203 et s., 222.

203. Dans ce dernier cas, si le dépositaire est personne publique, il fera préalablement expédition ou copie collationnée des pièces, laquelle sera vérifiée sur la minute ou original par le président du tribunal de son arrondissement, qui en dressera procès-verbal : ladite expédition ou copie sera mise par le dépositaire au rang de ses minutes, pour en tenir lieu jusqu'au renvoi des pièces ; et il pourra en délivrer des grosses ou expéditions, en faisant mention du procès-verbal qui aura été dressé.

Le dépositaire sera remboursé de ses frais par le demandeur en vérification, sur la taxe qui en sera faite par le juge qui aura dressé le procès-verbal, d'après lequel sera délivré exécutoire. — **Pr.** 205, 209, 242, 245 ; **C.** 1335 ; **I. Cr.** 455.

204. La partie la plus diligente fera sommer par exploit les experts et les dépositaires de se trouver aux lieu, jour et heure indiqués par l'ordonnance du juge-commissaire ; les experts, à l'effet de prêter serment et de procéder à la vérification, et les dépositaires, à l'effet de représenter les pièces de comparaison ; il sera fait sommation à la partie d'être présente, par acte d'avoué à avoué. Il sera dressé du tout procès-verbal : il en sera donné aux dépositaires copie par extrait, en ce qui les concerne, ainsi que du jugement. — **Pr.** 204, 315, 70, 76, 92, 166.

205. Lorsque les pièces seront représentées par les dépositaires, il est laissé à la prudence du juge-commissaire d'ordonner qu'ils resteront présents à la vérification, pour la garde desdites pièces, et qu'ils les retireront et représenteront à chaque vacation, ou d'ordonner qu'elles resteront déposées ès-main du greffier, qui s'en chargera par procès-verbal : dans ce dernier cas, le dépositaire, s'il est personne publique, pourra en faire expédition, ainsi qu'il est dit par l'article 203 ; et ce, encore que le lieu où se fait la vérification soit hors de l'arrondissement dans lequel le dépositaire a le droit d'instrumenter. — **Pr.** 202, 245 ; **I. Cr.** 455, 456.

206. A défaut ou en cas d'insuffisance des pièces de comparaison, le juge-commissaire pourra ordonner qu'il sera fait un corps d'écritures, lequel sera dicté par les experts, le demandeur présent ou appelé. — **I. Cr.** 461.

207. Les experts ayant prêté serment, les pièces leur étant communiquées, où le corps d'écritures fait, les parties se retireront, après avoir fait, sur le procès-verbal du

(1) V. sous l'article 17 le décret du 6 décembre 1869, sur la contrainte par corps.

juge-commissaire, telles réquisitions et observations qu'elles aviseront. — **Pr.** 204, 206, 236, 315, 317.

208. Les experts procéderont conjointement à la vérification, au greffe, devant le greffier ou devant le juge, s'il l'a ainsi ordonné; et s'ils ne peuvent terminer le même jour, ils remettront à jour et heure certains indiqués par le juge ou par le greffier. — **Pr.** 236, 317, 318, 1034.

209. Leur rapport sera annexé à la minute du procès-verbal du juge-commissaire, sans qu'il soit besoin de l'affirmer; les pièces seront remises aux dépositaires, qui en déchargeront le greffier sur le procès-verbal.

La taxe des journées et vacations des experts sera faite sur le procès-verbal, et il en sera délivré exécutoire contre le demandeur en vérification. — **Pr.** 210, 242, 318 et **s.**; **I. Cr.** 463.

210. Les trois experts seront tenus de dresser un rapport commun et motivé, et de ne former qu'un seul avis à la pluralité des voix.

S'il y a des avis différents, le rapport en contiendra les motifs, sans qu'il soit permis de faire connaître l'avis particulier des experts. — **Pr.** 303 et **s.**, 318, 322 et **s.**

211. Pourront être entendus comme témoins, ceux qui auront vu écrire ou signer l'écrit en question, ou qui auront connaissance de faits pouvant servir à découvrir la vérité. — **Pr.** 224.

212. En procédant à l'audition des témoins, les pièces déniées ou méconnues leur seront représentées, et seront par eux paraphées; il en sera fait mention, ainsi que de leur refus : seront, au surplus, observées les règles ci-après prescrites pour les enquêtes. — **Pr.** 234, 252 et **s.**; **I. Cr.** 457.

213. S'il est prouvé que la pièce est écrite ou signée par celui qui l'a déniée, il sera condamné à cent cinquante francs d'amende envers le domaine, outre les dépens, dommages et intérêts de la partie, et pourra être condamné par corps même pour le principal (1). — **Pr.** 126, 246, 552, 780, 1029.

TITRE ONZIÈME

DU FAUX INCIDENT CIVIL

214. Celui qui prétend qu'une pièce signifiée, communiquée ou produite dans le cours de la procédure, est fausse ou falsifiée, peut, s'il y échet, être reçu à s'inscrire en faux, encore que ladite pièce ait été vérifiée, soit avec le demandeur, soit avec le défendeur en faux, à d'autres fins que celles d'une poursuite de faux principal ou incident, et qu'en conséquence il soit intervenu un jugement sur le fondement de ladite pièce

---

(1) V. sous l'article 17 le décret du 6 décembre 1869, sur la contrainte par corps.

comme véritable. — **Pr.** 14, 193 et **s.**, 215 et **s.**, 427, 448; 1015; **C.** 1338, 2055; **I. Cr.** 2, 3, 458 et **s.** 647; **P.** 145, 147, 150.

215. Celui qui voudra s'inscrire en faux sera tenu préalablement de sommer l'autre partie, par acte d'avoué à avoué, de déclarer si elle veut ou non se servir de la pièce, avec déclaration que, dans le cas où elle s'en servirait, il s'inscrira en faux. — **I. Cr.** 458 et **s.**

216. Dans les huit jours, la partie sommée doit faire signifier, par acte d'avoué, sa déclaration, signée d'elle ou du porteur de sa procuration spéciale et authentique, dont copie sera donnée, si elle entend ou non se servir de la pièce arguée de faux. — **Pr.** 215, 250, 1033; **I. Cr.** 458; **T.** 71.

217. Si le défendeur à cette sommation ne fait cette déclaration, ou s'il déclare qu'il ne veut pas se servir de la pièce, le demandeur pourra se pourvoir à l'audience, sur un simple acte, pour faire ordonner que la pièce maintenue fausse sera rejetée par rapport au défendeur; sauf au demandeur à en tirer telles inductions ou conséquences qu'il jugera à propos, ou à former telles demandes qu'il avisera, pour ses dommages et intérêts. — **Pr.** 215 et **s.**, 220, 224, 251; **I. Cr.** 459.

218. Si le défendeur déclare qu'il veut se servir de la pièce, le demandeur déclarera par acte au greffe, signé de lui ou de son fondé de pouvoir spécial et authentique, qu'il entend s'inscrire en faux; il poursuivra l'audience sur un simple acte, à l'effet de faire admettre l'inscription, et de faire nommer le commissaire devant lequel elle sera poursuivie. — **Pr.** 246, 248, 427; **I. Cr.** 459; **T.** 92.

219. Le défendeur sera tenu de remettre la pièce arguée de faux au greffe, dans les trois jours de la signification du jugement qui aura admis l'inscription et nommé le commissaire, et de signifier l'acte de mise au greffe dans les trois jours suivants. — **Pr.** 196 et **s.**, 220 et **s.**; **T.** 70, 91.

220. Faute par le défendeur de satisfaire, dans ledit délai, à ce qui est prescrit par l'article précédent, le demandeur pourra se pourvoir à l'audience, pour faire statuer sur le rejet de ladite pièce, suivant ce qui est porté en l'article 217 ci-dessus; si mieux il n'aime demander qu'il lui soit permis de faire remettre ladite pièce, au greffe, à ses frais, dont il sera remboursé par le défendeur comme de frais préjudiciaux; à l'effet de quoi il lui en sera délivré exécutoire. — **Pr.** 221, 1033; **C.** 2101-1°; **T.** 91.

221. En cas qu'il y ait minute de la pièce arguée de faux, il sera ordonné, s'il y a lieu, par le juge-commissaire, sur la requête du demandeur, que le défendeur sera tenu, dans le temps qui lui sera prescrit, de faire apporter ladite minute au greffe, et que les dépositaires d'icelle y seront contraints, les fonctionnaires publics par corps, et ceux qui ne le sont pas, par voie de saisie, amende, et même par corps, s'il y échet (1). — **Pr.** 126, 201; **T.** 70, 76, 92, 166.

(1) V. sous l'article 17 le décret du 6 décembre 1869, sur la contrainte par corps.

222. Il est laissé à la prudence du tribunal d'ordonner, sur le rapport du juge-commissaire, qu'il sera procédé à la continuation de la poursuite du faux, sans attendre l'apport de la minute ; comme aussi de statuer ce qu'il appartiendra, en cas que ladite minute ne pût être rapportée, ou qu'il fût suffisamment justifié qu'elle a été soustraite ou qu'elle est perdue. — **Pr.** 202.

223. Le délai pour l'apport de la minute court du jour de la signification de l'ordonnance ou du jugement au domicile de ceux qui l'ont en leur possession. — **T.** 29.

224. Le délai qui aura été prescrit au défendeur pour faire apporter la minute courra du jour de la signification de l'ordonnance ou du jugement à son avoué ; et faute par le défendeur d'avoir fait les diligences nécessaires pour l'apport de ladite minute dans ce délai, le demandeur pourra se pourvoir à l'audience, ainsi qu'il est dit article 217.

Les diligences ci-dessus prescrites au défendeur seront remplies en signifiant par lui aux dépositaires, dans le délai qui aura été prescrit, copie de la signification qui lui aura été faite de l'ordonnance ou du jugement ordonnant l'apport de ladite minute ; sans qu'il soit besoin, par lui, de lever expédition de ladite ordonnance ou dudit jugement. — **T.** 72.

225. La remise de ladite pièce prétendue fausse étant faite au greffe, l'acte en sera signifié à l'avoué du demandeur, avec sommation d'être présent au procès-verbal ; et trois jours après cette signification, il sera dressé procès-verbal de l'état de la pièce.

Si c'est le demandeur qui a fait faire la remise, ledit procès-verbal sera fait dans les trois jours de ladite remise, sommation préalablement faite au défendeur d'y être présent. — **Pr.** 196, 198, 227 ; **I. Cr.** 448 et s. ; **T.** 72, 166.

226. S'il a été ordonné que les minutes seraient apportées, le procès-verbal sera dressé conjointement, tant desdites minutes que des expéditions arguées de faux, dans les délais ci-dessus : pourra néanmoins le tribunal ordonner, suivant l'exigence des cas, qu'il sera d'abord dressé procès-verbal de l'état desdites expéditions, sans attendre l'apport desdites minutes, de l'état desquelles il sera, en ce cas, dressé procès-verbal séparément. — **Pr.** 221 ; **T.** 72.

227. Le procès-verbal contiendra mention et description des ratures, surcharges, interlignes et autres circonstances du même genre ; il sera dressé par le juge-commissaire, en présence du procureur du Roi, du demandeur et du défendeur, ou de leurs fondés de procurations authentiques et spéciales : lesdites pièces et minutes seront paraphées par le juge-commissaire et le procureur du Roi, par le défendeur et le demandeur, s'ils peuvent ou veulent les parapher ; sinon il en sera fait mention. Dans le cas de non comparution de l'une ou de l'autre des parties, il sera donné défaut et passé outre au procès-verbal. — **Pr.** 149 ; **I. Cr.** 448 et s.

228. Le demandeur en faux, ou son avoué, pourra prendre communication, en tout état de cause, des pièces arguées de faux, par les mains du greffier, sans déplacement et sans retard. — **T.** 92.

229. Dans les huit jours qui suivront ledit procès-verbal, le demandeur sera tenu de signifier au défendeur ses moyens de faux, lesquels contiendront les faits, circonstances et preuves par lesquels il prétend établir le faux ou la falsification, sinon le défendeur pourra se pourvoir à l'audience pour faire ordonner, s'il y échet, que ledit demandeur demeurera déchu de son inscription en faux. — **Pr.** 230, 233, 247, 1033; **C.** 1319 ; **T.** 75.

230. Sera tenu le défendeur, dans les huit jours de la signification des moyens de faux, d'y répondre par écrit; sinon le demandeur pourra se pourvoir à l'audience pour faire statuer sur le rejet de la pièce, suivant ce qui est prescrit article 217 ci-dessus. — **Pr.** 77, 78, 229, 1033; **T.** 75.

231. Trois jours après lesdites réponses, la partie la plus diligente pourra poursuivre l'audience ; et les moyens de faux seront admis ou rejetés, en tout ou en partie : il sera ordonné, s'il y échet, que lesdits moyens ou aucuns d'eux demeureront joints, soit à l'incident en faux, si quelques-uns desdits moyens ont été admis, soit à la cause ou au procès principal; le tout suivant la qualité desdits moyens et l'exigence des cas. — **Pr.** 218, 246, 251.

232. Le jugement ordonnera que les moyens admis seront prouvés, tant par titres que par témoins, devant le juge commis, sauf au défendeur la preuve contraire, et qu'il sera procédé à la vérification des pièces arguées de faux par trois experts écrivains, qui seront nommés d'office par le même jugement. — **Pr.** 195 et s., 252 et s., 283, 302 et s. ; **C.** 1317 ; **T.** 163-165.

233. Les moyens de faux qui seront déclarés pertinents et admissibles seront énoncés expressément dans le dispositif du jugement qui permettra d'en faire preuve; et il ne sera fait preuve d'aucun autre moyen. Pourront néanmoins les experts faire telles observations dépendantes de leur art qu'ils jugeront à propos, sur les pièces prétendues fausses, sauf aux juges à y avoir tel égard que de raison. **Pr.** 232, 255.

234. En procédant à l'audition des témoins, seront observées les formalités ci-après prescrites pour les enquêtes : les pièces prétendues fausses leur seront représentées, et paraphées d'eux, s'ils peuvent ou veulent les parapher; sinon il en sera fait mention.

A l'égard des pièces de comparaison et autres qui doivent être représentées aux experts, elles pourront l'être aussi aux témoins, en tout ou en partie, si le juge-commissaire l'estime convenable; auquel cas elles seront par eux paraphées, ainsi qu'il est ci-dessus prescrit. — **Pr.** 212, 262 et s.; **I. Cr.** 457.

235. Si les témoins représentent quelques pièces lors de leur déposition, elles y demeureront jointes, après avoir été paraphées, tant par le juge-commissaire, que par lesdits témoins, s'ils peuvent ou veulent le faire; sinon il en sera fait mention : et, si lesdites pièces font preuve du faux ou de la vérité des pièces arguées, elles seront représentées aux autres témoins qui en auraient connaissance ; et elles seront par eux paraphées suivant ce qui est ci-dessus prescrit. — **Pr.** 212, 234; **I. Cr.** 457.

236. La preuve par experts se fera en la forme suivante :

1° Les pièces de comparaison seront convenues entre les parties, ou indiquées par le juge, ainsi qu'il est dit à l'article 200, titre *De la vérification des écritures*.

2° Seront remis aux experts, le jugement qui aura admis l'inscription de faux; les pièces prétendues fausses; le procès-verbal de l'état d'icelles; le jugement qui aura admis les moyens de faux et ordonné le rapport d'experts; les pièces de comparaison, lorsqu'il en aura été fourni; le procès-verbal de présentation d'icelles, et le jugement par lequel elles auront été reçues : les experts mentionneront dans leur rapport la remise de toutes les pièces susdites, et l'examen auquel ils auront procédé, sans pouvoir en dresser aucun procès-verbal; ils parapheront les pièces prétendues fausses.

Dans le cas où les témoins auraient joint des pièces à leur déposition, la partie pourra requérir et le juge-commissaire ordonner qu'elles seront représentées aux experts ;

3° Seront, au surplus, observées audit rapport les règles prescrites au titre *De la vérification des écritures*. — **Pr.** 193 et s., 207 et s.

237. En cas de récusation, soit contre le juge-commissaire, soit contre les experts, il y sera procédé ainsi qu'il est prescrit aux titres XIX et XXI du présent livre. — **Pr.** 197, 308 et s., 378 et s.

238. Lorsque l'instruction sera achevée, le jugement sera poursuivi sur un simple acte.

239. S'il résulte, de la procédure, des indices de faux ou de falsification, et que les auteurs ou complices soient vivants, et la poursuite du crime non éteinte par la prescription, d'après les dispositions du Code pénal, le président délivrera mandat d'amener contre les prévenus, et remplira, à cet égard, les fonctions d'officier de police judiciaire. — **Pr.** 240, 250 ; **I. Cr.** 3, 460, 462, 637.

240. Dans le cas de l'article précédent, il sera sursis à statuer sur le civil jusqu'après le jugement sur le faux. — **Pr.** 239, 250 ; **C.** 1319 ; **I. Cr.** 3, 460.

241. Lorsqu'en statuant sur l'inscription de faux, le tribunal aura ordonné la suppression, la lacération ou la radiation en tout ou en partie, même la réformation ou le rétablissement des pièces déclarées fausses, il sera sursis à l'exécution de ce chef du jugement, tant que le condamné sera dans le délai de se pourvoir par appel, requête civile ou cassation ou qu'il n'aura pas formellement et valablement acquiescé au jugement. — **Pr.** 443 et s., 480 ; **I. Cr.** 463.

242. Par le jugement qui interviendra sur le faux, il sera statué, ainsi qu'il appartiendra, sur la remise des pièces soit aux parties, soit aux témoins qui les auront fournies ou représentées ; ce qui aura lieu même à l'égard des pièces prétendues fausses, lorsqu'elles ne seront pas jugées telles : à l'égard des pièces qui auront été tirées d'un dépôt public, il sera ordonné qu'elles seront remises aux dépositaires, ou renvoyées par les greffiers de la manière prescrite par le tribunal ; le tout sans qu'il soit rendu séparément un autre jugement sur la remise des pièces, laquelle néanmoins ne pourra être faite qu'après le délai prescrit par l'article précédent. — **Pr.** 209, 241, 243, et s.; **I. Cr.** 463.

243. Il sera sursis, pendant ledit délai, à la remise des pièces de comparaison ou autres, si ce n'est qu'il en soit autrement ordonné par le tribunal, sur la requête des dépositaires desdites pièces, ou des parties qui auraient intérêt de la demander. — **Pr.** 241, 242.

244. Il est enjoint aux greffiers de se conformer exactement aux articles précédents, en ce qui les regarde, à peine d'interdiction, d'amende qui ne pourra être moindre de cent francs, et des dommages-intérêts des parties, même d'être procédé extraordinaire-ment s'il y échet. — **Pr.** 241 et s., 1029.

245. Pendant que lesdites pièces demeureront au greffe, les greffiers ne pourront délivrer aucune copie ni expédition des pièces prétendues fausses, si ce n'est en vertu d'un jugement; à l'égard des actes dont les originaux ou minutes auront été remis au greffe, et notamment des registres sur lesquels il y aurait des actes non argués de faux, lesdits greffiers pourront en délivrer des expéditions aux parties qui auront droit d'en demander, sans qu'ils puissent prendre de plus grands droits que ceux qui seraient dus aux dépositaires desdits originaux ou minutes : et sera le présent article exécuté sous les peines portées par l'article précédent.

S'il a été fait par les dépositaires des minutes desdites pièces des expéditions pour tenir lieu desdites minutes, en exécution de l'article 203 du titre *De la vérification des écritures*, lesdits actes ne pourront être expédiés que par lesdits dépositaires. — **Pr.** 128, 203, 205, 228, 1029.

246. Le demandeur en faux qui succombera sera condamné à une amende qui ne pourra être moindre de trois cents francs, et à tels dommages et intérêts qu'il appar-tiendra. — **Pr.** 128, 130, 213, 247, 248, 374, 396, 471, 479, 494, 500, 513, 516, 1029.

247. L'amende sera encourue toutes les fois que l'inscription en faux ayant été faite au greffe, et la demande à fin de s'inscrire admise, le demandeur s'en sera désisté volontairement ou aura succombé, ou que les parties auront été mises hors de procès, soit par le défaut de moyens ou de preuves suffisantes, soit faute d'avoir satisfait, de la part du demandeur, aux diligences et formalités ci-dessus prescrites; ce qui aura lieu, en quelques termes que la prononciation soit conçue, et encore que le jugement ne portât point condamnation d'amende : le tout, quand même le demandeur offrirait de poursuivre le faux par la voie extraordinaire. — **Pr.** 229, 243, 250, 1029; **I. Cr.** 638.

248. L'amende ne sera pas encourue lorsque la pièce, ou une des pièces arguées de faux, aura été déclarée fausse en tout ou en partie, ou lorsqu'elle aura été rejetée de la cause ou du procès, comme aussi lorsque la demande à fin de s'inscrire en faux n'aura pas été admise; et ce, de quelques termes que les juges se soient servis pour rejeter ladite demande, ou pour n'y avoir pas d'égard.

249. Aucune transaction sur la poursuite du faux incident ne pourra être exécutée, si elle n'a été homologuée en justice, après avoir été communiquée au ministère public, lequel pourra faire, à ce sujet, telles réquisitions qu'il jugera à propos. — **Pr.** 83, 251 ; **C.** 2046 ; **I. Cr.** 4.

250. Le demandeur en faux pourra toujours se pourvoir, par la voie criminelle, en faux principal ; et, dans ce cas, il sera sursis au jugement de la cause, à moins que les juges n'estiment que le procès puisse être jugé indépendamment de la pièce arguée de faux. — **Pr.** 240, 247 ; **C.** 1317, 1319, 2046 ; **I. Cr.** 3, 448 et s., 460 ; **Pr.** 132, 165.

251. Tout jugement d'instruction ou définitif, en matière de faux, ne pourra être rendu que sur les conclusions du ministère public. — **Pr.** 83, 249.

TITRE DOUZIÈME

DES ENQUÊTES

252. Les faits dont une partie demandera à faire preuve seront articulés succinctement par un simple acte de conclusion, sans écritures ni requête.

Ils seront, également par un simple acte, déniés ou reconnus dans les trois jours ; sinon ils pourront être tenus pour confessés ou avérés (1). — **Pr.** 34, 253 et s., 337, 407, 413, 423, 470 ; **T.** 72.

253. Si les faits sont admissibles, qu'ils soient déniés, et que la loi n'en défende pas la preuve, elle pourra être ordonnée. — **Pr.** 252 ; **C.** 1341 et s. ; **I. Cr.** 154, 190.

254. Le tribunal pourra aussi ordonner d'office la preuve des faits qui lui paraîtront concluants, si la loi ne le défend pas. — **Pr.** 253, 293 ; **C.** 1341 et s.

255. Le jugement qui ordonnera la preuve contiendra :

1° Les faits à prouver ;

2° La nomination du juge devant qui l'enquête sera faite.

Si les témoins sont trop éloignés, il pourra être ordonné que l'enquête sera faite devant un juge commis par un tribunal désigné à cet effet. — **Pr.** 34, 253 et s., 260, 464, 1035.

256. La preuve contraire sera de droit : la preuve du demandeur et la preuve contraire seront commencées et terminées dans les délais fixés par les articles suivants. — **Pr.** 255.

257. Si l'enquête est faite au même lieu où le jugement a été rendu, ou dans la distance de trois myriamètres, elle sera commencée dans la huitaine du jour de la signification à avoué ; si le jugement est rendu contre une partie qui n'avait point d'avoué, le délai courra du jour de la signification à personne ou domicile ; ces délais courent également contre celui qui a signifié le jugement : le tout à peine de nullité.

(1) L'article 16 de l'ordonnance du 19 octobre 1828 avait rendu communes, sous certaines modifications, aux esclaves cités en témoignage, les règles et formalités établies par les articles 252 à 294 inclusivement et par l'article 413, mais ces modifications ont cessé d'avoir leur raison d'être depuis l'abolition de l'esclavage par le décret du 27 avril 1848.

Si le jugement est susceptible d'opposition, le délai courra du jour de l'expiration des délais de l'opposition. — **Pr.** 258 et s., 278 et s., 292 et s., 1029, 1033 ; **C.** 1217, 1219.

258. Si l'enquête doit être faite à une plus grande distance, le jugement fixera le délai dans lequel elle sera commencée. — **Pr.** 255, 257, 259, 1033.

259. L'enquête est censée commencée, pour chacune des parties respectivement, par l'ordonnance qu'elle obtient, du juge-commissaire, à l'effet d'assigner les témoins aux jour et heure par lui indiqués.

En conséquence, le juge-commissaire ouvrira les procès-verbaux respectifs par la mention de la réquisition et de la délivrance de son ordonnance. — **Pr.** 278, 279 ; **T.** 76, 91.

260. Les témoins seront assignés à personne ou domicile ; ceux domiciliés dans l'étendue de trois myriamètres du lieu où se fait l'enquête, le seront au moins un jour avant l'audition ; il sera ajouté un jour par trois myriamètres pour ceux domiciliés à une plus grande distance. Il sera donné copie à chaque témoin, du dispositif du juge-ment, seulement en ce qui concerne les faits admis, et de l'ordonnance du juge-commis-saire : le tout à peine de nullité des dépositions des témoins envers lesquels les formalités ci-dessus n'auraient pas été observées. — **Pr.** 61, 68, 267, 413, 1029, 1033 ; **T.** 29.

261. La partie sera assignée pour être présente à l'enquête, au domicile de son avoué, si elle en a constitué, sinon à son domicile : le tout trois jours au moins avant l'audition. Les noms, professions et demeures des témoins à produire contre elle lui seront notifiés : le tout à peine de nullité, comme ci-dessus. — **Pr.** 60, 173, 260, 267 et s., 275, 283, 284, 408, 413, 1029, 1031, 1033 ; **C.** 1217 ; **T.** 29.

262. Les témoins seront entendus séparément, tant en présence qu'en l'absence des parties.

Chaque témoin, avant d'être entendu, déclarera ses nom, profession, âge et demeure, s'il est parent ou allié de l'une des parties, à quel degré, s'il est serviteur ou domestique de l'une d'elles ; il fera serment de dire vérité : le tout à peine de nullité. — **Pr.** 35, 268, 271, 275, 411, 1029 ; **I. Cr.** 73, 75, 317 ; **P.** 361.

263. Les témoins défaillants seront condamnés, par ordonnances du juge-commis-saire qui seront exécutoires nonobstant opposition ou appel, à une somme qui ne pourra être moindre de dix francs, au profit de la partie, à titre de dommages et intérêts, ils pourront de plus être condamnés, par la même ordonnance, à une amende qui ne pourra excéder la somme de cent francs.

Les témoins défaillants seront réassignés à leurs frais. — **Pr.** 413, 1029 ; **I. Cr.** 80, 86, 157, 304, 355.

264. Si les témoins réassignés sont encore défaillants, ils seront condamnés, et par corps, à une amende de cent francs ; le juge-commissaire pourra même décerner contre eux un mandat d'amener (1). — **Pr.** 263, 1029 ; **I. Cr.** 80, 92, 100, 157, 158, 355.

(1) V. sous l'article 17 le décret du 6 décembre 1869, sur la contrainte par corps.

265. Si le témoin justifie qu'il n'a pu se présenter au jour indiqué, le juge-commissaire le déchargera, après sa déposition, de l'amende et des frais de réassignation. — **Pr.** 263, 266 ; **I. Cr.** 81, 188, 388.

266. Si le témoin justifie qu'il est dans l'impossibilité de se présenter au jour indiqué, le juge-commissaire lui accordera un délai suffisant, qui néanmoins ne pourra excéder celui fixé pour l'enquête, ou se transportera pour recevoir la déposition. Si le témoin est éloigné, le juge-commissaire renverra devant le président du tribunal du lieu, qui entendra le témoin ou commettra un juge : le greffier de ce tribunal fera parvenir de suite la minute du procès-verbal au greffe du tribunal où le procès est pendant, sauf à lui à prendre exécutoire pour les frais contre la partie à la requête de qui le témoin aura été entendu. — **Pr.** 263 et s., 412, 1035.

267. Si les témoins ne peuvent être entendus le même jour, le juge-commissaire remettra à jour et heure certains; et il ne sera donné nouvelle assignation ni aux témoins, ni à la partie, encore qu'elle n'ait pas comparu. — **Pr.** 260, 269 ; **T.** 167.

268. Nul ne pourra être assigné comme témoin, s'il est parent ou allié en ligne directe de l'une des parties, ou son conjoint même *divorcé* (1). — **Pr.** 270, 275, 282 et s., 413 ; **I. Cr.** 157, 322.

269. Les procès-verbaux d'enquête contiendront la date des jour et heure, les comparutions ou défauts des parties et témoins, la représentation des assignations, les remises à autres jour et heure, si elles sont ordonnées ; à peine de nullité. — **Pr.** 275, 294, 1029.

270. Les reproches seront proposés par la partie ou par son avoué avant la déposition du témoin, qui sera tenu de s'expliquer sur iceux : ils seront circonstanciés et pertinents, et non en termes vagues et généraux. Les reproches et les explications du témoin seront consignés dans le procès-verbal. — **Pr.** 36, 268, 275, 283 et s., 413 ; **T.** 92.

271. Le témoin déposera sans qu'il lui soit permis de lire aucun projet écrit. Sa déposition sera consignée sur le procès-verbal ; elle lui sera lue, et il lui sera demandé s'il y persiste : le tout à peine de nullité. Il lui sera demandé aussi s'il requiert taxe. — **Pr.** 262, 273, 275, 277, 333, 1029 ; **T.** 167.

272. Lors de la lecture de sa déposition, le témoin pourra faire tels changements et additions que bon lui semblera : ils seront écrits à la suite ou à la marge de sa déposition ; il lui en sera donné lecture, ainsi que de la déposition, et mention en sera faite : le tout à peine de nullité. — **Pr.** 271, 275, 334, 1029.

273. Le juge-commissaire pourra, soit d'office, soit sur la réquisition des parties ou de l'une d'elles, faire au témoin les interpellations qu'il croira convenables pour éclaircir sa déposition ; les réponses du témoin seront signées de lui, après lui avoir été lues, ou mention sera faite s'il ne veut ou ne peut signer ; elles seront également signées du juge et du greffier : le tout à peine de nullité. — **Pr.** 37, 275, 413, 1029 ; **I. Cr.** 76.

(1) Le divorce est aboli (L. 8 mai 1816).

274. La déposition du témoin, ainsi que les changements et additions qu'il pourra y faire, seront signés par lui, le juge et le greffier; et si le témoin ne veut ou ne peut signer, il en sera fait mention : le tout à peine de nullité. Il sera fait mention de la taxe, s'il la requiert, ou de son refus. — Pr. 275, 1029; I. Cr. 76.

275. Les procès-verbaux feront mention de l'observation des formalités prescrites par les articles 261, 262, 269, 270, 271, 272, 273 et 274 ci-dessus : ils seront signés, à la fin, par le juge et le greffier, et par les parties si elles le veulent ou le peuvent ; en cas de refus, il en sera fait mention : le tout à peine de nullité. — Pr. 262, 277, 292 et s., 1029.

276. La partie ne pourra, ni interrompre le témoin dans sa déposition, ni lui faire aucune interpellation directe, mais sera tenue de s'adresser au juge-commissaire, à peine de dix francs d'amende, et de plus forte amende, même d'exclusion, en cas de récidive ; ce qui sera prononcé par le juge-commissaire. Ses ordonnances seront exécutoires nonobstant appel ou opposition. — Pr. 37, 88 et s., 1029.

277. Si le témoin requiert taxe, elle sera faite par le juge-commissaire sur la copie de l'assignation, et elle vaudra exécutoire : le juge fera mention de la taxe sur son procès-verbal. — Pr. 271, 413, 545.

278. L'enquête sera respectivement parachevée dans la huitaine de l'audition des premiers témoins, à peine de nullité, si le jugement qui l'a ordonné n'a fixé un plus long délai. — Pr. 257, 279, 280, 1029, 1031.

279. Si néanmoins l'une des parties demande prorogation dans le délai fixé pour la confection de l'enquête, le tribunal pourra l'accorder. — Pr. 6, 257, 258, 278, 280, 409, 413.

280. La prorogation sera demandée sur le procès-verbal du juge-commissaire, et ordonnée sur le référé qu'il en fera à l'audience, au jour indiqué par son procès-verbal, sans sommation ni avenir, si les parties ou leurs avoués ont été présents : il ne sera accordé qu'une seule prorogation, à peine de nullité. — Pr. 257, 275, 279, 1029.

281. La partie qui aura fait entendre plus de cinq témoins sur un même fait ne pourra répéter les frais des autres dépositions. — Pr. 130, 413, 1031.

282. Aucun reproche ne sera proposé après la déposition, s'il n'est justifié par écrit. — Pr. 36, 270, 283 et s., 280 et s., 413.

283. Pourront être reprochés, les parents ou alliés de l'une ou de l'autre des parties jusqu'au degré de cousin issu de germain inclusivement; les parents et alliés des conjoints au degré ci-dessus, si le conjoint est vivant, ou si la partie ou le témoin en a des enfants vivants : en cas que le conjoint soit décédé, et qu'il n'ait pas laissé de descendants, pourront être reprochés les parents et alliés en ligne directe, les frères, beaux-frères, sœurs et belles-sœurs.

Pourront aussi être reprochés, le témoin héritier présomptif ou donataire ; celui qui aura bu ou mangé avec la partie, et à ses frais, depuis la prononciation du jugement qui a ordonné l'enquête ; celui qui aura donné des certificats sur les faits relatifs au procès ; les serviteurs et domestiques ; le témoin en état d'accusation ; celui qui aura été condamné à une peine afflictive ou infamante, ou même à une peine correctionnelle pour cause de vol. — **Pr.** 268, 270, 282, 284 et **s.**, 287, 289 et **s.**, 291 310, 378 ; **I. Cr.** 136, 322 ; **P.** 7, 8, 42-8°, 379, 401.

284. Le témoin reproché sera entendu dans sa déposition. — **Pr.** 270, 287, 291.

285. Pourront les individus âgés de moins de quinze ans révolus être entendus, sauf à avoir à leurs dépositions tels égards que de raison. — **Pr.** 413 ; **I. Co.** 79.

286. Le délai pour faire enquête étant expiré, la partie la plus diligente fera signifier à avoué copie des procès-verbaux, et poursuivra l'audience sur un simple acte. — **Pr.** 82, 270, 278 et **s.** ; **T.** 70.

287. Il sera statué sommairement sur les reproches. — **Pr.** 270, 283, 404 et **s.**

288. Si néanmoins le fond de la cause était en état, il pourra être pronoucé sur le tout par un seul jugement. — **Pr.** 134, 338, 473.

289. Si les reproches proposés avant la déposition ne sont justifiés par écrit, la partie sera tenue d'en offrir la preuve et de désigner les témoins ; autrement elle n'y sera plus reçue : le tout sans préjudice des réparations, dommages et intérêts qui pourraient être dus au témoin reproché. — **Pr.** 270, 282 et **s.**, 287, 314, 1029 ; **T.** 71.

290. La preuve, s'il y échet, sera ordonnée par le tribunal, sauf la preuve contraire, et sera faite dans la forme ci-après réglée pour les enquêtes sommaires. Aucun reproche ne pourra y être proposé, s'il n'est justifié par écrit. — **Pr.** 256, 282, 407 et **s.**

291. Si les reproches sont admis, la déposition du témoin reproché ne sera point lue. — **Pr.** 284, 291, 407.

292. (*Ordonnance du* 19 *octobre* 1828, *art.* 17.) — L'article 292 est remplacé par les dispositions suivantes :

Lorsque une enquête ou une disposition sera attaquée de nullité, et qu'il y aura été procédé par le juge royal ou par le lieutenant de juge, la demande en nullité sera portée devant celui de ces deux magistrats qui n'aura pas rempli les fonctions de juge-commissaire : si elle a été faite par un juge-auditeur, elle sera portée devant le juge royal, et, à son défaut, devant le lieutenant de juge.

Si l'enquête est déclarée régulière, la décision de l'affaire au fond sera renvoyée devant le juge compétent.

Si l'enquête est déclarée nulle, elle sera recommencée par le juge qui aura prononcé la nullité, et la décision de l'affaire, au fond, sera également renvoyée au juge compétent.

Les délais de la nouvelle enquête ou de la nouvelle audition de témoins courront du jour de la signification du jugement qui l'aura ordonné ; la partie pourra faire entendre les mêmes témoins ; et si quelques-uns ne peuvent être entendus, le tribunal aura tel égard que de raison aux dépositions par eux faites dans la première enquête (1). — **Pr.** 257 et **s.**, 278, 293, 294, 1029.

(1) V. sous l'article 46 de ladite ordonnance le décret du 16 août 1834, art. 2.

293. L'enquête déclarée nulle par la faute de l'avoué, ou par celle de l'huissier, ne sera pas recommencée ; mais la partie pourra en répéter les frais contre eux, même des dommages et intérêts, en cas de manifeste négligence ; ce qui est laissé à l'arbitrage du juge. — **Pr.** 71, 132, 257 et **s.**, 278, 292, 360, 457, 1031.

294. La nullité d'une ou de plusieurs dépositions n'entraîne pas celle de l'enquête·
Pr. 260 et **s.**, 291.

TITRE TREIZIÈME

DES DESCENTES SUR LES LIEUX

295. Le tribunal pourra, dans les cas où il le croira nécessaire, ordonner que l'un des juges se transportera sur les lieux ; mais il ne pourra l'ordonner dans les matières où il n'échoit qu'un simple rapport d'experts, s'il n'en est requis par l'une ou par l'autre des parties. — **Pr.** 41 et **s.**, 296, 297, 302 et **s.**.

296. Le jugement commettra l'un des juges qui y auront assisté. — **Pr.** 295, 297, et **s.**, 1035.

297. Sur la requête de la partie la plus diligente, le juge-commissaire rendra une ordonnance qui fixera les lieu, jour et heure de la descente ; la signification en sera faite d'avoué à avoué, et vaudra sommation. — **Pr.** 296 ; **T.** 70, 76, 92.

298. Le juge-commissaire fera mention, sur la minute de son procès-verbal, des jours employés au transport, séjour et retour. — **Pr.** 301.

299. L'expédition du procès-verbal sera signifiée par la partie la plus diligente aux avoués des autres parties ; et, trois jours après, elle pourra poursuivre l'audience sur un simple acte. — **Pr.** 82, 286 ; **T.** 70.

300. La présence du ministère public ne sera nécessaire que dans le cas où il sera lui-même partie. — **Pr.** 83, 112.

301. Les frais de transport seront avancés par la partie requérante, et par elle consignés au greffe. — **Pr.** 130, 298, 319, 852.

TITRE QUATORZIÈME

DES RAPPORTS D'EXPERTS

302. Lorsqu'il y aura lieu à un rapport d'experts, il sera ordonné par un jugement, lequel énoncera clairement les objets de l'expertise. — **Pr.** 42, 196, 236, 295, 935, 955, 971 ; **C.** 126, 453, 466, 824, 1559, 1678, 1716 ; **Co.** 414, 416.

303. L'expertise ne pourra se faire que par trois experts, à moins que les parties ne consentent qu'il soit procédé par un seul. — **Pr.** 196 et **s.**, 232 et **s.**, 304, 305, 323, 429, 935, 955 et **s.** ; **C.** 126, 453, 466, 824, 834, 1678, 1716.

304. Si lors du jugement qui ordonne l'expertise, les parties se sont accordées pour nommer les experts, le même jugement leur donnera acte de la nomination. — Pr. 303, 305.

305. Si les experts ne sont pas convenus par les parties, le jugement ordonnera qu'elles seront tenues d'en nommer dans les trois jours de la signification ; sinon, qu'il sera procédé à l'opération par les experts qui seront nommés d'office par le même jugement.

Ce même jugement nommera le juge-commissaire, qui recevra le serment des experts convenus ou nommés d'office : pourra néanmoins le tribunal ordonner que les experts prêteront leur serment devant le juge de paix du canton où ils procéderont. — Pr. 306 et s., 322, 470, 1033, 1035.

306. Dans le délai ci-dessus, les parties qui se seront accordées pour la nomination des experts en feront leur déclaration au greffe. — Pr. 305, 1035 ; T. 91.

307. Après l'expiration du délai ci-dessus, la partie la plus diligente prendra l'ordonnance du juge, et fera sommation aux experts nommés par les parties ou d'office, pour faire leur serment, sans qu'il soit nécessaire que les parties y soient présentes. — Pr. 305, 315 ; T. 29, 70, 91.

308. Les récusations ne pourront être proposées que contre les experts nommés d'office, à moins que les causes n'en soient survenues depuis la nomination et avant le serment. — Pr. 197, 207, 389, 310, 430.

309. La partie qui aura des moyens de récusation à proposer sera tenue de le faire dans les trois jours de la nomination, par un simple acte signé d'elle ou de son mandataire spécial, contenant les causes de récusation, et les preuves, si elle en a, ou l'offre de les vérifier par témoins ; le délai ci-dessus expiré, la récusation ne pourra être proposée, et l'expert prêtera serment au jour indiqué par la sommation. — Pr. 310. 1029, 1035 ; T. 71.

310. Les experts pourront être récusés par les motifs pour lesquels les témoins peuvent être reprochés. — Pr. 283 ; P. 28, 34, 42, 43.

311: La récusation contestée sera jugée sommairement à l'audience, sur un simple acte et sur les conclusions du ministère public ; les juges pourront ordonner la preuve par témoins, laquelle sera faite dans la forme ci après prescrite pour les enquêtes sommaires. — Pr. 83, 312 et s., 405 et s. ; T. 71.

312. Le jugement sur la récusation sera exécutoire, nonobstant l'appel. — Pr. 135, 391, 457.

313. Si la récusation est admise il sera d'office, par le même jugement, nommé un nouvel expert ou de nouveaux experts à la place de celui ou de ceux récusés.

314. Si la récusation est rejetée, la partie qui l'aura faite sera condamnée en tels dommages et intérêts qu'il appartiendra, même envers l'expert, s'il le requiert ; mais, dans ce dernier cas, il ne pourra demeurer expert. — Pr. 128, 309 ; C. 1146 et s.

8

315. Le procès-verbal de prestation de serment contiendra indication, par les experts, du lieu et des jour et heure de leur opération.

En cas de présence des parties ou de leurs avoués, cette indication vaudra sommation.

En cas d'absence, il sera fait sommation aux parties, par acte d'avoué, de se trouver aux jour et heure que les experts auront indiqués. **Pr.** 204, 267, 317, 956, 1034; **T.** 70, 91.

316. Si quelque expert n'accepte point la nomination, ou ne se présente point, soit pour le serment, soit pour l'expertise, aux jour et heure indiqués, les parties s'accorderont sur-le-champ pour en nommer un autre à sa place; sinon la nomination pourra être faite d'office par le tribunal.

L'expert qui, après avoir prêté serment, ne remplira pas sa mission, pourra être condamné par le tribunal qui l'avait commis, à tous les frais frustratoires, et même aux dommages-intérêts, s'il y échet. — **Pr.** 303, 318, 320, 1012, 1031; **C.** 1146 et s.

317. Le jugement qui aura ordonné le rapport, et les pièces nécessaires, seront remis aux experts; les parties pourront faire tels dires et réquisitions qu'elles jugeront convenables : il en sera fait mention dans le rapport; il sera rédigé sur le lieu contentieux, ou dans le lieu et aux jour et heure qui seront indiqués par les experts.

La rédaction sera écrite par un des experts et signée par tous : s'ils ne savent pas tous écrire, elle sera écrite et signée par le greffier de la justice de paix du lieu où ils auront procédé. — **Pr.** 207, 236, 956; **T.** 15, 92.

318. Les experts dresseront un seul rapport; ils ne formeront qu'un seul avis à la pluralité des voix.

Ils indiqueront néanmoins, en cas d'avis différents, les motifs des divers avis, sans faire connaître quel a été l'avis personnel de chacun d'eux. — **Pr.** 210, 322, 323, 956; **C.** 824, 1678, 1679.

319. La minute du rapport sera déposée au greffe du tribunal qui aura ordonné l'expertise, sans nouveau serment de la part des experts : leurs vacations seront taxées par le président au bas de la minute; et il en sera délivré exécutoire contre la partie qui aura requis l'expertise, ou qui l'aura poursuivie si elle a été ordonnée d'office. — **Pr.** 130, 157, 209, 301, 421, 957.

320. En cas de retard ou de refus de la part des experts de déposer leur rapport, ils pourront être assignés à trois jours, sans préliminaire de conciliation, par-devant le tribunal qui les aura commis, pour se voir condamner, même par corps s'il y échet, à faire ledit dépôt; il y sera statué sommairement et sans instruction (1). — **Pr.** 316, 404 et s.; **T.** 1, 59.

321. Le rapport sera levé et signifié à avoué par la partie la plus diligente; l'audience sera poursuivie sur un simple acte. — **Pr.** 82, 286, 299; **T.** 70.

_____

(1) V. sous l'article 17 le décret du 6 décembre 1869, sur la contrainte par corps.

322. Si les juges ne trouvent point dans le rapport les éclaircissements suffisants, ils pourront ordonner d'office une nouvelle expertise, par un ou plusieurs experts, qu'ils nommeront également d'office, et qui pourront demander aux précédents experts les renseignements qu'ils trouveront convenables. — **Pr.** 323.

323. Les juges ne sont point astreints à suivre l'avis des experts, si leur conviction s'y oppose. — **Pr.** 322 ; **C.** 1678, 1679.

TITRE QUINZIÈME

DE L'INTERROGATOIRE SUR FAITS ET ARTICLES

324. Les parties peuvent, en toutes matières et en tout état de cause, demander de se faire interroger respectivement sur faits et articles pertinents concernant seulement la matière dont est question, sans retard de l'instruction ni du jugement. — **Pr.** 119, 325, 428.

325. L'interrogatoire ne pourra être ordonné que sur requête contenant les faits et par jugement rendu à l'audience : il y sera procédé, soit devant le président, soit devant un juge par lui commis. — **Pr.** 326 ; **T.** 79.

326. En cas d'éloignement, le président pourra commettre le président du tribunal dans le ressort duquel la partie réside, ou le juge de paix du canton de cette résidence. — **Pr.** 1035.

327. Le juge commis indiquera, au bas de l'ordonnance qui l'aura nommé, les jour et heure de l'interrogatoire ; le tout sans qu'il soit besoin de procès-verbal contenant réquisition ou délivrance de son ordonnance.

328. En cas d'empêchement légitime de la partie, le juge se transportera au lieu où elle est retenue.

329. Vingt-quatre heures au moins avant l'interrogatoire, seront signifiées par le même exploit, à personne ou domicile, la requête et les ordonnances du tribunal, du président ou du juge qui devra procéder à l'interrogatoire, avec assignation donnée par un huissier qu'il aura commis à cet effet. — **T.** 29.

330. Si l'assigné ne comparaît pas ou refuse de répondre après avoir comparu, il en sera dressé procès-verbal sommaire, et les faits pourront être tenus pour avérés. — **Pr.** 428.

331. Si, ayant fait défaut sur l'assignation, il se présente avant le jugement, il sera interrogé, en payant les frais du premier procès-verbal et de la signification, sans répétition. — **Pr.** 330.

332. Si, au jour de l'interrogatoire, la partie assignée justifie d'empêchement légitime, le juge indiquera un autre jour pour l'interrogatoire, sans nouvelle assignation.

333. La partie répondra en personne, sans pouvoir lire aucun projet de réponse par écrit, et sans assistance de conseil, aux faits contenus en la requête, même à ceux sur lesquels le juge l'interrogera d'office; les réponses seront précises et pertinentes sur chaque fait, et sans aucun terme calomnieux ni injurieux; celui qui aura requis l'interrogatoire ne pourra y assister. — **Pr.** 234, 271.

334. L'interrogatoire achevé sera lu à la partie, avec interpellation de déclarer si elle a dit vérité et persiste : si elle ajoute, l'addition sera rédigée en marge ou à la suite de l'interrogatoire; elle lui sera lue, et il lui sera fait la même interpellation : elle signera l'interrogatoire et les additions; et si elle ne sait ou ne veut signer, il en sera fait mention. — **Pr.** 272.

335. La partie qui voudra faire usage de l'interrogatoire le fera signifier, sans qu'il puisse être un sujet d'écritures de part ni d'autre. — **Pr.** 1031 ; **T.** 70.

336. Seront tenues les administrations d'établissements publics de nommer un administrateur ou agent pour répondre sur les faits et articles qui leur auront été communiqués : elles donneront, à cet effet, un pouvoir spécial dans lequel les réponses seront expliquées et affirmées véritables, sinon les faits pourront être tenus pour avérés ; sans préjudice de faire interroger les administrateurs et agents sur les faits qui leur seront personnels, pour y avoir, par le tribunal, tel égard que de raison. — **Pr.** 333, 1032.

TITRE SEIZIÈME

DES INCIDENTS

§ Iᵉʳ. — Des demandes incidentes.

337. Les demandes incidentes seront formées par un simple acte contenant les moyens et les conclusions, avec offre de communiquer les pièces justificatives sur récépissé, ou par dépôt au greffe.

Le défendeur à l'incident donnera sa réponse par un simple acte. — **Pr.** 77, 82, 181, 188, et s., 406, 443, 475, 493, 718, 1031 ; **T.** 71.

338. Toutes demandes incidentes seront formées en même temps ; les frais de celles qui seraient proposées postérieurement, et dont les causes auraient existé à l'époque des premières, ne pourront être répétés.

Les demandes incidentes seront jugées par préalable, s'il y a lieu ; et, dans les affaires sur lesquelles il aura été ordonnée une instruction par écrit, l'incident sera porté à l'audience, pour être statué ce qu'il appartiendra. — **Pr.** 134, 186, 288, 341, 473, 1031.

§ II. — De l'intervention.

339. L'intervention sera formée par requête qui contiendra les moyens et conclusions, dont il sera donné copie ainsi que des pièces justificatives. — **Pr.** 49-3°, 65, 183, 340, 406, 466, 536, 871 ; **C.** 1447 ; **T.** 75.

340. L'intervention ne pourra retarder le jugement de la cause principale, quand elle sera en état. — **Pr.** 343.

341. Dans les affaires sur lesquelles il aura été ordonnée une instruction par écrit, si l'intervention est contestée par l'une des parties, l'incident sera porté à l'audience. — **Pr.** 95 et **s.**, 338.

TITRE DIX-SEPTIÈME

DES REPRISES D'INSTANCE ET CONSTITUTION DE NOUVEL AVOUÉ

342. Le jugement de l'affaire qui sera en état, ne sera différé, ni par le changement d'état des parties, ni par la cessation des fonctions dans lesquelles elles procédaient, ni par leur mort, ni par les décès, démissions, interdictions ou destitutions de leurs avoués. — **Pr.** 75, 93, 99, 148, 162, 343, 353, 354, 397, 426, 1038.

343. L'affaire sera en état, lorsque la plaidoirie sera commencée; la plaidoirie sera réputée commencée, quand les conclusions auront été contradictoirement prises à l'audience.

Dans les affaires qui s'instruisent par écrit, la cause sera en état quand l'instruction sera complète, ou quand les délais pour les productions et réponses seront expirés. — **Pr.** 95 et **s.**, 342, 369, 382, 457, 461.

344. Dans les affaires qui ne seront pas en état, toutes procédures faites postérieurement à la notification de la mort de l'une des parties seront nulles : il ne sera pas besoin de signifier les décès, démissions, interdictions ni destitutions des avoués; les poursuites faites et les jugements obtenus depuis seront nuls, s'il n'y a constitution de nouvel avoué. — **Pr.** 75, 148, 162, 346 et **s.**, 447, 1029, 1038; **T.** 70.

345. Ni le changement d'état des parties, ni la cessation des fonctions dans lesquelles elles procédaient, n'empêcheront la continuation des procédures.

Néanmoins le défendeur qui n'aurait pas constitué avoué avant le changement d'état ou le décès du demandeur, sera assigné de nouveau à un délai de huitaine, pour voir adjuger les conclusions, et sans qu'il soit besoin de conciliation préalable. — **Pr.** 48, 49, 71, 72 et **s.**, 75, 474, 1033, 1038; **C.** 215.

346. L'assignation en reprise ou en constitution sera donnée aux délais fixés au titre *des Ajournements*, avec indication des noms des avoués qui occupaient et du rapporteur s'il y en a — **Pr.** 72 et **s.**, 93, 95.

347. L'instance sera reprise par acte d'avoué à avoué. — **T.** 71.

348. Si la partie assignée en reprise conteste, l'incident sera jugé sommairement. — **Pr.** 404 et **s.**; **T.** 75.

349. Si, à l'expiration du délai, la partie assignée en reprise ou en constitution ne comparaît pas, il sera rendu jugement qui tiendra la cause pour reprise, et ordonnera qu'il sera procédé suivant les derniers errements, et sans qu'il puisse y avoir d'autres délais que ceux qui restaient à courir. — **Pr.** 149, et **s.**, 346, 350, 375.

350. Le jugement rendu par défaut contre une partie, sur la demande en reprise d'instance ou en constitution de nouvel avoué, sera signifié par un huissier commis : si l'affaire est en rapport, la signification énoncera le nom du rapporteur. — **Pr.** 95, 156, 351; **T.** 29.

351. L'opposition à ce jugement sera portée à l'audience, même dans les affaires en rapport. — **Pr.** 95, 157 et s., 165, 350.

TITRE DIX-HUITIÈME

DU DÉSAVEU

352. Aucunes offres, aucun aveu ou consentement, ne pourront être faits, donnés ou acceptés sans un pouvoir spécial, à peine de désaveu. — **Pr.** 49-7°, 132, 353, 402, 812, et s . 1038; **C.** 1109, 1257 et s., 1338, 1356, 1987.

353. Le désaveu sera fait au greffe du tribunal qui devra en connaître, par un acte signé de la partie, ou du porteur de sa procuration spéciale et authentique : l'acte contiendra les moyens, conclusions et constitution d'avoué. — **Pr.** 49-7°, 354 et s.; **T.** 92.

354. Si le désaveu est formé dans le cours d'une instance encore pendante, il sera signifié, sans autre demande, par acte d'avoué, tant à l'avoué contre lequel le désaveu est dirigé, qu'aux autres avoués de la cause; et ladite signification vaudra sommation de défendre au désaveu. — **Pr.** 355 et s.; **T.** 70, 75.

355. Si l'avoué n'exerce plus ses fonctions, le désaveu sera signifié par exploit à son domicile : s'il est mort, le désaveu sera signifié à ses héritiers, avec assignation au tribunal où l'instance est pendante, et notifié aux parties de l'instance, par acte d'avoué à avoué. — **Pr.** 354; **T.** 29, 70.

356. Le désaveu sera toujours porté au tribunal devant lequel la procédure désavouée aura été instruite, encore que l'instance dans le cours de laquelle il est formé soit pendante en un autre tribunal; le désaveu sera dénoncé aux parties de l'instance principale, qui seront appelées dans celle de désaveu. — **Pr.** 49-7°, 59, 358.

357. Il sera sursis à toute procédure et au jugement de l'instance principale, jusqu'à celui du désaveu, à peine de nullité; sauf cependant à ordonner que le désavouant fera juger le désaveu dans un délai fixe, sinon qu'il sera fait droit. — **Pr.** 362.

358. Lorsque le désaveu concernera un acte sur lequel il n'y a point instance, la demande sera portée au tribunal du défendeur. — **Pr.** 59, 352, 356.

359. Toute demande en désaveu sera communiquée au ministère public. — **Pr.** 83 et s., 480-8°.

360. Si le désaveu est déclaré valable, le jugement, ou les dispositions du jugement relatives aux chefs qui ont donné lieu au désaveu, demeureront annulées et comme non avenues; le désavoué sera condamné, envers le demandeur et les autres parties, en tous dommages-intérêts, même puni d'interdiction, ou poursuivi extraordinairement, suivant la gravité du cas et la nature des circonstances. — Pr. 128, 132, 353, 1029, 1031 ; C. 1149, 1382, 1997.

361. Si le désaveu est rejeté, il sera fait mention du jugement de rejet en marge de l'acte de désaveu, et le demandeur pourra être condamné, envers le désavoué et les autres parties, en tels dommages et réparations qu'il appartiendra. — Pr. 128 ; C. 1149, 1382 ; T. 91.

362. Si le désaveu est formé à l'occasion d'un jugement qui aura acquis force de chose jugée, il ne pourra être reçu après la huitaine, à dater du jour où le jugement devra être réputé exécuté, aux termes de l'article 159 ci-dessus.

TITRE DIX-NEUVIÈME

DES RÈGLEMENTS DE JUGES

363. Si un différend est porté à deux ou à plusieurs tribunaux de paix ressortissant au même tribunal, le règlement de juges sera porté à ce tribunal.

Si les tribunaux de paix relèvent de tribunaux différents, le règlement de juges sera porté à la cour royale.

Si ces tribunaux ne ressortissent pas à la même cour royale, le règlement sera porté à la Cour de cassation.

Si un différend est porté à deux ou à plusieurs tribunaux de première instance ressortissant à la même cour royale, le règlement de juges sera porté à cette cour : il sera porté à la Cour de cassation, si les tribunaux ne ressortissent pas tous à la même cour royale, ou si le conflit existe entre une ou plusieurs cours. — Pr. 49-7°, 83-4°, 171, 480, 504 ; I. Cr. 525 ; Co. 438.

364. Sur le vu des demandes formées dans différents tribunaux, il sera rendu, sur requête, jugement portant permission d'assigner en règlement, et les juges pourront ordonner qu'il sera sursis à toutes procédures dans lesdits tribunaux. — Pr. 83 ; I. Cr. 528 ; T. 78.

365. Le demandeur signifiera le jugement et assignera les parties au domicile de leurs avoués.

Le délai pour signifier le jugement et pour assigner sera de quinzaine, à compter du jour du jugement.

Le délai pour comparaître sera celui des ajournements, en comptant les distances d'après le domicile respectif des avoués. — Pr. 72 et s., 75, 1033 ; T. 29.

366. Si le demandeur n'a pas assigné dans les délais ci-dessus, il demeurera déchu du règlement de juges, sans qu'il soit besoin de le faire ordonner ; et les poursuites pourront être continuées dans le tribunal saisi par le défendeur en règlement. — Pr. 1029.

367. Le demandeur qui succombera pourra être condamné aux dommages-intérêts envers les autres parties. — **Pr.** 128; **C.** 1149 et s., 1382; **I. Cr.** 541.

TITRE VINGTIÈME

DU RENVOI A UN AUTRE TRIBUNAL POUR PARENTÉ OU ALLIANCE

368 (*Ordonnance du* 19 *octobre* 1828, *art.* 18.) — L'article 368 est remplacé par les dispositions suivantes :

Lorsqu'une partie aura un parent ou allié, jusqu'au degré de cousin issu de germain, inclusivement, parmi les membres d'un tribunal de première instance, ou deux parents ou alliés, au même degré, parmi les membres d'une Cour royale, l'autre partie pourra demander le renvoi.

Elle pourra également le demander dans les cas suivants :

1° Si la partie adverse est membre du tribunal de première instance ;

2° Si, étant membre de la cour, elle y avait un parent ou allié au degré ci-dessus déterminé. — **Pr.** 49-7°, 83-4°, 368, 378, 379; **I. Cr.** 542 et s.

369. Le renvoi sera demandé avant le commencement de la plaidoirie ; et, si l'affaire est en rapport, avant que l'instruction soit achevée, ou que les délais soient expirés ; sinon il ne sera plus reçu. — **Pr.** 96, 103, 343, 382, 1029; **I. Cr.** 543.

370. Le renvoi sera proposé par acte au greffe, lequel contiendra les moyens, et sera signé de la partie ou de son fondé de procuration spéciale et authentique. — **Pr.** 45, 353, 384, 392; **T.** 92.

371. Sur l'expédition dudit acte, présentée avec les pièces justificatives, il sera rendu jugement qui ordonnera : 1° la communication aux juges à raison desquels le renvoi est demandé, pour faire, dans un délai fixe, leur déclaration au bas de l'expédition du jugement ; 2° la communication au ministère public ; 3° le rapport, à jour indiqué, par l'un des juges nommés par ledit jugement. — **Pr.** 83, 383 et s.; **I. Cr.** 346 et s.

372. L'expédition de l'acte à fin de renvoi, les pièces y annexées, et le jugement mentionné en l'article précédent, seront signifiés aux autres parties. — **T.** 70.

373. (*Ordonnance du* 19 *octobre* 1828, *art.* 19.) — L'article 373 est remplacé par la disposition suivante :

Si les causes de la demande en renvoi sont avouées ou justifiées dans un tribunal de première instance, le renvoi sera fait à l'un des autres tribunaux ressortissant en la même cour royale, et si c'est dans une cour royale, le renvoi sera fait à l'une des cours les plus voisines. — **T.** 75.

374. Celui qui succombera sur sa demande en renvoi sera condamné à une amende qui ne pourra être moindre de cinquante francs, sans préjudice des dommages-intérêts de la partie, s'il y a lieu. — **Pr.** 128, 390, 1029.

375. Si le renvoi est prononcé, qu'il n'y ait pas d'appel, ou que l'appelant ait succombé, la contestation sera portée devant le tribunal qui devra en connaître, sur simple assignation; et la procédure y sera continuée suivant ses derniers errements.

376. Dans tous les cas, l'appel du jugement de renvoi sera suspensif. — **Pr.** 392, et s., 457.

377. Sont applicables audit appel les dispositions des articles 392, 393, 394, 395, titré *de la Récusation*, ci-après.

TITRE VINGT-UNIÈME

DE LA RÉCUSATION

378. Tout juge peut être récusé pour les causes ci-après :

1° S'il est parent ou allié des parties, ou de l'une d'elles, jusqu'au degré de cousin issu de germain inclusivement;

2° Si la femme du juge est parente ou alliée de l'une des parties, ou si le juge est parent ou allié de la femme de l'une des parties, au degré ci-dessus, lorsque la femme est vivante, ou qu'étant décédée, il en existe des enfants; si elle est décédée et qu'il n'y ait point d'enfants, le beau-père, le gendre ni les beaux-frères ne pourront être juges;

La disposition relative à la femme décédée s'appliquera à la femme *divorcée*, s'il existe des enfants du mariage dissous (1);

3° Si le juge, sa femme, leurs ascendants et descendants, ou alliés dans la même ligne, ont un différend sur pareille question que celle dont il s'agit entre les parties;

4° S'ils ont un procès en leur nom dans un tribunal où l'une des parties sera juge; s'ils sont créanciers ou débiteurs d'une des parties;

5° Si, dans les cinq ans qui ont précédé la récusation, il y a eu procès criminel entre eux et l'une des parties, ou son conjoint, ou ses parents ou alliés en ligne directe;

6° S'il y a procès civil entre le juge, sa femme, leurs ascendants et descendants, ou alliés dans la même ligne, et l'une des parties, et que ce procès, s'il a été intenté par la partie, l'ait été avant l'instance dans laquelle la récusation est proposée; si, ce procès étant terminé, il ne l'a été que dans les six mois précédant la récusation;

7° Si le juge est tuteur, subrogé-tuteur ou curateur, héritier présomptif ou donataire, maître ou commensal de l'une des parties; s'il est administrateur de quelque établissement, société ou direction, partie dans la cause; si l'une des parties est sa présomptive héritière;

8° Si le juge a donné conseil, plaidé ou écrit sur le différend; s'il en a précédemment

(1) Le divorce est aboli (L. 8 mai 1816).

ᵭ

connu comme juge ou comme arbitre ; s'il a sollicité, recommandé ou fourni aux frais du procès ; s'il a déposé comme témoin ; si, depuis le commencement du procès, il a bu ou mangé avec l'une ou l'autre des parties dans leur maison, ou reçu d'elle des présents ;

9° S'il y a inimitié capitale entre lui et l'une des parties ; s'il y a eu, de sa part, agressions, injures ou menaces, verbalement ou par écrit, depuis l'instance, ou dans les six mois précédant la récusation proposée. — **Pr.** 44, 197, 363 et **s.**, 368 et **s.**, 476, 514, 1014.

379. Il n'y aura pas lieu à récusation, dans les cas où le juge serait parent du tuteur ou du curateur de l'une des deux parties, ou des membres ou administrateurs d'un établissement, société, direction ou union, partie dans la cause, à moins que lesdits tuteurs, administrateurs ou intéressés, n'aient un intérêt distinct ou personnel. — **Pr.** 368.

380. (*Ordonnance du* 19 *octobre* 1828, *art.* 20.) — L'article 380 est remplacé par la disposition qui suit :

Les membres du tribunal de première instance qui sauront cause de récusation en leur personne seront tenus de la déclarer à la cour royale. Si la cour n'était pas en session, la déclaration sera faite à la chambre de la cour qui est permanente, en vertu de l'article 54 de notre ordonnance du 24 septembre 1828 sur l'organisation judiciaire.

La cour royale ou la chambre décidera s'ils doivent s'abstenir.

Dans le même cas, les juges-auditeurs ne pourront s'abstenir qu'après que leurs motifs de récusation auront été approuvés par le juge royal (1). — **Pr.** 378.

381. Les causes de récusation relatives aux juges sont applicables au ministère public lorsqu'il est partie jointe ; mais il n'est pas récusable lorsqu'il est partie principale. — **Pr.** 83 ; **I. Cr.** 22.

382. Celui qui voudra récuser devra le faire avant le commencement de la plaidoirie ; et, si l'affaire est en rapport, avant que l'instruction soit achevée, ou que les délais soient expirés, à moins que les causes de la récusation ne soient survenues postérieurement. — **Pr.** 96 et **s.** 343, 369.

383. La récusation contre les juges commis aux descentes, enquêtes et autres opérations, ne pourra être proposée que dans les trois jours, qui courront : 1° si le jugement est contradictoire, du jour du jugement ; 2° si le jugement est par défaut et qu'il n'y ait pas d'opposition, du jour de l'expiration de la huitaine de l'opposition ; 3° si le jugement a été rendu par défaut et qu'il y ait eu opposition, du jour du débouté d'opposition, même par défaut. — **Pr.** 1033 ; **Co.** 583.

384. La récusation sera proposée par un acte au greffe, qui en contiendra les moyens, et sera signé de la partie, ou du fondé de sa procuration authentique et spéciale, laquelle sera annexée à l'acte. — **Pr.** 353, 370 ; **T.** 92.

_____

(1) V. sous l'article 46 de ladite ordonnance, le décret du 16 août 1854, art. 2.

385-388. (*Ordonnance du 19 octobre 1828, art. 21.*) — Les articles 385, 386, 387 et 388 sont remplacés par les dispositions suivantes :

Dans les deux jours de l'inscription, au greffe, de l'acte de récusation mentionné en l'article 384, le juge récusé fera, à la suite de cet acte, sa déclaration par écrit, contenant ou son acquiescement à la récusation, ou son refus de s'abstenir, avec ses réponses aux moyens de récusation.

Trois jours après la réponse du juge, ou faute par lui de répondre dans ce délai, expédition de l'acte de récusation et de la déclaration du juge, s'il y en a, sera renvoyée par le greffier, sur la réquisition de la partie la plus diligente, savoir, au procureur du Roi du tribunal de première instance, lorsque la récusation aura été portée contre un juge-auditeur, et au procureur général, lorsqu'elle aura été dirigée contre le juge royal ou le lieutenant du juge.

La récusation sera jugée dans la huitaine, sur les conclusions du ministère public, par le tribunal de première instance, s'il s'agit d'un juge-auditeur, et par la cour royale ou par la chambre permanente, s'il s'agit du juge royal ou du lieutenant de juge (1). — **Pr.** 46, 47, 130, 371, 380, 391.

389. Si le récusant n'apporte preuve par écrit ou commencement de preuves des causes de la récusation, il est laissé à la prudence du tribunal de rejeter la récusation sur la simple déclaration du juge, ou d'ordonner la preuve testimoniale. — **Pr.** 388; **C.** 1347 et **s.**

390. Celui dont la récusation aura été déclarée non admissible, ou non recevable, sera condamné à telle amende qu'il plaira au tribunal, laquelle ne pourra être moindre de cent francs, et sans préjudice, s'il y a lieu, de l'action du juge en réparation et dommages et intérêts, auquel cas il ne pourra demeurer juge. — **Pr.** 128, 314, 1029 ; **C.** 1146 et **s.**

391. Tout jugement sur récusation, même dans les matières où le tribunal de première instance juge en dernier ressort, sera susceptible d'appel: si néanmoins la partie soutient qu'attendu l'urgence il est nécessaire de procéder à une opération sans attendre que l'appel soit jugé, l'incident sera porté à l'audience sur un simple acte ; et le tribunal qui aura rejeté la récusation pourra ordonner qu'il sera procédé à l'opération par un autre juge. — **Pr.** 337, 338, 376, 387, 443.

392. Celui qui voudra appeler sera tenu de le faire dans les cinq jours du jugement, par un acte au greffe, lequel sera motivé et contiendra énonciation du dépôt au greffe des pièces au soutien. — **Pr.** 337, 1033.

393. L'expédition de l'acte de récusation, de la déclaration du juge, du jugement, de l'appel et des pièces jointes, seront envoyées sous trois jours par le greffier, à la requête et aux frais de l'appelant, au greffier du tribunal d'appel. — **Pr.** 377.

(1) V. le décret du 16 août 1854, art. 2, reproduit sous l'art. 46 de ladite ordonnance du 19 octobre 1828.

394. Dans les trois jours de la remise au greffier du tribunal d'appel, il présentera lesdites pièces au tribunal, lequel indiquera le jour du jugement, et commettra l'un des juges; sur son rapport et sur les conclusions du ministère public, il sera rendu à l'audience jugement, sans qu'il soit nécessaire d'appeler les parties. — **Pr.** 377.

395. Dans les vingt-quatre heures de l'expédition du jugement, le greffier du tribunal d'appel renverra les pièces à lui adressées, au greffier du tribunal de première instance. — **Pr.** 377, 1033.

396. L'appelant sera tenu, dans le mois du jour du jugement de première instance qui aura rejeté sa récusation, de signifier aux parties le jugement sur l'appel, ou certificat du greffier du tribunal d'appel, contenant que l'appel n'est pas jugé, et l'indication du jour déterminé par le tribunal : sinon le jugement qui aura rejeté la récusation sera exécuté par provision; et ce qui sera fait en conséquence sera valable, encore que la récusation fût admise sur l'appel. — **Pr.** 376 ; **T.** 70.

TITRE VINGT-DEUXIÈME

DE LA PÉREMPTION

397. Toute instance, encore qu'il n'y ait pas eu constitution d'avoué, sera éteinte par discontinuation de poursuites pendant trois ans.

Ce délai sera augmenté de six mois, dans tous les cas où il y aura lieu à demande en reprise d'instance, ou constitution de nouvel avoué. — **Pr.** 15, 156, 342 et s., 401, 469, 563, 565, 1029, 1033 ; **C.** 330, 2176, 2247, 2249, 2262.

398. La péremption courra contre l'État, les établissements publics et toutes personnes, même mineures, sauf leur recours contre les administrateurs et tuteurs. — **C.** 2227, 2252, 2278.

399. La péremption n'aura pas lieu de droit; elle se couvrira par les actes valables faits par l'une ou l'autre des parties avant la demande en péremption. — **Pr.** 15, 156, 173, 397, 400 ; **C.** 1353, 2246.

400. Elle sera demandée par requête d'avoué à avoué, à moins que l'avoué ne soit décédé, ou interdit, ou suspendu, depuis le moment où elle a été acquise. — **Pr.** 342 et s., 75.

401. La péremption n'éteint pas l'action ; elle emporte seulement extinction de la procédure, sans qu'on puisse, dans aucun cas, opposer aucun des actes de la procédure éteinte, ni s'en prévaloir.

En cas de péremption, le demandeur principal est condamné à tous les frais de la procédure périmée. — **Pr.** 130, 397, 469 ; **C.** 2247.

TITRE VINGT-TROISIÈME

DU DÉSISTEMENT

402. Le désistement peut être fait et accepté par de simples actes signés des parties ou de leurs mandataires, et signifiés d'avoué à avoué. — **Pr.** 352 et s., 403; **C.** 464, 1350, 1351, 1987 et **s.**, 2247; **T.** 71.

403. Le désistement, lorsqu'il aura été accepté, emportera de plein droit consentement que les choses soient remises de part et d'autre au même état qu'elles étaient avant la demande;

Il emportera également soumission de payer les frais, au paiement desquels la partie qui se sera désistée sera contrainte, sur simple ordonnance du président mise au bas de la taxe, parties présentes, ou appelées par acte d'avoué à avoué.

Cette ordonnance, si elle émane d'un tribunal de première instance, sera exécutée nonobstant opposition ou appel; elle sera exécutée nonobstant opposition, si elle émane d'une cour royale. — **Pr.** 130, 402, 543 et **s.**; **T.** 70, 76.

TITRE VINGT-QUATRIÈME

DES MATIÈRES SOMMAIRES

404. Sont réputés matières sommaires, et instruits comme tels :

Les appels des juges de paix;

Les demandes pures personnelles, à quelque somme qu'elles puissent monter, quand il y a titre, pourvu qu'il ne soit pas contesté;

Les demandes formées sans titre, lorsqu'elles n'excèdent pas mille francs;

Les demandes provisoires, ou qui requièrent célérité;

Les demandes en paiement de loyers et fermages et arrérages de rentes (1). — **Pr.** 16. 31, 49 2°, 5°, 72, 253, 254, 407, 463, 513, 608, 775, 793, 973; **C.** 1317 et **s.**; **T.** 67.

(1) *Décret du 16 août 1854 sur l'organisation judiciaire.*

Art. 3, § 1er. Les tribunaux de première instance connaissent de l'appel des jugements rendus en premier ressort par les juges de paix en matière civile et commerciale et de toutes actions civiles et commerciales en premier et dernier ressort, jusqu'à concurrence de 2,000 francs en principal ou de deux cents francs de revenu déterminé, soit en rentes, soit par prix de bail, et à la charge d'appel, au-dessus de ces sommes.

§ 5. Ils se conforment aux dispositions de l'article 2 de la loi du 11 avril 1838.

(B. O. 1854 : M. p. 579; G. 348 s.)

Loi du 11 avril 1838.

Art. 2. Lorsqu'une demande reconventionelle ou en compensation aura été formée dans les limites de la compétence des tribunaux civils de première instance en dernier ressort, il sera statué sur le tout sans qu'il y ait lieu à appel.

Si l'une des demandes s'élève au-dessus des limites

405. Les matières sommaires seront jugées à l'audience, après les délais de la citation échus, sur un simple acte, sans autres procédures ni formalités. — **Pr.** 82, 93, 94, 463 ; **T.** 67.

406. Les demandes incidentes et les interventions seront formées par requête d'avoué, qui ne pourra contenir que des conclusions motivées. — **Pr.** 49-3°, 337 et s., 1031.

407. S'il y a lieu à enquête, le jugement qui l'ordonnera contiendra les faits, sans qu'il soit besoin de les articuler préalablement, et fixera les jour et heure où les témoins seront entendus à l'audience. — **Pr.** 34 et s., 252, 432.

408. Les témoins seront assignés au moins un jour avant celui de l'audition. — **Pr.** 260, 410 et s., 432, 1033.

409. Si l'une des parties demande prorogation, l'incident sera jugé sur-le-champ. — **Pr.** 279 et s., 337.

410. Lorsque le jugement ne sera pas susceptible d'appel, il ne sera point dressé procès-verbal de l'enquête ; il sera seulement fait mention, dans le jugement, des noms des témoins et du résultat de leurs dépositions. — **Pr.** 40, 269 et s., 432.

411. Si le jugement est susceptible d'appel, il sera dressé procès-verbal, qui contiendra les serments des témoins, leur déclaration s'ils sont parents, alliés, serviteurs ou domestiques des parties, les reproches qui auraient été formés contre eux, et le résultat de leurs dépositions. — **Pr.** 39, 262, 269 et s., 273, 432.

412. Si les témoins sont éloignés ou empêchés, le tribunal pourra commettre le tribunal ou le juge de paix de leur résidence : dans ce cas, l'enquête sera rédigée par écrit ; il en sera dressé procès-verbal. — **Pr.** 266, 1035.

413. Seront observées en la confection des enquêtes sommaires, les dispositions du titre XII *des Enquêtes*, relatives aux formalités ci-après :

La copie aux témoins, du dispositif du jugement par lequel ils sont appelés ;

Copie à la partie, des noms des témoins ;

L'amende et les peines contre les témoins défaillants ;

La prohibition d'entendre les conjoints des parties, les parents et alliés en ligne directe ;

Les reproches par la partie présente, la manière de les juger, les interpellations aux témoins, la taxe ;

Le nombre des témoins dont les voyages passent en taxe ;

La faculté d'entendre les individus âgés de moins de quinze ans révolus (1). — **Pr.** 260, 261, 263, 264, 265, 268, 270, 273, 276 et s., 281, 283 et s., 285, 287 et s., 432.

ci-dessus indiquées, le tribunal ne prononcera, sur toutes les demandes, qu'en premier ressort.

Néanmoins il sera statué en dernier ressort sur les demandes en dommages-intérêts, lorsqu'elles seront fondées exclusivement sur la demande principale elle-même (*).

(1) V. la note sous l'article 252.

(*) Ladite loi du 11 avril 1838 rendue exécutoire à la Martinique et à la Guadeloupe par le décret précité du 16 août 1854 (B. O. 1854 M. p. 579, 721, et 727 ; G. p. 326, 335).

TITRE VINGT-CINQUIÈME

PROCÉDURE DEVANT LES TRIBUNAUX DE COMMERCE

414. La procédure devant les tribunaux de commerce se fait sans le ministère d'avoué. — **Pr.** 49-4°, 415 et **s.**; **Co.** 627, 642 et **s.**

415. Toute demande doit y être formée par exploit d'ajournement, suivant les formalités ci-dessus prescrites au titre *des Ajournements*. — **Pr.** 61 et **s.**; **T.** 29.

416. Le délai sera au moins d'un jour. — **Pr.** 72, 1033.

417. Dans les cas qui requerront célérité, le président du tribunal pourra permettre d'assigner, même de jour à jour et d'heure à heure, et de saisir les effets mobiliers : il pourra, suivant l'exigence des cas, assujettir le demandeur à donner caution, ou à justifier de solvabilité suffisante. Ses ordonnances seront exécutoires nonobstant opposition ou appel. — **Pr.** 49-2°, 72, 808; **C.** 2040 et **s.**

418. Dans les affaires maritimes où il existe des parties non domiciliées, et dans celles où il s'agit d'agrès, victuailles, équipages et radoubs de vaisseaux prêts à mettre à la voile, et autres matières urgentes et provisoires, l'assignation de jour à jour, ou d'heure à heure, pourra être donnée sans ordonnance, et le défaut pourra être jugé sur-le-champ. — **Pr.** 808; **T.** 29.

419. Toutes assignations données à bord à la personne assignée seront valables. — **Pr.** 68.

420. Le demandeur pourra assigner, à son choix :

Devant le tribunal du domicile du défendeur;

Devant celui dans l'arrondissement duquel la promesse a été faite et la marchandise livrée;

Devant celui dans l'arrondissement duquel le paiement devait être effectué.

(*Ordonnance du* 19 *octobre* 1828, *art.* 22.) — Les règles de compétence établies en matière commerciale par l'art. 420 s'appliqueront aux tribunaux de paix de la colonie. — **Pr.** 59; **C.** 102 et **s.**, 1247, 1606, 1651; **Co.** 187, 636.

421. Les parties seront tenues de comparaître en personne, ou par le ministère d'un fondé de procuration spéciale. — **Pr.** 9; **C.** 1987; **Co.** 627.

422. Si les parties comparaissent, et qu'à la première audience il n'intervienne pas jugement définitif, les parties non domiciliées dans le lieu où siège le tribunal seront tenues d'y faire élection d'un domicile.

L'élection de domicile doit être mentionnée sur le plumitif de l'audience; à défaut de cette élection, toute signification, même celle du jugement définitif, sera faite verbalement au greffe du tribunal. — **Pr.** 436, 440; **C.** 111.

423. Les étrangers demandeurs ne peuvent être obligés, en matière de commerce, à fournir une caution de payer les frais et dommages-intérêts auxquels ils pourront être condamnés, même lorsque la demande est portée devant un tribunal civil dans les lieux où il n'y a pas de tribunal de commerce. — **Pr.** 166, 167 ; **C.** 16.

424. Si le tribunal est incompétent à raison de la matière, il renverra les parties, encore que le déclinatoire n'ait pas été proposé.

Le déclinatoire pour toute autre cause ne pourra être proposé que préalablement à toute autre défense. — **Pr.** 168, 169, 170, 426, 442.

425. Le même jugement pourra, en rejetant le déclinatoire, statuer sur le fond, mais par deux dispositions distinctes, l'une sur la compétence, l'autre sur le fond ; les dispositions sur la compétence pourront toujours être attaquées par la voie de l'appel. — **Pr.** 172, 338, 428, 443, 454.

426. Les veuves et héritiers des justiciables du tribunal de commerce y seront assignés en reprise, ou par action nouvelle ; sauf, si les qualités sont contestées, à les renvoyer aux tribunaux ordinaires pour y être réglés, et ensuite être jugés sur le fond au tribunal de commerce. — **Pr.** 174, 187, 342 et **s.**

427. Si une pièce produite est méconnue, déniée ou arguée de faux, et que la partie persiste à s'en servir, le tribunal renverra devant les juges qui doivent en connaître, il sera sursis au jugement de la demande principale.

Néanmoins, si la pièce n'est relative qu'à un des chefs de la demande, il pourra être passé outre au jugement des autres chefs. — **Pr.** 14, 193, 214, 215, 219, 250.

428. Le tribunal pourra, dans tous les cas, ordonner, même d'office, que les parties seront entendues en personne, à l'audience ou dans la chambre, et, s'il y a empêchement légitime, commettre un des juges, ou même un juge de paix pour les entendre, lequel dressera procès-verbal de leurs déclarations. — **Pr.** 119, 324 et **s.**, 421, 1035.

429. S'il y a lieu à renvoyer les parties devant des arbitres, pour examen de comptes, pièces et registres, il sera nommé un ou trois arbitres pour entendre les parties, et les concilier, si faire se peut, sinon donner leur avis.

S'il y a lieu à visite ou estimation d'ouvrages ou marchandises, il sera nommé un ou trois experts.

Les arbitres et les experts seront nommés d'office par le tribunal, à moins que les parties n'en conviennent à l'audience. — **Pr.** 303 et **s.**, 305 ; **Co.** 52 et **s.** ; **T.** 29.

430. La récusation ne pourra être proposée que dans les trois jours de la nomination. — **Pr.** 308 et **s.**, 378 et **s.**, 1029, 1033.

431. Le rapport des arbitres et experts sera déposé au greffe du tribunal. — **Pr.** 319.

432. Si le tribunal ordonne la preuve par témoins, il y sera procédé dans les formes ci-dessus prescrites pour les enquêtes sommaires. Néanmoins, dans les causes sujettes à appel, les dépositions seront rédigées par écrit par le greffier, et signées par le témoin : en cas de refus, mention en sera faite. — **Pr.** 407, 413 ; **C.** 1341 ; **Cô.** 109, 498, 639.

433. Seront observées, dans la rédaction et l'expédition des jugements, les formes, prescrites dans les articles 141 et 146 pour les tribunaux de première instance (1). — **Pr.** 545 et **s.**

434. Si le demandeur ne se présente pas, le tribunal donnera défaut, et renverra le défendeur de la demande.

Si le défendeur ne comparaît pas, il sera donné défaut, et les conclusions du demandeur seront adjugées si elles se trouvent justes et bien vérifiées. — **Pr.** 19, 149, 150, 153, 154; **Co.** 642, 643.

435. Aucun jugement par défaut ne pourra être signifié que par un huissier commis à cet effet par le tribunal; la signification contiendra, à peine de nullité, élection de domicile dans la commune où elle se fait, si le demandeur n'y est domicilié.

Le jugement sera exécutoire un jour après la signification et jusqu'à l'opposition. — **Pr.** 20, 153, 155, 156, 1029; **C.** 102, 111; **T.** 29.

436. L'opposition ne sera plus recevable après la huitaine du jour de la signification (2). — **Pr.** 157 et s., 1029; **T.** 29.

437. L'opposition contiendra les moyens de l'opposant, et assignation dans le délai de la loi; elle sera signifiée au domicile élu. — **Pr.** 20, 161, 416, 1033; **T.** 29.

438. L'opposition faite à l'instant de l'exécution, par déclaration sur le procès-verbal de l'huissier, arrêtera l'exécution; à la charge, par l'opposant, de la réitérer dans les trois jours, par exploit contenant assignation; passé lequel délai, elle sera censée non avenue. — **Pr.** 156 et s., 162, 1029.

439. Les tribunaux de commerce pourront ordonner l'exécution provisoire de leurs jugements, nonobstant l'appel, et sans caution, lorsqu'il y aura titre, non attaqué, ou condamnation précédente dont il n'y aura pas d'appel: dans les autres cas, l'exécution provisoire n'aura lieu qu'à la charge de donner caution, ou de justifier de solvabilité suffisante. — **Pr.** 135 et s., 417, 449, 459; **C.** 2040 et s.; **T.** 29.

440. La caution sera présentée par acte signifié au domicile de l'appelant, s'il demeure dans le lieu où siège le tribunal, sinon au domicile par lui élu en exécution de l'article 422, avec sommation à jour et heure fixes de se présenter au greffe pour prendre communication, sans déplacement, des titres de la caution, s'il est ordonné qu'elle en fournira, et à l'audience, pour voir prononcer sur l'admission, en cas de contestation. — **Pr.** 318 et s.; **C.** 102, 111, 2018, 2040 et s.; **T.** 29.

441. Si l'appelant ne comparaît pas, ou ne conteste point la caution, elle fera sa soumission au greffe; s'il conteste, il sera statué au jour indiqué par la sommation: dans tous les cas, le jugement sera exécutoire nonobstant opposition ou appel. — **Pr.** 519 et **s.**; **T.** 29.

---

(1) V. la note sous l'article 141.

(2) Cet article a été modifié par l'article 643 du Code de commerce, ainsi conçu : Néanmoins les articles 156, 158 et 159 du même Code (Code de procédure) relatifs aux jugements par défaut rendus par les tribunaux inférieurs, seront applicables aux jugements par défaut rendus par les tribunaux de commerce.

442. Les tribunaux de commerce ne connaîtront point de l'exécution de leurs jugements. — **Pr.** 156, 472, 553; **Co.** 200, 631, 632.

LIVRE TROISIÈME

DES TRIBUNAUX D'APPEL (1)

(Décret du 17 avril 1806, promulgué le 27 du même mois.)

TITRE UNIQUE

DE L'APPEL, ET DE L'INSTRUCTION SUR L'APPEL

443. (Ainsi remplacé : Décr. 22 avril 1863, art. 2) (2). — Le délai pour interjeter appel sera de deux mois ; il courra, pour les jugements contradictoires, du jour de la signification à personne ou domicile ;

Pour les jugements par défaut, du jour où l'opposition ne sera plus recevable.

L'intimé pourra, néanmoins, interjeter appel incidemment, en tout état de cause, quand même il aurait signifié le jugement sans protestation (a). — **Pr.** 16, 59, 68, 147, 157, 158, 173, 182, 183, 340, 377, 392, 445, 446, 447, 474, 669, 730, 762, 763, 809, 1033, 1035 ; **C.** 815, 887, 1197 1206, 1350, 1351, 1352, 1357, 1689, 1690, 2262 ; **Co.** 443, 582, 583, 645, 648 ; **I. Cr.** 174, 203.

444. Ces délais emporteront déchéance : ils courront contre toutes parties, sauf le recours contre qui de droit ; mais ils ne courront contre le mineur non émancipé que du jour où le jugement aura été signifié tant au tuteur qu'au subrogé-tuteur, encore que ce dernier n'ait pas été en cause. — **Pr.** 398, 484, 1029 ; **C.** 420, 450.

445. (Ainsi remplacé : Décr. 22 avril 1863, art. 2) (3). — Ceux qui demeurent hors du territoire de la colonie auront, pour interjeter appel, outre le délai de deux mois depuis la signification du jugement, le délai des ajournements réglé par l'article 73 ci-dessus (b). — **Pr.** 74, 486, 1033.

(1) A ce titre donné dans l'édition de 1806, on avait substitué à tort, dans l'édition du 30 août 1816, le titre de « *Cours royales* » et on avait, par suite, remplacé ces mots : « *Tribunal d'appel* » par ceux-ci : « *Cour royale* » dans les articles 393 à 39δ, 457, 461, 480, 1020. Dans l'édition de 1842, on est revenu à la rédaction première.

(2) Les articles 443, 445 et 446 du même code (Code de procédure civile) seront remplacés par les articles suivants (V. le nouveau texte).

V. Sous l'article 73 la note concernant la promulgation dudit décret.

(a) Ancien article 443. — Le délai pour interjeter appel sera de deux mois. Il courra, pour les jugements contradictoires, du jour de la signification à personne ou domicile ;

Pour les jugements par défaut, du jour où l'opposition ne sera pas recevable.

L'intimé pourra, néanmoins, interjeter appel incidemment en tout état de cause, quand même il aurait signifié le jugement sans protestation.

(3) V. Ledit article sous l'article 443 et, sous l'article 73, la note concernant la promulgation du décret.

(b) Ceux qui demeurent hors de la France continentale auront, pour interjeter appel, outre le délai de deux mois depuis la signification du jugement, le délai des ajournements réglé par l'article 73 ci-dessus.

446. (Ainsi remplacé : Décr. 22 avril 1863, art. 2) (1). — Ceux qui sont absents du territoire de la colonie pour cause de service public, auront, pour interjeter appel, outre le délai de deux mois depuis la signification du jugement, le délai de dix mois. Il en sera de même en faveur des gens de mer absents pour cause de navigation (a). — **Pr.** 73, 485.

447. Les délais de l'appel seront suspendus par la mort de la partie condamnée.

Ils ne reprendront leur cours qu'après la signification du jugement faite au domicile du défunt, avec les formalités prescrites en l'article 61, et à compter de l'expiration des délais pour faire inventaire et délibérer, si le jugement a été signifié avant que ces derniers délais fussent expirés.

Cette signification pourra être faite aux héritiers collectivement, et sans désignation des noms et qualités. — **Pr.** 61, 68, 174, 344, 487 ; **C.** 795 et s., 1457, 1458 et s. ; **T.** 29.

448. Dans le cas où le jugement aurait été rendu sur une pièce fausse, ou si la partie avait été condamnée faute de représenter une pièce décisive qui était retenue par son adversaire, les délais de l'appel ne courront que du jour où le faux aura été reconnu ou juridiquement constaté, ou que la pièce aura été recouvrée, pourvu que, dans ce dernier cas, il y ait preuve par écrit du jour où la pièce a été recouvrée, et non autrement. — **Pr.** 480-9°, 10°, 488.

449. Aucun appel d'un jugement non exécutoire par provision ne pourra être interjeté dans la huitaine, à dater du jour du jugement ; les appels interjetés dans ce délai seront déclarés non recevables, sauf à l'appelant à les réitérer, s'il est encore dans le délai. — **Pr.** 135 et s., 809, 1029 ; **Co.** 645.

450. L'exécution des jugements non exécutoires par provision sera suspendue pendant ladite huitaine. — **Pr.** 449.

451. L'appel d'un jugement préparatoire ne pourra être interjeté qu'après le jugement définitif et conjointement avec l'appel de ce jugement, et le délai de l'appel ne courra que du jour de la signification du jugement définitif : cet appel sera recevable, encore que le jugement préparatoire ait été exécuté sans réserves.

L'appel d'un jugement interlocutoire pourra être interjeté avant le jugement définitif : il en sera de même des jugements qui auraient accordé une provision. — **Pr.** 31, 452, 457, 473.

452. Sont réputés préparatoires les jugements rendus pour l'instruction de la cause, et qui tendent à mettre le procès en état de recevoir jugement définitif.

Sont réputés interlocutoires les jugements rendus lorsque le tribunal ordonne, avant dire droit, une preuve, une vérification, ou une instruction qui préjuge le fond. — **Pr.** 253, 295, 302, 325, 397, 451, 457.

---

(1) V. Ledit article sous l'article 443, et, sous l'article 73, la note concernant la promulgation du décret.

(a) Ceux qui sont absents du territoire européen de l'Empire ou du territoire de l'Algérie pour cause de service public auront, pour interjeter appel, outre le délai de deux mois depuis la signification du jugement, le délai de huit mois. Il en sera de même en faveur des gens de mer absents pour cause de navigation.

453. Seront sujets à l'appel les jugements qualifiés en dernier ressort, lorsqu'ils auront été rendus par des juges qui ne pouvaient prononcer qu'en première instance.

Ne seront recevables les appels des jugements rendus sur des matières dont la connaissance en dernier ressort appartient aux premiers juges, mais qu'ils auraient omis de qualifier, ou qu'ils auraient qualifiés en premier ressort (1). — Co. 639.

454. Lorsqu'il s'agira d'incompétence, l'appel sera recevable, encore que le jugement ait été qualifié en dernier ressort. — Pr. 168 et s., 425.

455. Les appels des jugements susceptibles d'opposition ne seront point recevables pendant la durée du délai pour l'opposition. — Pr. 20 et s., 155, 157 et s., 163, 443, 809.

456. L'acte d'appel contiendra assignation dans les délais de la loi, et sera signifié à personne ou domicile, à peine de nullité. — Pr. 61, 68, 69, 72 et s., 456, 463, 470, 584, 1029, 1033; C. 102 et s.; T. 29.

457. (*Ordonnance du 19 octobre 1828, art. 23.*) — L'article 457 est remplacé par la disposition suivante :

L'appel des jugements définitifs ou interlocutoires sera suspensif, si le jugement ne prononce pas l'exécution dans les cas où elle est autorisée.

L'exécution des jugements mal à propos qualifiés en dernier ressort ne pourra être suspendue qu'en vertu de défenses obtenues par l'appelant, sur assignation à bref délai, à l'audience de la cour ; si la cour n'était pas en session, l'assignation serait donnée devant la chambre permanente en audience publique.

A l'égard des jugements non qualifiés ou qualifiés en premier ressort, et dans lesquels les juges étaient autorisés à prononcer en dernier ressort, l'exécution provisoire pourra en être ordonnée par la cour royale, à l'audience et sur un simple acte. — Pr. 72, 76, 135 et s., 376, 455, 473 ; T. 148.

458. Si l'exécution provisoire n'a pas été prononcée dans les cas où elle est autorisée, l'intimé pourra, sur un simple acte, la faire ordonner à l'audience, avant le jugement de l'appel. — Pr. 135 et s., 449; T. 148.

459. Si l'exécution provisoire a été ordonnée hors des cas prévus par la loi, l'appelant pourra obtenir des défenses à l'audience, sur assignation à bref délai, sans qu'il puisse en être accordé sur requête non communiquée. — Pr. 17, 72, 135 et s., 439; Co. 647; T. 148.

460. En aucun autre cas, il ne pourra être accordé des défenses, ni être rendu aucun jugement tendant à arrêter directement ou indirectement l'exécution du jugement, à peine de nullité. — Pr. 478, 497, 1029; C. 1319; Co. 647.

461. Tout appel, même de jugement rendu sur instruction par écrit, sera porté à l'audience; sauf au tribunal à ordonner l'exécution par écrit, s'il y a lieu. — Pr. 95 et s., 809.

_____

(1) V. sous l'article 404 la loi du 11 avril 1838, art. 2, sur les tribunaux civils de première instance.

462. Dans la huitaine de la constitution d'avoué par l'intimé, l'appelant signifiera ses griefs contre le jugement. L'intimé répondra dans la huitaine suivante. L'audience sera poursuivie sans autre procédure. — **Pr.** 75 et **s.** ; 85 et **s.**, 1031.

463. Les appels de jugements rendus en matière sommaire seront portés à l'audience sur simple acte, et sans autre procédure. Il en sera de même de l'appel des autres jugements lorsque l'intimé n'aura pas comparu. — **Pr.** 82, 140 et **s.**, 404 et **s.**, **Co.** 648.

464. Il ne sera formé, en cause d'appel, aucune nouvelle demande, à moins qu'il ne s'agisse de compensation, ou que la demande nouvelle ne soit la défense à l'action principale.

Pourront aussi les parties demander des intérêts, arrérages, loyers et autres accessoires échus depuis le jugement de première instance, et les dommages et intérêts pour le préjudice souffert depuis ledit jugement. — **Pr.** 428, 473, 727, 754; **C.** 547 et **s.**, 826, 832, 1146 et **s.**, 1154, 1289 et **s.**, 1690 1905 et **s.**

465. Dans les cas prévus par l'article précédent, les nouvelles demandes et les exceptions du défendeur ne pourront être formées que par de simples actes de conclusions motivées.

Il en sera de même dans les cas où les parties voudraient changer ou modifier leurs conclusions.

Toute pièce d'écriture qui ne sera que la répétition des moyens ou exceptions déjà employées par écrit, soit en première instance, soit sur l'appel, ne passera point en taxe.

Si la même pièce contient à la fois et de nouveaux moyens ou exceptions, et la répétition des anciens, on n'allouera en taxe que la partie relative aux nouveaux moyens ou exceptions. — **Pr.** 1031.

466. Aucune intervention ne sera reçue, si ce n'est de la part de ceux qui auraient droit de former tierce opposition. — **Pr.** 339 et **s.**, 404, 474 et **s** ; **C.** 450, 882, 1166, 1167, 1447.

467. S'il se forme plus de deux opinions, les juges plus faibles en nombre seront tenus de se réunir à l'une des deux opinions qui auront été émises par le plus grand nombre. — **Pr.** 117, 118.

468. En cas de partage dans une cour royale, on appellera, pour le vider, un au moins ou plusieurs des juges qui n'auront pas connu de l'affaire, et toujours en nombre impair, en suivant l'ordre du tableau : l'affaire sera de nouveau plaidée, ou de nouveau rapportée s'il s'agit d'une instruction par écrit.

Dans les cas où tous les juges auraient connu de l'affaire, il sera appelé, pour le jugement, trois anciens jurisconsultes. — **Pr.** 118.

469. La péremption en cause d'appel aura l'effet de donner au jugement dont est appel la force de chose jugée. — **Pr.** 397 et **s.**, 401; **C.** 1351, 2247.

470. Les autres règles établies pour les tribunaux inférieurs seront observées dans les cours royales.

(*Ordonnance du* 19 *octobre* 1828, *art.* 24.) — L'article 470 est modifié ainsi qu'il suit :

Les autres règles établies pour les tribunaux inférieurs par le Code de procédure, et non modifiées, seront observées sur appel, en tout ce qui ne sera pas contraire aux modifications portées en la présente ordonnance. — **Co.** 648.

471. L'appelant qui succombera sera condamné à une amende de cinq francs, s'il s'agit du jugement d'un juge de paix, et de dix francs sur l'appel d'un jugement de tribunal de première instance ou de commerce. — **Pr.** 130, 246, 374, 390, 479, 500, 513, 516, 1025, 1029; **Co.** 644; **T.** 90.

472. Si le jugement est confirmé, l'exécution appartiendra au tribunal dont est appel : Si le jugement est infirmé, l'exécution, entre les mêmes parties, appartiendra à la cour royale qui aura prononcé, ou à un autre tribunal qu'elle aura indiqué par le même arrêt; sauf les cas de la demande en nullité d'emprisonnement, en expropriation forcée, et autres dans lesquels la loi attribue juridiction. — **Pr.** 59, 442, 473, 528, 545 et **s.**, 553, 794, 1020 et **s.**, **C.** 822, 1351.

473. Lorsqu'il y aura appel d'un jugement interlocutoire, si le jugement est infirmé, et que la matière soit disposée à recevoir une décision définitive, les cours royales et autres tribunaux d'appel pourront statuer en même temps sur le fond définitivement, par un seul et même jugement.

Il en sera de même dans les cas où les cours royales ou autres tribunaux d'appel infirmeraient, soit pour vice de forme, soit pour toute autre cause, des jugements définitifs. — **Pr.** 23, 134, 288, 451, 452, 464, 528; **Co.** 514; **I. Cr.** 174, 215.

LIVRE QUATRIÈME

DES VOIES EXTRAORDINAIRES POUR ATTAQUER LES JUGEMENTS

(Suite du décret du 17 avril 1806.)

TITRE PREMIER

DE LA TIERCE OPPOSITION

474. Une partie peut former tierce opposition à un jugement qui préjudicie à ses droits, et lors duquel, ni elle ni ceux qu'elle représente n'ont été appelés. — **Pr.** 466, 575. 733 et **s.**, 767, 873, 1022. — **C.** 54, 100, 801, 803, 860, 1122, 1165, 1166, 1167, 1341, 1351, 2036; **Co.** 66, 443, 532, 580.

475. La tierce opposition formée par action principale sera portée au tribunal qui aura rendu le jugement attaqué.

La tierce opposition incidente à une contestation dont un tribunal est saisi, sera

formée par requête à ce tribunal, s'il est égal ou supérieur à celui qui a rendu le jugement. — **Pr.** 49-3°, 337 et s., 406, 476, 490, 493; **T.** 75.

476. S'il n'est égal ou supérieur, la tierce opposition incidente sera portée, par
action principale, au tribunal qui aura rendu le jugement. — **Pr.** 475.

477. Le tribunal devant lequel le jugement attaqué aura été produit pourra, suivant
les circonstances, passer outre ou surseoir. — **Pr.** 491, 900.

478. Les jugements passés en force de chose jugée, portant condamnation à
délaisser la possession d'un héritage, seront exécutés contre les parties condamnées,
nonobstant la tierce opposition et sans y préjudicier.

Dans les autres cas, les juges pourront, suivant les circonstances, suspendre l'exécution du jugement. — **Pr.** 457, 497; **C.** 1351.

479. La partie dont la tierce opposition sera rejetée sera condamnée à une amende
qui ne pourra être moindre de cinquante francs, sans préjudice des dommages et
intérêts de la partie, s'il y a lieu. — **Pr.** 128, 213, 246, 374, 390, 471, 500, 513, 516, 1029.

TITRE DEUXIÈME

DE LA REQUÊTE CIVILE

480. Les jugements contradictoires rendus en dernier ressort par les tribunaux de
première instance et d'appel, et les jugements par défaut rendus, aussi en dernier
ressort, et qui ne sont plus susceptibles d'opposition, pourront être rétractés, sur la
requête de ceux qui y auront été parties ou dûment appelés pour les causes ci-après :

1° S'il y a eu dol personnel ;

2° Si les formes prescrites à peine de nullité ont été violées, soit avant, soit lors des
jugements, pourvu que la nullité n'ait pas été couverte par les parties;

3° S'il a été prononcé sur choses non demandées ;

4° S'il a été adjugé plus qu'il n'a été demandé ;

5° S'il a été omis de prononcer sur l'un des chefs de demande ;

6° S'il y a contrariété de jugements en dernier ressort, entre les mêmes parties et sur
les mêmes moyens, dans les mêmes cours ou tribunaux;

7° Si, dans un même jugement, il y a des dispositions contraires ;

8° Si, dans les cas où la loi exige la communication au ministère public, cette communication n'a pas eu lieu, et que le jugement ait été rendu contre celui pour qui elle
était ordonnée;

9° Si l'on a jugé sur pièces reconnues ou déclarées fausses depuis le jugement;

10° Si, depuis le jugement, il a été recouvré des pièces décisives, et qui avaient été
reconnues par le fait de la partie. — **Pr.** 83, 112, 141, 149 et s., 173, 448, 481, 488, 489, 490, 501,
504, 1010, 1026, 1028-5°, 1029 ; **C.** 1116, 1351, 2057.

481. L'État, les communes, les établissements publics et les mineurs seront encore reçus à se pourvoir, s'ils n'ont été défendus ou s'ils ne l'ont été valablement. — **Pr.** 83, 112, 594.

482. S'il n'y a ouverture que contre un chef de jugement, il sera seul rétracté, à moins que les autres n'en soient dépendants.

483. Ainsi remplacé : Décr. 22 avril 1863, art. 3) (1). — La requête civile sera signifiée avec assignation, dans le délai de deux mois à l'égard des majeurs, à compter du jour de la signification du jugement attaqué à personne ou domicile (a). — **Pr.** 443, 1033 ; **T.** 78.

484. (Ainsi remplacé : Décr. 22 avril 1863, art. 3) (2). — Le délai de deux mois ne courra contre les mineurs que du jour de la signification du jugement faite, depuis leur majorité, à personne ou domicile (b). — **Pr.** 444, 488.

485. (Ainsi remplacé : Décr. 22 avril 1863, art. 3) (2). — Lorsque le demandeur sera absent de la colonie pour cause de service public, il aura, outre le délai ordinaire de deux mois depuis la signification du jugement, le délai de dix mois.

Il en sera de même en faveur des gens de mer absents pour cause de navigation (c). — **Pr.** 446, 1033.

486. (Ainsi remplacé : Décr. 22 avril 1863, art. 3) (2). — Ceux qui demeurent hors de la colonie auront, outre le délai de deux mois depuis la signification du jugement, le délai des ajournements réglé par l'article 73 ci-dessus (d). — **Pr.** 445.

487. Si la partie condamnée est décédée dans les délais ci-dessus fixés pour se pourvoir, ce qui en restera à courir ne commencera, contre la succession, que dans les délais et de la manière prescrits en l'article 447 ci-dessus. — **Pr.** 344.

488. Lorsque les ouvertures de requête civile seront le faux, le dol ou la découverte de pièces nouvelles, les délais ne courront que du jour où, soit le faux, soit le dol, auront été reconnus ou les pièces découvertes ; pourvu que, dans ces deux derniers cas, il y ait preuve par écrit du jour, et non autrement.—**Pr.** 448, 480, 483 et s.; **C.** 1317 et s., 1322, 1328, 2057.

489. S'il y a contrariété de jugements, le délai courra du jour de la signification du dernier jugement. — **Pr.** 501, 504.

490. La requête civile sera portée au même tribunal où le jugement attaqué aura été rendu ; il pourra y être statué par les mêmes juges. — **Pr.** 475, 1026.

---

(1) Les articles 483, 484, 485 et 486 du même code (Code de procédure civile) sont remplacés par les articles suivants (V. le nouveau texte).

V. Sous l'article 73 la note concernant la promulgation dudit décret à la Martinique et à la Guadeloupe.

(a) Ancien article 483, conforme au nouvel article, sauf le délai qui était de trois mois.

(2) V. Cet article sous l'article 483, et, sous l'article 73, la note concernant la promulgation dudit décret à la Martinique et à la Guadeloupe.

(b) Ancien article 484. Conforme au nouvel article, sauf le délai qui était de trois mois.

(c) Ancien article 485. — Lorsque le demandeur sera absent du territoire européen du royaume pour un service de terre ou de mer, ou employé dans les négociations extérieures, pour le service de l'État, il aura, outre le délai ordinaire de trois mois depuis la signification du jugement, le délai d'une année.

(d) Ancien article 486. Conforme au nouveau texte, sauf le délai qui était de trois mois.

491. Si une partie veut attaquer par la requête civile un jugement produit dans une cause pendante en un tribunal autre que celui qui l'a rendu, elle se pourvoira devant le tribunal qui a rendu le jugement attaqué ; et le tribunal saisi de la cause dans laquelle il est produit pourra, suivant les circonstances, passer outre ou surseoir. — **Pr.** 364, 477.

492. La requête civile sera formée par assignation au domicile de l'avoué de la partie qui a obtenu le jugement attaqué, si elle est formée dans les six mois de la date du jugement ; après ce délai, l'assignation sera donnée au domicile de la partie. — **Pr.** 483, 494, 1038 ; **T.** 78.

493. Si la requête civile est formée incidemment devant un tribunal compétent pour en connaître, elle le sera par requête d'avoué à avoué ; mais si elle est incidente à une contestation portée dans un autre tribunal que celui qui a rendu le jugement, elle sera formée par assignation devant les juges qui ont rendu le jugement. — **Pr.** 337 s., 475, 502, 1038 ; **T.** 75.

494. La requête civile d'aucune partie autre que celle qui stipule les intérêts de l'État ne sera reçue, si, avant que cette requête ait été présentée, il n'a été consigné une somme de trois cents francs pour amende, et cent cinquante francs pour les dommages-intérêts de la partie, sans préjudice de plus amples dommages-intérêts, s'il y a lieu ; la consignation sera de moitié, si le jugement est par défaut ou par forclusion, et du quart s'il s'agit de jugements rendus par les tribunaux de première instance. — **Pr.** 128, 481, 500 ; **C.** 1149 ; **T.** 90.

495. La quittance du receveur sera signifiée en tête de la demande, ainsi qu'une consultation de trois avocats exerçant depuis dix ans au moins près un des tribunaux du ressort de la Cour royale dans lequel le jugement a été rendu.

La consultation contiendra déclaration qu'ils sont d'avis de la requête civile, et elle en énoncera aussi les ouvertures ; sinon la requête ne sera pas reçue.

(*Ordonnance du* 19 *octobre* 1828, *art.* 25.) — La consultation prescrite par l'article 495 sera donnée par deux avocats-avoués, et, à leur défaut, par deux avocats exerçant dans le ressort de la Cour royale (1). — **T.** 140.

496. Si la requête civile est signifiée dans les six mois de la date du jugement, l'avoué de la partie qui a obtenu le jugement sera constitué de droit sans nouveau pouvoir. — **Pr.** 1038.

497. La requête civile n'empêchera pas l'exécution du jugement attaqué ; nulles défenses ne pourront être accordées : celui qui aura été condamné à délaisser un héritage ne sera reçu à plaider sur la requête civile qu'en rapportant la preuve de l'exécution du jugement au principal. — **Pr.** 27, 457, 460, 478.

498. Toute requête civile sera communiquée au ministère public. — **Pr.** 83, 499.

(1) Depuis l'ordonnance du 15 février 1831 (B. O. 1831 : M. p. 119 ; G. p. 943 s.) la profession d'avocat est librement exercée aux Antilles selon ce qui est réglé par les lois et règlements en vigueur dans la métropole.

499. Aucun moyen autre que les ouvertures de requête civile énoncées en la consultation ne sera discuté à l'audience ni par écrit. — **Pr.** 495.

500. Le jugement qui rejettera la requête civile condamnera le demandeur à l'amende et aux dommages-intérêts ci-dessus fixés, sans préjudice de plus amples dommages-intérêts, s'il y a lieu. — **Pr.** 128, 494, 1029; **C.** 1149.

501. Si la requête civile est admise, le jugement sera rétracté, et les parties seront remises au même état où elles étaient avant ce jugement; les sommes consignées seront rendues, et les objets des condamnations qui auront été perçus en vertu du jugement rétracté, seront restitués.

Lorsque la requête civile aura été entérinée pour raison de contrariété de jugements, le jugement qui entérinera la requête civile, ordonnera que le premier jugement sera exécuté selon sa forme et teneur. — **T.** 90.

502. Le fond de la contestation sur laquelle le jugement rétracté aura été rendu sera porté au même tribunal qui aura statué sur la requête civile. — **Pr.** 472, 475, 490, 493.

503. Aucune partie ne pourra se pourvoir en requête civile, soit contre le jugement déjà attaqué par cette voie, soit contre le jugement qui l'aura rejeté, soit contre celui rendu sur le rescisoire, à peine de nullité et de dommages-intérêts, même contre l'avoué qui, ayant occupé sur la première demande, occuperait sur la seconde. — **Pr.** 1029; **C.** 1149.

504. La contrariété de jugements rendus en dernier ressort entre les mêmes parties et sur les mêmes moyens en différents tribunaux donne ouverture à cassation; et l'instance est formée et jugée conformément aux lois qui sont particulières à la Cour de cassation (1). — **Pr.** 480-6°.

---

(1) *Loi* concernant les délais des pourvois devant la Cour de cassation en matière civile.

2 juin 1862.

Art. 1ᵉʳ. Le délai pour se pourvoir en cassation sera de deux mois, à compter du jour où la signification de la décision, objet du pourvoi, aura été faite à personne ou à domicile.

A l'égard des jugements et arrêts par défaut qui pourront être déférés à la Cour de cassation, ce délai ne courra qu'à compter du jour où l'opposition ne sera plus recevable.

Art. 2. Le demandeur en cassation est tenu de signifier l'arrêt d'admission à personne ou à domicile, dans les deux mois après sa date; sinon il est déchu de son pourvoi envers ceux des défendeurs à qui la signification aurait dû être faite.

Art. 3. Le délai pour comparaître sera d'un mois à partir de la signification de l'arrêt d'admission faite à la personne ou au domicile des défendeurs.

Art. 4. Les délais fixés par les articles 1 et 3, relativement au pourvoi en cassation et à la comparution des défendeurs, seront augmentés de huit mois en faveur des demandeurs ou défendeurs absents du territoire français de l'Europe ou de l'Algérie, pour cause de service public, et en faveur des gens de mer absents de ce même territoire, pour cause de navigation.

Art. 5. Il est ajouté au délai ordinaire du pourvoi, lorsque le demandeur sera domicilié en Corse, en Algérie, dans les Iles Britanniques, en Italie, dans le royaume des Pays-Bas et dans les États ou confédérations limitrophes de la France continentale, un mois;

S'il est domicilié dans les autres États, soit de l'Europe, soit du littoral de la Méditerranée et de celui de la mer Noire, deux mois;

S'il est domicilié hors d'Europe, en deçà du détroit

TITRE TROISIÈME

DE LA PRISE A PARTIE

505. Les juges peuvent être pris à partie dans les cas suivants :

1° S'il y a dol, fraude ou concussion, qu'on prétendrait avoir été commis, soit dans le cours de l'instruction, soit lors des jugements ;

2° Si la prise à partie est expressément prononcée par la loi ;

3° Si la loi déclare les juges responsables, à peine de dommages et intérêts ;

4° S'il y a déni de justice. — **Pr.** 15-7°, 83-5°, 509 ; **C.** 4, 1116 ; **I. cr.** 77, 112, 164, 271, 370, 483 et s. ; **P.** 114, 117, 119, 174, 177, 185.

506. Il y a déni de justice, lorsque les juges refusent de répondre les requêtes, ou négligent de juger les affaires en état et en tour d'être jugées.

507. Le déni de justice sera constaté par deux réquisitions faites aux juges en la personne des greffiers, et signifiées de trois en trois jours au moins pour les juges de paix et de commerce, et de huitaine en huitaine au moins pour les autres juges : tout huissier requis sera tenu de faire ces réquisitions, à peine d'interdiction. — **Pr.** 1029 ; **T.** 29.

508. Après les deux réquisitions, le juge pourra être pris à partie.

de Malaca et de la Sonde, ou en deçà du cap Horn cinq mois ;

S'il est domicilié au delà des détroits de Malaca et de la Sonde, au delà du cap Horn, huit mois.

Les délais ci-dessus seront doublés pour les pays d'Outre-mer en cas de guerre maritime.

Art. 6. Les mêmes délais sont ajoutés :

1° Au délai ordinaire accordé au demandeur lorsqu'il devra signifier l'arrêt d'admission dans l'un des pays désignés en l'article précédent ;

2° Au délai ordinaire réglé par l'article 3, lorsque les défendeurs domiciliés dans l'un de ces pays devront comparaître sur la signification de l'arrêt d'admission.

Art. 7. Lorsque le délai pour la comparution sera expiré sans que le défendeur se soit fait représenter devant la cour, l'audience ne pourra être poursuivie que sur un certificat du greffier constatant la non-comparution du défendeur.

Art. 8. Les arrêts de la Chambre des requêtes, contenant autorisation d'assigner en matière de rè-glement de juges ou de renvoi pour suspicion légitime, seront signifiés dans le mois de leur date aux défendeurs, sous peine de déchéance. Les défendeurs devront comparaître dans le délai fixé par l'article 3. Néanmoins, ces délais pourront être réduits ou augmentés suivant les circonstances par l'arrêt portant permission d'assigner.

Art. 9. Tous les délais ci-dessus énoncés seront francs ; si le dernier jour du délai est un jour férié, le délai sera prorogé au lendemain.

Les mois seront comptés suivant le calendrier Grégorien.

Art. 10. Il n'est pas dérogé aux lois spéciales qui régissent les pourvois en matière électorale et d'expropriation pour cause d'utilité publique.

Art. 11. Sont abrogés dans leurs dispositions contraires à la présente loi, l'ordonnance d'août 1737, le règlement du 28 juin 1738, les lois des 24 novembre 1790, 2 septembre 1793, 1er frimaire an II, 11 juin 1859, et autres lois relatives à la procédure en matière civile devant la Cour de cassation (*).

(*) Ladite loi rendue applicable aux colonies par décret du 2 juillet 1862, a été promulguée avec ce décret à la Martinique, le 20 août (B. O. M.. 1862, p. 400 et s.) ; et à la Guadeloupe, le 21 (B. O. G. p. 309, 310 s.)

509. La prise à partie contre les juges de paix, contre les tribunaux de commerce ou de première instance, ou contre quelqu'un de leurs membres, et la prise à partie contre un conseiller à une Cour royale on à une Cour d'assises, seront portées à la Cour royale du ressort.

La prise à partie contre les Cours d'assises, contre les Cours royales ou l'une de leurs sections, sera portée à la Haute Cour, conformément à l'article 101 de l'acte du 18 mai 1804.

(*Ordonnance du 19 octobre* 1828, *art.* 26.) — Au cas prévu par le deuxième paragraphe de l'article 509, la prise à partie contre une Cour d'assises, les Cours royales, et un conseil privé jugeant comme commission d'appel, sera portée devant la Cour de cassation. — **I. cr.** 469 et s., 483.

510. Néanmoins aucun juge ne pourra être pris à partie, sans permission préalable du tribunal devant lequel la prise à partie sera portée. — **Pr.** 508, 511 et s., 515.

511. Il sera présenté, à cet effet, une requête signée de la partie, ou de son fondé de procuration authentique et spéciale, laquelle procuration sera annexée à la requête, ainsi que les pièces justificatives s'il y en a, à peine de nullité. — **Pr.** 1029.

512. Il ne pourra être employé aucun terme injurieux contre les juges, à peine, contre la partie, de telle amende, et contre son avoué, de telle injonction ou suspension qu'il appartiendra. — **Pr.** 1036.

513. Si la requête est rejetée, la partie sera condamnée à une amende qui ne pourra être moindre de trois cents francs, sans préjudice des dommages et intérêts envers les parties, s'il y a lieu. — **Pr.** 314, 390, 1029 ; **C.**, 1149.

514. Si la requête est admise, elle sera signifiée dans trois jours au juge pris à partie, qui sera tenu de fournir ses défenses dans la huitaine.

Il s'abstiendra de la connaissance du différend ; il s'abstiendra même, jusqu'au jugement définitif de la prise à partie, de toutes les causes que la partie, ou ses parents en ligne directe, ou son conjoint, pourront avoir dans son tribunal, à peine de nullité des jugements. — **Pr.** 378 et s., 380, 1029 ; **T.** 29 75.

515. (*Ordonnance du 19 octobre* 1828, *art.* 27) : — L'article 515 est remplacé par la disposition suivante :

La prise à partie sera portée à l'audience sur un simple acte.

Elle sera jugée par la Cour royale de la Guadeloupe, si l'admission a été prononcée par la Cour de la Martinique, et par la Cour royale de cette dernière colonie, si l'admission a été prononcée par la Cour royale de la Guadeloupe. — **Pr.** 82, 83-5°.

516. Si le demandeur est débouté, il sera condamné à une amende qui ne pourra être moindre de trois cents francs, sans préjudice des dommages-intérêts envers les parties, s'il y a lieu. — **Pr.** 128, 1029 ; **C.** 1149, 1382.

LIVRE CINQUIÈME

DE L'EXÉCUTION DES JUGEMENTS

(Décret du 21 avril 1806, promulgué le 1er mai 1806.)

TITRE PREMIER

DES RÉCEPTIONS DE CAUTIONS

517. Le jugement qui ordonnera de fournir caution fixera le délai dans lequel elle sera présentée, et celui dans lequel elle sera acceptée ou contestée. — **Pr.** 17, 135, 155, 417, 439, 542, 832, 992, 1035; **C.** 16, 120, 626, 771, 807, 1518, 1613, 2011, 2040 et **s.** ; **I. cr.** 114, 117 et **s.**

518. La caution sera présentée par exploit signifié à la partie, si elle n'a point d'avoué, et par acte d'avoué, si elle en a constitué, avec copie de l'acte de dépôt qui sera fait au greffe, des titres qui constatent la solvabilité de la caution, sauf le cas où la loi n'exige pas que la solvabilité soit établie par titres. — **Pr.** 189, 440, 832, 993; **T.** 71, 91.

519. La partie pourra prendre au greffe communication des titres; si elle accepte la caution, elle le déclarera par un simple acte : dans ce cas, ou si la partie ne conteste pas dans le délai, la caution fera au greffe sa soumission, qui sera exécutoire sans jugement, même pour la contrainte par corps, s'il y a lieu à contrainte (1). — **Pr.** 82, 189, 552; **T.** 71, 91.

520. Si la partie conteste la caution dans le délai fixé par le jugement, l'audience sera poursuivie sur un simple acte. — **Pr.** 82, 994; **T.** 71.

521. Les réceptions de caution seront jugées sommairement, sans requête ni écritures; le jugement sera exécuté nonobstant appel. — **Pr.** 135 et **s.**, 404 et **s.**, 457, 463.

522. Si la caution est admise, elle fera sa soumission, conformément à l'article 519 ci-dessus. — **Pr.** 833; **C.** 2020, 2040; **T.** 91.

TITRE DEUXIÈME

DE LA LIQUIDATION DES DOMMAGES-INTÉRÊTS

523. Lorsque l'arrêt ou le jugement n'aura pas fixé les dommages-intérêts, la déclaration en sera signifiée à l'avoué du défendeur, s'il en a été constitué; et les pièces seront communiquées sur récépissé de l'avoué, ou par la voie du greffe. — **Pr.** 126, 128, 188 ; **C.** 1149 et **s.**; **T.** 91, 141.

---

(1) V. sous l'art. 17 le décret du 6 décembre 1869, sur la contrainte par corps.

524. Le défendeur sera tenu, dans le délai fixé par les articles 97 et 98, et sous les peines y portées, de remettre lesdites pièces, et, huitaine après l'expiration desdits délais, de faire ses offres au demandeur, de la somme qu'il avisera pour les dommages-intérêts ; sinon, la cause sera portée sur un simple acte à l'audience, et il sera condamné à payer le montant de la déclaration, si elle est trouvée juste et bien vérifiée. — **Pr.** 107, 126, 191, 812 et **s.** ; **C.** 1257 et **s.** ; **T.** 71, 142.

525. Si les offres contestées sont jugées suffisantes, le demandeur sera condamné aux dépens, du jour des offres. — **Pr.** 130; **C.** 1260.

TITRE TROISIÈME

DE LA LIQUIDATION DES FRUITS

526. Celui qui sera condamné à restituer des fruits, en rendra compte dans la forme ci-après ; et il sera procédé comme sur les autres comptes rendus en justice. — **Pr.** 129, 527 et **s.**, 540 ; **C.** 547 et **s.**, 583 et **s.**

TITRE QUATRIÈME

DES REDDITIONS DE COMPTES

527. Les comptables commis par justice seront poursuivis devant les juges qui les auront commis ; les tuteurs, devant les juges du lieu où la tutelle a été déférée ; tous autres comptables, devant les juges de leur domicile. — **Pr.** 59, 472, 995 ; **C.** 102, 108, 110, 406, 471 et **s.**, 509, 803, 1031, 1993.

528. En cas d'appel d'un jugement qui aurait rejeté une demande en reddition de compte, l'arrêt infirmatif renverra, pour la reddition et le jugement du compte, au tribunal où la demande avait été formée, ou à tout autre tribunal de première instance que l'arrêt indiquera.

Si le compte a été rendu et jugé en première instance, l'exécution de l'arrêt infirmatif appartiendra à la Cour qui l'aura rendu, ou à un autre tribunal qu'elle aura indiqué par le même arrêt. — **Pr.** 472 et **s.**

529. Les oyants qui auront le même intérêt nommeront un seul avoué : faute de s'accorder sur le choix, le plus ancien occupera, et néanmoins chacun des oyants pourra en constituer un ; mais les frais occasionnés par cette constitution particulière, et faits tant activement que passivement, seront supportés par l'oyant. — **Pr.** 760, 932, 1031.

530. Tout jugement portant condamnation de rendre compte fixera le délai dans lequel le compte sera rendu, et commettra un juge. — **Pr.** 528, 1035.

531. Si le préambule du compte, en y comprenant la mention de l'acte ou du jugement qui aura commis le rendant, et du jugement qui aura ordonné le compte, excède six rôles, l'excédant ne passera point en taxe. — **Pr.** 1031 ; **T.** 75.

532. Le rendant n'emploiera pour dépenses communes que les frais de voyage, s'il y a lieu, les vacations de l'avoué qui aura mis en ordre les pièces du compte, les grosses et copies, les frais de présentation et affirmation. — **Fr.** 130 ; **T.** 92.

733. Le compte contiendra les recettes et dépenses effectives ; il sera terminé par la récapitulation de la balance desdites recette et dépense, sauf à faire un chapitre particulier des objets à recouvrer. — **C.** 472.

534. Le rendant présentera et affirmera son compte en personne ou par procureur spécial, dans le délai fixé, et au jour indiqué par le juge-commissaire, les oyants présents, ou appelés à personne ou domicile, s'ils n'ont avoué, et par acte d'avoué, s'ils en ont constitué.

Le délai passé, le rendant y sera contraint par saisie et vente de ses biens jusqu'à concurrence d'une somme que le tribunal arbitrera ; il pourra même y être contraint par corps, si le tribunal l'estime convenable (1). — **Pr.** 68, 75, 126, 351, 372, 583 et **s.**, 673 et **s.** ; **T.** 29, 70, 92.

535. Le compte présenté et affirmé, si la recette excède la dépense, l'oyant pourra requérir du juge-commissaire exécutoire de cet excédant, sans approbation du compte. — **T.** 92.

536. Après la présentation et affirmation, le compte sera signifié à l'avoué de l'oyant : les pièces justificatives seront côtées et paraphées par l'avoué du rendant ; si elles sont communiquées sur récépissé, elles seront rétablies dans le délai qui sera fixé par le juge-commissaire, sous les peines portées par l'article 107.

Si les oyants ont constitué avoués différents, la copie et la communication ci-dessus seront données à l'avoué plus ancien seulement, s'ils ont le même intérêt, et à chaque avoué, s'ils ont des intérêts différents.

S'il y a des créanciers intervenants, ils n'auront tous ensemble qu'une seule communication, tant du compte que des pièces justificatives, par les mains du plus ancien des avoués qu'ils auront constitués. — **Pr.** 105, 189 et **s.**, 339, 932 ; **T.** 92.

537. Les quittances de fournisseurs, ouvriers, maîtres de pension et autres de même nature, produites comme pièces justificatives du compte, sont dispensées de l'enregistrement.

538. Aux jour et heure indiqués par le commissaire, les parties se présenteront devant lui pour fournir débats, soutènements et réponses sur son procès-verbal : si les parties ne se présentent pas, l'affaire sera portée à l'audience sur un simple acte. — **Pr.** 82, 539 ; **T.** 92.

539. Si les parties ne s'accordent pas, le commissaire ordonnera qu'il en sera par lui

---

(1) V. sous l'article 17 le décret du 6 décembre 1869, sur la contrainte par corps.

fait rapport à l'audience, au jour qu'il indiquera ; elles seront tenues de s'y trouver, sans aucune sommation. — **Pr.** 93, 94, 280, 1031.

540. Le jugement qui interviendra sur l'instance de compte contiendra le calcul de la recette et des dépenses, et fixera le reliquat précis, s'il n'y en a aucun.

541. Il ne sera procédé à la révision d'aucun compte, sauf aux parties, s'il y a erreurs, omissions, faux ou doubles emplois, à en former leurs demandes devant les mêmes juges. — **Pr.** 534, 538, 539 ; **C.** 887, 1351, 1907, 2058.,

542. Si l'oyant est défaillant, le commissaire fera son rapport au jour par lui indiqué : les articles seront alloués, s'ils sont justifiés ; le rendant, s'il est reliquataire, gardera les fonds, sans intérêts ; et s'il ne s'agit point d'un compte de tutelle, le comptable donnera caution, si mieux il n'aime consigner. — **Pr.** 126, 149 et s., 517 et s., 816 ; **C.** 474, 1257 et s., 2040 et s.

TITRE CINQUIÈME

DE LA LIQUIDATION DES DÉPENS ET FRAIS

543. La liquidation des dépens et frais sera faite, en matière sommaire, par le jugement qui les adjugera (1). — **Pr.** 130 et s., 404 et s., 766.

544. La manière de procéder à la liquidation des dépens et frais dans les autres matières, sera déterminée par un ou plusieurs règlements d'administration publique, qui seront exécutoires le même jour que le présent Code, et qui, après trois ans au plus tard, seront présentés en forme de loi au Corps législatif, avec les changements dont ils auront paru susceptibles (2).

(1) Les deux décrets du 16 février 1807, le premier contenant le tarif des frais et dépens en matière civile pour le ressort de la cour de Paris, le second relatif à la liquidation des dépens en matière sommaire, ont été rendus applicables à la Martinique, sous certaines modifications, par le décret colonial du 13 août 1835.

Le même décret a appliqué à la colonie les lois des 21 ventôse, 22 prairial an VII (11 *mars* 9 *juin* 1799) et le décret du 12 juillet 1808 sur les droits de greffe. (B. O. M. 1835, p. 238 s.)

Un arrêté pris en conseil privé avait déjà rendu applicables à la Guadeloupe, sous certaines modifications, le tarif des frais en matière civile et le décret du 18 juin 1811, observé et suivi à Paris, mais avec augmentation seulement d'un tiers. Cet arrêté en date du 14 février 1829 (B. O. G. 1829. p. 345), a été modifié par celui du 5 juillet 1838, portant augmentation de moitié sur toutes les sommes indiquées aux tarifs civils et criminels (B. O. G. p. 563).

L'ordonnance royale du 10 octobre 1841, contenant le tarif des frais et dépens relatifs aux ventes judiciaires de biens immeubles, a été rendue exécutoire à la Martinique et à la Guadeloupe, par le décret du 27 avril 1848 (art. 13), dont les dispositions sont ainsi conçues :

« Dans les mêmes colonies (Martinique, Guadeloupe « et dépendances, et la Réunion) l'ordonnance du « 10 octobre 1841 réglera les frais et dépens relatifs « aux actes ou aux ventes résultant de l'exécution du « présent décret. Le tarif à suivre, en ce qui concerne « les huissiers, les avoués et les experts, sera celui « qui est déterminé par le titre II de cette ordon-« nance, sous réduction d'un dixième. » (B. O. 1848 : M. p. 416, s., 468, s. ; G. p. 386, 414-428.)

Ladite ordonnance a été, de nouveau, publiée au bulletin officiel de la colonie Martinique, année 1852, p. 202, s.

(2) V. la note sous l'article 543.

TITRE SIXIÈME

RÈGLES GÉNÉRALES SUR L'EXÉCUTION FORCÉE DES JUGEMENTS ET ACTES

545. Nul jugement ni acte ne pourront être mis à exécution, s'ils ne portent le même intitulé que les lois et ne sont terminés par un mandement aux officiers de justice, ainsi qu'il est dit article 146 (1). — **Pr.** 433, 1020, 1021 ; **C.** 1317 et **s.**, 2213.

546. Les jugements rendus par les tribunaux étrangers, et les actes reçus par les officiers étrangers, ne seront susceptibles d'exécution en France que de la manière et dans les cas prévus par les articles 2123 et 2128 du Code civil. — **C.** 1128, 2123.

547. Les jugements rendus et les actes passés en France seront exécutoires dans tout le Royaume sans *visa* ni *pareatis*, encore que l'exécution ait lieu hors du ressort du tribunal par lequel les jugements ont été rendus ou dans le territoire duquel les actes ont été passés (2). — **Pr.** 443.

548. Les jugements qui prononceront une mainlevée, une radiation d'inscription hypothécaire, un paiement, ou quelque autre chose à faire par un tiers ou à sa charge, ne seront exécutoires par les tiers ou contre eux, même après les délais de l'opposition ou de l'appel, que sur le certificat de l'avoué de la partie poursuivante, contenant la date de la signification du jugement faite au domicile de la partie condamnée, et sur l'attestation du greffier constatant qu'il n'existe contre le jugement ni opposition ni appel. — **Pr.** 147, 156, 157, 163, 164, 769, 770 ; **C.** 2157 ; **T.** 90.

549. A cet effet, l'avoué de l'appelant fera mention de l'appel, dans la forme et sur le registre prescrits par l'article 163. — **T.** 90.

550. Sur le certificat qu'il n'existe aucune opposition ni appel sur ce registre, les

---

(1) V. sous l'article 146 le décret du 2 septembre 1871, sur la formule exécutoire des arrêts et jugements, etc.

(2) *Décret* portant organisation du notariat à la Martinique et à la Guadeloupe.

(*Du 14 juin 1864.*)

Art. 19. Tous actes notariés font pleine foi en justice de la convention qu'ils renferment entre les parties contractantes et leurs héritiers ou ayant cause.

Ils sont exécutoires dans l'étendue de l'Empire et dans toutes les possessions françaises.

Néanmoins, en cas de plainte en faux principal, l'exécution de l'acte argué de faux est suspendue par la mise en accusation ; en cas d'inscription de faux faite incidemment, les tribunaux peuvent, suivant la gravité des circonstances, suspendre provisoirement l'exécution de l'acte.

Art. 28. Lorsque les actes sont produits hors de la colonie, les signatures des notaires qui les ont reçus, ou des dépositaires qui en délivrent copie sont légalisées par le président du tribunal de première instance de la résidence des notaires ou des dépositaires, ou concurremment par le juge de paix du canton, si ce dernier ne siège pas au chef-lieu du ressort du tribunal. Elles sont aussi légalisées par le gouverneur.

La légalisation est faite, en outre, par notre ministre de la marine et des colonies, lorsque les actes sont produits en France ou dans les colonies orientales. (B. O. 1864 : M. p. 401 ; G. p. 289, s.)

V. la loi du 4 mai 1861, sur la légalisation par les juges de paix, rendue applicable aux colonies par décret du 7 mars 1863. (B. O. 1863 : M. p. 175 s. ; G. p. 113 s. ; 131 s.)

séquestres conservateurs, et tous autres seront tenus de satisfaire au jugement. — **C.** 1956 et **s.**, 2157.

551. Il ne sera procédé à aucune saisie mobilière ou immobilière qu'en vertu d'un titre exécutoire, et pour choses liquides et certaines : si la dette exigible n'est pas d'une somme en argent, il sera sursis, après la saisie, à toutes poursuites ultérieures, jusqu'à ce que l'appréciation en ait été faite. — **Pr.** 523, 526, 527 et **s.**, 543 et **s.**, 559, 583 et **s.**, 626, 673 et **s.**, **C.** 1317, 2213.

552. La contrainte par corps, pour objet susceptible de liquidation, ne pourra être exécutée qu'après que la liquidation aura été faite en argent (1). — **Pr.** 126, 780 et **s.**

553. Les contestations élevées sur l'exécution des jugements des tribunaux de commerce seront portées au tribunal de première instance du lieu où l'exécution se poursuivra. — **Pr.** 442, 472, 803.

554. Si les difficultés élevées sur l'exécution des jugements ou actes requièrent célérité, le tribunal du lieu y statuera provisoirement, et renverra la connaissance du fond au tribunal d'exécution. — **P.** 49-2°, 72, 404, 417, 442, 472, 774, 805.

555. L'officier insulté dans l'exercice de ses fonctions dressera procès-verbal de rébellion ; et il sera procédé suivant les règles établies par le Code d'instruction criminelle. — **Pr.** 785 ; I. **Cr.** 22, 59 ; **P.** 209 et **s.**

556. La remise de l'acte ou du jugement à l'huissier vaudra pouvoir pour toutes exécutions autres que la saisie immobilière et l'emprisonnement, pour lesquels il sera besoin d'un pouvoir spécial. — **Pr.** 552 et **s.**, 562, 673 et **s.**, 780 et **s.**, 1030.

TITRE SEPTIÈME

DES SAISIES-ARRÊTS OU OPPOSITIONS

557. Tout créancier peut, en vertu de titres authentiques ou privés, saisir-arrêter entre les mains d'un tiers les sommes et effets appartenant à son débiteur, ou s'opposer à leur remise (2). — **Pr.** 49-7°, 417, 558, 559, 817 ; **C.** 803, 808, 1166, 1242, 1298, 1317, 1322, 1382, 1690 ; **Co.** 149, 197, et **s.** — **T.** 29.

---

(1) V. sous l'article 17 le décret du 6 décembre 1869, relatif à la contrainte par corps.

(2) Loi du 12 novembre 1808, art. 2, relative au privilège du trésor public pour le recouvrement des contributions directes.

— Tous fermiers, locataires, receveurs, économes, notaires, commissaires-priseurs et autres dépositaires et débiteurs de deniers provenant du chef des redevables, et affectés au privilège du trésor public, seront tenus, sur la demande qui leur en sera faite, de payer en l'acquit des redevables, et sur le montant des fonds qu'ils doivent, ou qui sont en leurs mains,

jusqu'à concurrence de tout ou partie des contributions dues par ces derniers. Les quittances des percepteurs pour les sommes légitimement dues, leur seront allouées en compte.

Ladite loi rendue exécutoire aux colonies par décret du 22 janvier 1852, promulguée à la Martinique le 1er mars suivant (B. O. M. 1852, p. 163, 172) ; et à la Guadeloupe le 2 du même mois (B. O. G. p. 168, 170, 208).

V. dépêche ministérielle du 18 novembre 1848, portant :

« Aux termes de l'art. 125 de l'ordonnance du

558. S'il n'y a pas de titre, le juge du domicile du débiteur, et même celui du domicile du tiers saisi, pourront, sur requête, permettre la saisie-arrêt ou opposition. — **Pr.** 1040; **T.** 29, 77.

559. Tout exploit de saisie-arrêt ou opposition, fait en vertu d'un titre, contiendra l'énonciation du titre et de la somme pour laquelle elle est faite : si l'exploit est fait en vertu de la permission du juge, l'ordonnance énoncera la somme pour laquelle la saisie-arrêt ou opposition est faite, et il sera donné copie de l'ordonnance en tête de l'exploit.

Si la créance pour laquelle on demande la permission de saisir-arrêter n'est pas liquide, l'évaluation provisoire en sera faite par le juge.

L'exploit contiendra aussi élection de domicile dans le lieu où demeure le tiers saisi, si le saisissant n'y demeure pas : le tout à peine de nullité. — **Pr.** 61, 68 et s., 584, 1029 ; **C.** 102, 111 ; **T.** 29.

560. La saisie-arrêt ou opposition entre les mains de personnes non demeurant en France sur le continent, ne pourra point être faite au domicile des procureurs du Roi ; elle devra être signifiée à personne ou à domicile. — **Pr.** 69-9°, 73, 639.

561. La saisie-arrêt ou opposition formée entre les mains des receveurs, dépositaires ou administrateurs de caisses ou deniers publics, en cette qualité, ne sera point valable, si l'exploit n'est fait à la personne préposée pour le recevoir, et s'il n'est visé par elle sur l'original, ou, en cas de refus, par le procureur du Roi (1). — **Pr.** 69, 1039.

562. L'huissier qui aura signé la saisie-arrêt ou opposition sera tenu, s'il en est requis, de justifier de l'existence du saisissant à l'époque où le pouvoir de saisir a été donné, à peine d'interdiction, et des dommages et intérêts des parties. — **Pr.** 1029, 1031.

563. Dans la huitaine de la saisie-arrêt ou opposition, outre un jour pour trois myria-

---

31 mai 1868, toutes saisies-arrêts concernant des sommes dues par l'État doivent être faites entre les mains des payeurs, agents ou préposés sur la caisse desquels les ordonnances ou mandats sont délivrés.

« Il y a donc dans l'espèce deux cas à distinguer :

« En matière de solde des officiers, les oppositions ne peuvent être reçues que par les agents du Trésor ; mais quand il s'agit de créances acquittables sur les fonds intérieurs d'un corps de troupes, l'officier-payeur ne saurait se refuser à recevoir celles qui lui seraient signifiées régulièrement par les créanciers des fournisseurs usant du droit que leur ouvre l'article 557 du Code de procédure civile. »...... (B. O. G. 1849, p. 33.)

_ (1) V. pour les saisies-arrêts et oppositions sur les sommes dues par l'État, les dispositions des lois et autres actes sur la matière, savoir :

1° L. du 28 nivôse an XIII (18 janvier 1805);

2° Décr. du 18 août 1807;

3° Ord. du 3 juillet 1816;

4° L. du 9 juillet 1836 (articles 13, 14, 15);

5° L. du 8 juillet 1837 (article 11).

Tous ces textes déclarés applicables dans les colonies par décret du 6 août 1863, promulgué en 1865. (B. O. 1865 : M. p. 27, 29, s.; G. p. 49 s.)

Un arrêté du Gouverneur de la Martinique, en date du 2 février 1845 (B. O. M. 1845, p. 60), avait déjà promulgué dans la colonie :

Le décret du 18 août 1807;

La loi du 9 juillet 1836 (art. 13, 14, 15) ;

La loi du 8 juillet 1837 (art. 10 et 11) ;

Et en outre :

Le décret des 14-19 février 1792 ;

Le décret des 30 mai, 8 juin 1793 ;

L'arrêté du 1er pluviôse an XI ;

L'ordonnance du 16 septembre 1837 ;

· L'arrêté du Ministre des finances du 24 octobre 1837.

mètres de distance entre le domicile du tiers saisi et celui du saisissant, et un jour pour trois myriamètres de distance entre le domicile de ce dernier et celui du débiteur saisi, le saisissant sera tenu de dénoncer la saisie-arrêt ou opposition au débiteur saisi, et de l'assigner de validité. — **Pr.** 59, 61, 559, 563, 641, 831, 1033 ; **T.** 29.

564. Dans un pareil délai, outre celui en raison des distances, à compter du jour de la demande en validité, cette demande sera dénoncée, à la requête du saisissant, au tiers saisi, qui ne sera tenu de faire aucune déclaration avant que cette dénonciation lui ait été faite. — **Pr.** 1033 ; **T.** 29.

565. Faute de demande en validité, la saisie ou opposition sera nulle : faute de dénonciation de cette demande au tiers saisi, les paiements par lui faits jusqu'à la dénonciation seront valables. — **C.** 1242, 1690 et **s.**

566. En aucun cas il ne sera nécessaire de faire précéder la demande en validité par une citation en conciliation. — **Pr.** 49-5° et 7°.

567. La demande en validité, et la demande en mainlevée formée par la partie saisie, seront portées devant le tribunal du domicile de la partie saisie. — **Pr.** 59, 570.

568. Le tiers saisi ne pourra être assigné en déclaration, s'il n'y a titre authentique ou jugement qui ait déclaré la saisie-arrêt ou l'opposition valable. — **Pr.** 565 ; **C.** 1317.

569. Les fonctionnaires publics dont il est parlé article 561 ne seront point assignés en déclaration ; mais ils délivreront un certificat constatant s'il est dû à la partie saisie, et énonçant la somme, si elle est liquide (1). — **T.** 91.

570. Le tiers saisi sera assigné sans citation préalable, en conciliation, devant le tribunal qui doit connaître de la saisie ; sauf à lui, si la déclaration est contestée, à demander son renvoi devant son juge. — **Pr.** 49-7°, 59, 108, 638 ; **T.** 29, 75.

571. Le tiers saisi assigné fera sa déclaration, et l'affirmera au greffe, s'il est sur les lieux ; sinon, devant le juge de paix de son domicile, sans qu'il soit besoin, dans ce cas, de réitérer l'affirmation au greffe. — **Pr.** 534, 638.

572. La déclaration et l'affirmation pourront être faites par procuration spéciale. — **Pr.** 534, 638 ; **C.** 1987.

573. La déclaration énoncera les causes et le montant de la dette ; les paiements à compte, si aucuns ont été faits ; l'acte ou les causes de libération, si le tiers saisi n'est

---

(1) *Décret du 18 août 1807.*

Art. 6. Les receveurs, dépositaires ou administrateurs seront tenus de délivrer, sur la demande du saisissant, un certificat qui tiendra lieu, en ce qui les concerne, de tous autres actes et formalités prescrits à l'égard des tiers saisis, par le titre XX du livre III du Code de procédure civile.

S'il n'est rien dû au saisi, le certificat l'énoncera ;

Si la somme due est liquide, le certificat en déclarera le montant ;

Si elle n'est pas liquide, le certificat l'exprimera.

Art. 7. Dans le cas où il serait survenu des saisies-arrêts ou oppositions sur la même partie et pour le même objet, les receveurs, dépositaires ou administrateurs seront tenus, dans les certificats qui leur seront demandés, de faire mention desdites saisies-arrêts ou oppositions et de désigner les noms et élection de domicile des saisissants, et les causes desdites saisies-arrêts ou oppositions.

V. la note sous l'article 561.

plus débiteur ; et, dans tous les cas, les saisies-arrêts ou oppositions formées entre ses mains. — **Pr.** 638 ; **T.** 92.

574. Les pièces justificatives de la déclaration seront annexées à cette déclaration ; le tout sera déposé au greffe, et l'acte de dépôt sera signifié par un seul acte contenant constitution d'avoué. — **Pr.** 638 ; **T.** 70, 92.

575. S'il survient de nouvelles saisies-arrêts ou oppositions, le tiers saisi les dénoncera à l'avoué du premier saisissant, par extrait contenant les nom et élection de domicile des saisissants et les causes des saisies-arrêts ou oppositions (1). — **Pr.** 638 ; **T.** 70.

576. Si la déclaration n'est pas contestée, il ne sera fait aucune autre procédure, ni de la part du tiers saisi, ni contre lui. — **Pr.** 638, 1031.

577. Le tiers saisi qui ne fera pas sa déclaration ou qui ne fera pas les justifications ordonnées par les articles ci-dessus sera déclaré débiteur pur et simple des causes de la saisie. — **Pr.** 564, 565 ; **C.** 1149.

578. Si la saisie-arrêt ou opposition est formée sur effets mobiliers, le tiers saisi sera tenu de joindre à sa déclaration un état détaillé desdits effets. — **Pr.** 588 ; **T.** 70.

579. Si la saisie-arrêt ou opposition est déclarée valable, il sera procédé à la vente et distribution du prix, ainsi qu'il sera dit au titre *de la Distribution par contribution*. **Pr.** 575, 656 et s. ; **C.** 1690, 1692, 2093.

580. Les traitements et pensions dus par l'État ne pourront être saisis que pour la portion déterminée par les lois ou par ordonnances royales (2).

581. Seront insaisissables : 1° les choses déclarées insaisissables par la loi ; 2° les provisions alimentaires adjugées par justice ; 3° les sommes et objets disponibles déclarés insaisissables par le testateur ou donateur ; 4° les sommes ou pensions pour aliments, encore que le testament ou l'acte de donation ne les déclare pas insaisissables (3). — **Pr.** 592 et s., 1004 ; **C.** 6, 205 et s., 259, 268, 301, 526, 528, 893 et s., 1981.

(1) *Décret du 18 août 1807.*

Art. 8. S'il survient de nouvelles saisies-arrêts ou oppositions depuis la délivrance d'un certificat, les receveurs, dépositaires ou administrateurs seront tenus, sur la demande qui leur en sera faite, d'en fournir un extrait contenant pareillement les noms et élection de domicile des saisissants, et les causes desdites saisies-arrêts ou oppositions.

V. la note sous l'article 564.

(2) V. au complément des Codes (Tripier, Rivière), les lois et autres actes sur les traitements et pensions.

(3) *Ordonnance royale du 13 mai 1829.*

Art. 1ᵉ. Les créanciers particuliers des entrepreneurs et adjudicataires de travaux publics dans nos colonies ne peuvent faire aucune saisie-arrêt ou opposition, entre les mains des trésoriers, sur les fonds destinés à solder lesdits travaux.

Art 2. Ne sont comprises dans les dispositions de l'article précédent, ni les créances provenant du salaire des ouvriers employés par lesdits entrepreneurs ou adjudicataires, ni les sommes dues pour fournitures de matériaux et autres objets servant à la construction des ouvrages.

Art. 3 Après la réception des ouvrages et après l'acquittement des sommes mentionnées dans l'article précédent, les créanciers particuliers pourront faire valoir leurs droits sur les fonds qui resteraient dus aux entrepreneurs. (B. O. 1829, M. p. 739. G. p. 445 s.)

Loi du 24 juin 1874 organique des Banques coloniales.

Art. 5. Aucune opposition n'est admise sur les fonds déposés en compte courant aux Banques coloniales

582. Les provisions alimentaires ne pourront être saisies que pour cause d'aliments; les objets mentionnés aux nᵒˢ 3 et 4 du précédent article pourront être saisis par des créanciers postérieurs à l'acte de donation ou à l'ouverture du legs; et ce, en vertu de la permission du juge, et pour la portion qu'il déterminera. — **Pr.** 592, 593; **C.** 2092, 2093; **T.** 77.

TITRE HUITIÈME

DES SAISIES-EXÉCUTIONS

583. Toute saisie-exécution sera précédée d'un commandement à la personne ou au domicile du débiteur, fait au moins un jour avant la saisie, et contenant notification du titre, s'il n'a déjà été notifié. — **Pr.** 545, 551, 634, 673, 819 et s., **C.** 2217, 2244; **Co.** 198; **T.** 29.

584. Il contiendra élection de domicile jusqu'à la fin de la poursuite, dans la commune où doit se faire l'exécution, si le créancier n'y demeure; et le débiteur pourra faire à ce domicile élu toutes significations, même d'offres réelles et d'appel. — **Pr.** 59, 456, 812 et s., **C.** 111, 1258-6°; **T.** 29.

585. L'huissier sera assisté de deux témoins, Français, majeurs, non parents ni alliés des parties ou de l'huissier, jusqu'au degré de cousin issu de germain inclusivement, ni leurs domestiques; il énoncera sur le procès-verbal leurs noms, professions et demeures; les témoins signeront l'original et les copies. La partie poursuivante ne pourra être présente à la saisie. — **Pr.** 580; **C.** 37, 980; **T.** 34.

586. Les formalités des exploits seront observées dans les procès-verbaux de saisie-exécution; ils contiendront itératif commandement, si la saisie est faite en la demeure du saisi. — **Pr.** 61; **C.** 1317; **T.** 34.

587. Si les portes sont fermées, ou si l'ouverture en est refusée, l'huissier pourra établir gardien aux portes pour empêcher le divertissement : il se retirera sur-le-champ, sans assignation, devant le juge de paix, ou, à son défaut, devant le commissaire de police, et dans les communes où il n'y en a pas, devant le maire, et à son défaut, devant l'adjoint en présence desquels l'ouverture des portes, même celle des meubles fermants, sera faite, au fur et à mesure de la saisie. L'officier qui se transportera ne

ou sur les crédits ouverts par la Banque et résultant d'une opération sur cession de récolte faite dans les conditions ci-après déterminées. (B. O. 1874 : M. p. 346, s.; G. p. 289 s.)

Décret du 28 février 1852 sur les sociétés de crédit foncier.

Art. 18. Il n'est admis aucune opposition au paie-

ment du capital et des intérêts, si ce n'est en cas de perte de la lettre de gage.

Art. 27. Ce payement ne peut être arrêté par aucune opposition.

Ledit décret déclaré applicable aux Colonies par celui du 31 août 1863, promulgué à la Martinique et à la Guadeloupe (B. O. 1863 : M. p. 424, s.; G. p. 364, s., 397, s.).

dressera point de procès-verbal ; mais il signera celui de l'huissier, lequel ne pourra dresser du tout qu'un seul et même procès-verbal.

(*Ordonnance du 19 octobre* 1828, *art.* 28.) — L'article 587 est modifié ainsi qu'il suit : Si les portes sont fermées ou si l'ouverture en est refusée, l'huissier pourra établir un gardien aux portes pour empêcher le divertissement. Il se retirera sur-le-champ, sans assignation, devant le juge de paix, ou à son défaut, devant le commissaire de police, et, dans les communes où il n'y en a pas, devant le commissaire commandant de la commune ou son lieutenant, en présence desquels l'ouverture des portes, même celle des meubles fermants, sera faite au fur et à mesure de la saisie ; l'officier qui se transportera ne dressera point de procès-verbal, mais il signera celui de l'huissier, lequel ne pourra dresser du tout qu'un seul et même procès-verbal.

A défaut des officiers publics mentionnés ci-dessus, et dont l'absence ou le refus seront demeurés constatés par procès-verbal de l'huissier, celui-ci requerra l'officier de l'état civil du domicile du saisi de se transporter audit domicile pour y procéder, conformément au premier paragraphe du présent article.

L'officier de l'état civil sera tenu d'obtempérer à la réquisition, sous peine de tous dommages-intérêts envers les parties (1). — **Pr.** 829, 921 ; **T.** 31, 32.

588. Le procès-verbal contiendra la désignation détaillée des objets saisis : s'il y a des marchandises, elles seront pesées, mesurées ou jaugées, suivant leur nature. — **Pr.** 578, 627, 675 ; **T.** 31.

589. L'argenterie sera spécifiée par pièces et poinçons, et elle sera pesée. — **Pr.** 621 ; **T.** 31.

590. S'il y a des deniers comptants, il sera fait mention du nombre et de la qualité des espèces : l'huissier les déposera au lieu établi pour les consignations ; à moins que le saisissant et la partie saisie, ensemble les opposants, s'il y en a, ne conviennent d'un autre dépositaire. — **T.** 31, 33.

591. Si le saisi est absent et qu'il y ait refus d'ouvrir aucune pièce ou meuble, l'huissier en requerra l'ouverture ; et s'il se trouve des papiers, il requerra l'apposition des scellés par l'officier appelé pour l'ouverture. — **Pr.** 907 et **s.**

592. Ne pourront être saisis :

1° Les objets que la loi déclare immeubles par destination ;

2° Le coucher nécessaire des saisis, ceux de leurs enfants vivant avec eux ; les habits dont les saisis sont vêtus et couverts ;

3° Les livres relatifs à la profession du saisi, jusqu'à la somme de trois cents francs, à son choix ;

4° Les machines et instruments servant à l'enseignement, pratique ou exercice des sciences et arts, jusqu'à concurrence de la même somme, et au choix du saisi ;

_____

(1) V. sous l'art. 69 le décret colonial du 12 juin 1837, sur les municipalités à la Martinique.

5° Les équipements des militaires, suivant l'ordonnance et le grade ;

6° Les outils des artisans, nécessaires à leurs occupations personnelles ;

7° Les farines et menues denrées nécessaires à la consommation du saisi et de sa famille pendant un mois ;

8° Enfin une vache, ou trois brebis, ou deux chèvres au choix du saisi, avec les pailles, fourrages et grains nécessaires pour la litière et la nourriture desdits animaux pendant un mois (1). — **Pr.** 381, 594, 673 et **s.**; **C.** 523 et **s.**

593. Les dits objets ne pourront être saisis pour aucune créance, même celle de l'État, si ce n'est pour aliments fournis à la partie saisie, ou sommes dues aux fabricants ou vendeurs desdits objets, ou à celui qui aura prêté pour les acheter, fabriquer ou réparer ; pour fermages et moissons des terres à la culture desquelles ils sont employés, loyers des manufactures, moulins, pressoirs, usines dont ils dépendent, et loyers des lieux servant à l'habitation personnelle du débiteur.

Les objets spécifiés sous le n° 2 du précédent article ne pourront être saisis pour aucune créance. — **C.** 2102.

594. En cas de saisie d'animaux et ustensiles servant à l'exploitation des terres, le juge de paix pourra, sur la demande du saisissant, le propriétaire et le saisi entendus ou appelés, établir un gérant à l'exploitation. — **C.** 1961.

595. Le procès-verbal contiendra indication du jour de la vente. — **Pr.** 601 et **s.**, 613 et **s.**, 1034.

596. Si la partie saisie offre un gardien solvable, et qui se charge volontairement et sur-le-champ, il sera établi par l'huissier. — **Pr.** 603 et **s.**, 628, 821 ; **T.** 34.

597. Si le saisi ne présente gardien solvable et de la qualité requise, il en sera établi un par l'huissier (2). — **Pr.** 596, 603 et **s.**; **C.** 1384, 1992.

598. Ne pourront être établis gardiens, le saisissant, son conjoint, ses parents et alliés jusqu'au degré de cousin issu de germain inclusivement, et ses domestiques ; mais le saisi, son conjoint, ses parents, alliés et domestiques pourront être établis gardiens, de leur consentement et de celui du saisissant. — **Pr.** 628, 821, 823, 830.

(*Ordonnance du* 19 *octobre* 1828, *art.* 30.) — Les dispositions des articles 596, 597 et 598 du Code de procédure ne sont point applicables au cas où la saisie-exécution aura été faite sur une propriété rurale.

Dans ce cas, le propriétaire de l'habitation sera de droit gardien des effets saisis.

S'il ne réside pas sur l'habitation, ou si c'est une personne non contraignable par corps, le gérant, ou, à son défaut, le principal économe, sera également de plein droit

---

(1) L'article 29 de l'ordonnance du 19 octobre 1828, qui avait ajouté aux objets déclarés insaisissables par l'article 592 du code, un esclave domestique attaché au service personnel de la partie saisie, sans préjudice de l'exception portée en l'article 593, se trouve abrogé par le décret du 27 avril 1848 qui a aboli l'esclavage.

(2) V. *infrà* (art. 598) l'art. 30 de l'ordonnance du 19 octobre 1828.

gardien desdits effets; ce dont il sera fait mention au procès-verbal de saisie.

Tout gardien est tenu de représenter les effets saisis et de les transporter à l'embarcadère ou au marché le plus voisin pour y être vendus, conformément aux dispositions de la présente ordonnance, au lieu et dans le délai qui lui seront indiqués pour la vente par le procès-verbal de saisie, sans préjudice au droit de la partie saisie de recourir, à l'autorité du juge, par voie de référé, dans le cas où elle aurait à réclamer contre l'indication du jour de la vente.

Si le gardien n'effectue pas ce transport au lieu et dans le délai indiqués, il y sera contraint par corps, en vertu d'une simple ordonnance rendue par le juge royal sur la demande du saisissant. En cas de détournement des objets saisis, le gardien sera puni conformément aux dispositions de l'article 401 du Code pénal (1).

599. Le procès-verbal sera fait sans déplacer ; il sera signé par le gardien en l'original et la copie ; s'il ne sait signer, il en sera fait mention ; et il lui sera laissé copie du procès-verbal. — **P.** 601 et s., 611, 623.

600. Ceux qui, par voie de fait, empêcheraient l'établissement du gardien, ou qui enlèveraient et détourneraient des effets saisis, seront poursuivis conformément au Code d'instruction criminelle. — **Pr.** 535; **P.** 209 et s., 379, 400.

601. Si la saisie est faite au domicile de la partie, copie lui sera laissée, sur-le-champ, du procès-verbal, signée des personnes qui auront signé l'original ; si la partie est absente, copie sera remise au maire ou adjoint, ou au magistrat qui, en cas de refus de portes, aura fait faire ouverture, et qui visera l'original. — **Pr.** 1039; **T.** 31.

602. Si la saisie est faite hors du domicile et en l'absence du saisi, copie lui sera notifiée dans le jour, outre un jour pour trois myriamètres ; sinon les frais de garde et le délai pour la vente ne courront que du jour de la notification. **Pr.** 1033; **T.** 29.

603. Le gardien ne peut se servir des choses saisies, les louer ou prêter, à peine de privation des frais de garde, et de dommages-intérêts, au paiement desquels il sera contraignable par corps (2). — **Pr.** 126; **C.** 1961 et s.

604. Si les objets saisis ont produit quelques profits ou revenus, il est tenu d'en compter, même par corps (2). — **C.** 1936, 1962.

605. Il peut demander sa décharge, si la vente n'a pas été faite au jour indiqué par le procès-verbal, sans qu'elle ait été empêchée par quelque obstacle ; et, en cas d'empêchement, la décharge peut être demandée deux mois après la saisie, sauf au saisissant à faire nommer un autre gardien.

606. La décharge sera demandée contre le saisissant et le saisi, par une assignation en référé devant le juge du lieu de la saisie : si elle est accordée, il sera préalablement procédé au récolement des effets saisis, parties appelées. — **Pr.** 806 et s.; **T.** 29, 35.

---

(1) V. sous l'article 17 le décret du 6 décembre 1869, sur la contrainte par corps ; V. aussi l'article 400 du Code pénal, qui édicte des dispositions nouvelles contre le détournement d'objets saisis.

(2) V. Sous l'article 17 le décret du 6 décembre 1869 sur la contrainte par corps.

607. Il sera passé outre, nonobstant toutes réclamations de la part de la partie saisie, sur lesquelles il sera statué en référé. — **Pr.** 806 et s.

608. Celui qui se prétendra propriétaire des objets saisis, ou de partie d'iceux, pourra s'opposer à la vente par exploit signifié au gardien, et dénoncé au saisissant et au saisi, contenant assignation libellée et l'énonciation des preuves de propriété, à peine de nullité : il y sera statué par le tribunal du lieu de la saisie, comme en matière sommaire.

Le réclamant qui succombera sera condamné, s'il y échet, aux dommages et intérêts du saisissant. — **Pr.** 404 et s., 826, 1029; **C.** 549 et s., 2102-4°; **T.** 29.

609. Les créanciers du saisi, pour quelque cause que ce soit, même pour loyers, ne pourront former opposition que sur le prix de la vente : leurs oppositions en contiendront les causes; elles seront signifiées au saisissant et à l'huissier ou autre officier chargé de la vente, avec élection de domicile dans le lieu où la saisie est faite, si l'opposant n'y est pas domicilié : le tout à peine de nullité des oppositions et des dommages-intérêts contre l'huissier, s'il y a lieu. — **Pr.** 71, 1029, 1031; **C.** 102, 111, 2102. 1°; **T.** 29.

610. Le créancier opposant ne pourra faire aucune poursuite, si ce n'est contre la partie saisie, et pour obtenir condamnation : il n'en sera fait aucune contre lui, sauf à discuter les causes de son opposition lors de la distribution des deniers. — **Pr.** 357, 656, 1031.

611. L'huissier qui, se présentant pour saisir, trouverait une saisie déjà faite et un gardien établi, ne pourra pas saisir de nouveau; mais il pourra procéder au récolement des meubles et effets sur le procès-verbal, que le gardien sera tenu de lui représenter; il saisira les effets omis, et fera sommation au premier saisissant de vendre le tout dans la huitaine ; le procès-verbal de récolement vaudra opposition sur les deniers de la vente. — **Pr.** 653, 679, 680, 819, 821 ; **T** 36.

612. Faute par le saisissant de faire vendre dans le délai ci-après fixé, tout opposant ayant titre exécutoire pourra, sommation préalablement faite au saisissant, et sans former aucune demande en subrogation, faire procéder au récolement des effets saisis, sur la copie du procès-verbal de saisie, que le gardien sera tenu de représenter, et de suite à la vente. — **Pr.** 721 et s.; **C.** 1317 et s.; **T.** 20.

613. Il y aura au moins huit jours entre la signification de la saisie au débiteur et la vente. — **Pr.** 595, 602, 614, 617, 1033.

614. Si la vente se fait à un jour autre que celui indiqué par la signification, la partie saisie sera appelée, avec un jour d'intervalle, outre un jour pour trois myriamètres en raison de la distance du domicile du saisi et du lieu où les effets seront vendus. — **Pr.** 595, 605, 613, 1033 ; **T.** 29.

615. Les opposants ne seront point appelés.

616. Le procès-verbal de récolement qui précédera la vente ne contiendra aucune énonciation des effets saisis, mais seulement de ceux en déficit, s'il y en a. — **Pr.** 606, 612; **T.** 37.

617. (*Ordonnance du 19 octobre* 1828, *art.* 31.) — L'article 617 est remplacé par les dispositions suivantes :

La vente des objets saisis sera faite au marché le plus voisin, un jour de dimanche, à l'issue de la messe paroissiale ; pourra néanmoins le juge royal permettre de vendre les effets en un autre lieu plus avantageux et à un autre jour.

Dans tous les cas, la vente sera annoncée trois jours auparavant, par trois placards affichés, savoir :

1° Au lieu où sont les effets, ou à la porte du saisi ;

2° Au lieu où la vente doit s'effectuer ;

3° Au lieu où s'apposent les actes de l'autorité publique dans le chef-lieu de canton.

La vente sera en outre annoncée par la voie des journaux de la colonie. — **Pr.** 629, 632, et s., 943, 946 et s.; **T.** 38, 76.

618. Les placards indiqueront les lieu, jour et heure de la vente, et la nature des objets sans détail particulier. — **Pr.** 619, 630.

619. L'apposition sera constatée par exploit, auquel sera annexé un exemplaire du placard. — **Pr.** 631 ; **T.** 39.

620. S'il s'agit de barques, chaloupes et autres bâtiments de mer du port de dix tonneaux et au-dessous, bacs, galiotes, bateaux et autres bâtiments de rivières, moulins et autres édifices mobiles, assis sur bateaux ou autrement, il sera procédé à leur adjudication sur les ports, gares ou quais où ils se trouvent : il sera affiché quatre placards au moins, conformément à l'article précédent ; et il sera fait, à trois divers jours consécutifs, trois publications au lieu où sont lesdits objets : la première publication ne sera faite que huit jours au moins après la signification de la saisie. Dans les villes où il s'imprime des journaux, il sera suppléé à ces trois publications par l'insertion qui sera faite au journal, de l'annonce de ladite vente, laquelle annonce sera répétée trois fois dans le cours du mois précédant la vente. — **Pr.** 1033; **C.** 531 ; **Co.** 202 et s.; **T.** 41.

621. La vaisselle d'argent, les bagues et joyaux de la valeur de trois cents francs au moins, ne pourront être vendus qu'après placards apposés en la forme ci-dessus, et trois expositions, soit au marché, soit dans l'endroit où sont lesdits effets ; sans que néanmoins, dans aucun cas, lesdits objets puissent être vendus au-dessous de leur valeur réelle, s'il s'agit de vaisselle d'argent, ni au-dessous de l'estimation qui en aura été faite par les gens de l'art, s'il s'agit de bagues et joyaux.

Dans les villes où il s'imprime des journaux, les trois publications seront suppléées, comme il est dit en l'article précédent.

(*Ordonnance du* 19 *octobre* 1828, *art.* 32.) — Il n'y aura lieu à l'accomplissement des formalités prescrites par l'article 621, pour la vente des objets y mentionnés, qu'autant que la valeur de ces objets s'élèvera à six cents francs au moins. — **Pr.** 589, 620; **T.** 41.

622. Lorsque la valeur des effets saisis excèdera le montant des causes de la saisie et des oppositions, il ne sera procédé qu'à la vente des objets suffisants à fournir somme nécessaire pour le paiement des créances et frais. — C. 2101-1°.

623. Le procès-verbal constatera la présence ou le défaut de comparution de la partie saisie. — **T.** 40.

624. L'adjudication sera faite au plus offrant, en payant comptant : faute de paiement, l'effet sera revendu sur-le-champ à la folle-enchère de l'adjudicataire. — **Pr.** 710, 733, 740, 1031 ; **P.** 412.

625. Les commissaires-priseurs et huissiers seront personnellement responsables du prix des adjudications, et feront mention, dans leurs procès-verbaux, des noms et domiciles des adjudicataires ; ils ne pourront recevoir d'eux aucune somme au-dessus de l'enchère, à peine de concussion.

(*Ordonnance du* 19 *octobre* 1828, *art.* 33.) — Les officiers publics qui, au cas prévu par l'article 625, procéderont à une vente judiciaire, seront responsables du prix des adjudications, et feront mention, dans leurs procès-verbaux, des noms et domiciles des adjudicataires ; ils ne pourront recevoir d'eux aucune somme au-dessus de l'enchère, à peine d'être poursuivis comme concussionnaires (1). **Pr.** 132, 657 ; **P.** 169 et **s.**

TITRE NEUVIÈME

DE LA SAISIE DES FRUITS PENDANTS PAR RACINE, OU DE LA SAISIE-BRANDON

626. La saisie-brandon ne pourra être faite que dans les six semaines qui précéderont l'époque ordinaire de la maturité des fruits ; elle sera précédée d'un commandement, avec un jour d'intervalle. — **Pr.** 551, 583, 673, 780, 819, 821 ; **C.** 520 ; **T.** 29.

627. Le procès-verbal de saisie contiendra l'indication de chaque pièce, sa contenance et sa situation, et deux au moins de ses tenants et aboutissants, et la nature des fruits. — **Pr.** 64, 588, 675 ; **P.** 43.

628. Le garde champêtre sera établi gardien, à moins qu'il ne soit compris dans l'exclusion portée par l'article 598 ; s'il n'est présent, la saisie lui sera signifiée : il sera aussi laissé copie au maire de la commune de la situation, et l'original sera visé par lui.

Si les communes sur lesquelles les biens sont situés sont contiguës ou voisines, il sera établi un gardien, autre néanmoins qu'un garde champêtre : le visa sera donné par le maire de la commune du chef-lieu de l'exploitation ; et, s'il n'y en a pas, le maire de la commune où est située la majeure partie des biens.

(*Ordonnance du* 19 *octobre* 1828, *art.* 34.) — Les dispositions du premier paragraphe

---

(1) V. décret du 16 septembre 1876 portant réorga-   Antilles. (B. O. 1876, M, p. 542 s ; G. P. 444. s.)
nisation du service des commissaires-priseurs aux

de l'article 628, relatives à l'établissement du gardien des objets saisis-brandonnés, sont remplacés par celles qui suivent :

A défaut de garde champêtre, toute personne de condition libre, majeure, domiciliée dans la colonie, et jouissant des droits de citoyen, pourra être établie gardien (1). — **Pr.** 596 et s., 1039 ; **T.** 29, 44, 45.

629. (*Ordonnance du* 19 *octobre* 1828, *art.* 35.) — Les articles 629, 632 et 633 sont remplacés par les dispositions qui suivent :

La vente des objets saisis-brandonnés se fera un jour de dimanche, s'il n'en est autrement ordonné par le juge.

Elle pourra être faite sur les lieux ou sur la place de la commune où est située la majeure partie des objets saisis.

Elle pourra également être faite sur la place principale du chef-lieu du canton, mais seulement s'il en est ainsi ordonné par le juge.

Le nombre et les lieux d'apposition des placards indicatifs de la vente seront les mêmes que ceux déterminés en l'article 31, ci-dessus.

Les placards seront affichés huitaine au moins avant la vente. — **Pr.** 617 et s., 630 et s.,

630. Les placards désigneront les jour, heure et lieu de la vente ; les noms et demeures du saisi et du saisissant, la quantité d'hectares et la nature de chaque espèce de fruits, la commune où ils sont situés, sans autre désignation. — **Pr.** 618, 627.

631. L'apposition des placards sera constatée ainsi qu'il est dit au titre *des saisies-exécutions.* — **Pr.** 616.

632. (Remplacé par l'article 35 de l'ordonnance du 19 octobre 1828 : V. l'art. 629.)

633. (Remplacé par l'article 35 de l'ordonnance du 19 octobre 1828 : V. l'art. 629.)

634. Seront, au surplus, observées les formalités prescrites au titre *des saisies-exécutions.* **Pr.** 583 et s.

635. Il sera procédé à la distribution du prix de la vente ainsi qu'il sera dit au titre *de la distribution par contribution.* — **Pr.** 656 et s. ; **C.** 2093.

TITRE DIXIÈME

DE LA SAISIE DES RENTES CONSTITUÉES SUR PARTICULIERS
(Loi du 24 mai 1842) (2).

636. La saisie d'une rente constituée en perpétuel ou en viager, moyennant un

---

(1) Le dernier paragraphe de cet article se trouve virtuellement modifié par le décret du 27 avril 1848 qui a aboli l'esclavage. (B. O. 1848. M. p. 394 ; G. P. 263.)

(2) Ce titre a été remplacé par les dispositions suivantes de la loi du 24 mai 1842, déclaré exécutoire dans les colonies par décret du 22 janvier 1852, promulgué à la Martinique et à la Guadeloupe. (B. O. 1852 :

M. p. 162 s, 212 s ; G. 170 s, 194 s.)
Ladite loi ainsi conçue :

Article unique. Le titre X du livre V de la première partie du Code de procédure civile, relatif à la saisie des rentes constituées sur particuliers, est remplacé par les dispositions suivantes :
(V. le texte nouveau.)

capital déterminé, ou pour prix de la vente d'un immeuble, ou de la cession de fonds immobiliers, ou à tout autre titre onéreux ou gratuit, ne peut avoir lieu qu'en vertu d'un titre exécutoire. Elle sera précédée d'un commandement fait à la personne ou au domicile de la partie obligée ou condamnée, au moins un jour avant la saisie, et contenant notification du titre, si elle n'a déjà été faite (1). — **Pr.** 545, 551, 583, 673, 1033; **C.** 517., 529, 530, 1910 et s., 1908 et s., 2204; **T.** 29, 128.

637. La rente sera saisie entre les mains de celui qui la doit, par exploit contenant, outre les formalités ordinaires, l'énonciation du titre constitutif de la rente, de sa quotité, de son capital, s'il y en a un, et du titre de la créance du saisissant; les noms, profession et demeure de la partie saisie; élection de domicile chez un avoué près le tribunal devant lequel la vente sera poursuivie, et assignation au tiers saisi en déclaration devant le même tribunal (1). — **Pr.** 49-7°, 61, 68, 69, 559, 655, 675; **T.** 46.

638. Les dispositions contenues aux articles 570, 571, 572, 573, 574, 575 et 576, relatives aux formalités que doit remplir le tiers saisi, seront observées par le débiteur de la rente.

Si ce débiteur ne fait pas sa déclaration, s'il la fait tardivement, ou s'il ne fait pas les justifications ordonnées, il pourra, selon les cas, être condamné à servir la rente faute d'avoir justifié de sa libération, ou à des dommages-intérêts résultant, soit de son silence, soit du retard apporté à faire sa déclaration, soit de la procédure à laquelle il aura donné lieu (1). — **Pr.** 577; **C.** 1149.

639. La saisie entre les mains de personnes non demeurant en France sur le continent sera signifiée à personne ou domicile; et seront observés, pour la citation, les délais prescrits par l'article 73 (1). — **Pr.** 68, 569, 655.

640. L'exploit de saisie vaudra toujours saisie-arrêt des arrérages échus et à échoir jusqu'à la distribution (1). — **Pr.** 557 et s.

641. Dans les trois jours de la saisie, outre un jour par cinq myriamètres de distance entre le domicile du débiteur de la rente et celui du saisissant et pareil délai en raison de la distance entre le domicile de ce dernier et celui de la partie saisie, le saisissant sera tenu de la dénoncer à la partie saisie et de lui notifier le jour de la publication du cahier des charges.

Lorsque le débiteur de la rente sera domicilié hors du continent de la France, le délai pour la dénonciation ne courra que du jour de l'échéance de la citation au tiers saisi (1). — **Pr.** 563, 1033; **T.** 29.

642. Dix jours au plus tôt, quinze jours au plus tard, après la dénonciation à la partie saisie, outre le délai des distances, tel qu'il est réglé par l'article 641, le saisissant déposera au greffe du tribunal devant lequel se poursuit la vente le cahier des charges contenant les noms, profession et demeure du saisissant, de la partie saisie

(1) V. sous l'article 1032, le décret du 22 avril 1863, art. 4.

et du débiteur de la rente, la nature de cette rente, sa quotité, celle du capital, s'il y en a un, la date et l'énonciation du titre en vertu duquel elle est constituée, l'énonciation de l'inscription, si le titre contient hypothèque et si cette hypothèque a été inscrite pour sûreté de la rente; les noms et demeure de l'avoué du poursuivant, les conditions de l'adjudication et la mise à prix, avec indication du jour de la publication du cahier des charges. — **Pr.** 635, 690, 1029.

643. Dix jours au plus tôt, vingt jours au plus tard, après le dépôt au greffe du cahier des charges, il sera fait, à l'audience et au jour indiqué, lecture et publication de ce cahier des charges; le tribunal en donnera acte au poursuivant. — **Pr.** 635, 694, 1029.

644. Le tribunal statuera immédiatement sur les dires et observations qui auront été insérés au cahier des charges, et fixera les jour et heure où il procédera à l'adjudication ; le délai entre la publication et l'adjudication sera de dix jours au moins et de vingt jours au plus. Le jugement sera porté à la suite de la mise à prix ou des dires des parties. — **Pr.** 642 et s., 635, 695, 1029.

645. Après la publication du cahier des charges et huit jours au moins avant l'adjudication, un extrait de ce cahier, contenant, outre les renseignements énoncés en l'article 642, l'indication du jour de l'adjudication, sera affiché : 1° à la porte du domicile du saisi; 2° à la porte du domicile du débiteur de la rente; 3° à la principale porte du tribunal; 4° à la principale place du lieu où la vente se poursuit. — **Pr.** 617, 635, 1029.

646. Pareil extrait sera inséré, dans le même délai, au journal indiqué pour recevoir les annonces judiciaires, conformément à l'article 696. — **Pr.** 617, 635, 1029.

647. Il sera justifié des affiches et de l'insertion au journal conformément aux articles 698 et 699, et il pourra être passé en taxe un plus grand nombre d'affiches et d'insertions aux journaux, dans les cas prévus par les articles 697 et 700.

648. Les règles et formalités prescrites, au titre *de la saisie immobilière*, par les articles 701, 702, 703, 704, 705, 706, 707, 711, 712, 713, 714 et 741, seront observées pour l'adjudication des rentes.

649. Faute par l'adjudicataire d'exécuter les clauses de l'adjudication, la rente sera vendue à sa folle enchère, et il sera procédé ainsi qu'il est dit aux articles 734, 735, 736, 738, 739 et 740. Néanmoins le délai entre les nouvelles affiches et l'adjudication sera de cinq jours au moins et de dix jours au plus, et la signification prescrite par l'article 736 précédera de cinq jours au moins le jour de la nouvelle adjudication.

650. La partie saisie sera tenue de proposer ses moyens de nullité, contre la procédure antérieure à la publication du cahier des charges, un jour au moins avant le jour fixé pour cette publication, et contre la procédure postérieure, un jour au moins avant l'adjudication : le tout à peine de déchéance. Il sera statué par le tribunal, sur un simple acte d'avoué, et si les moyens sont rejetés il sera immédiatement procédé, soit à la publication du cahier des charges, soit à l'adjudication. — **Pr.** 82, 718, 728 et **s.**

651. Aucun jugement ou arrêt par défaut, en matière de saisie de rentes constituées sur particuliers, ne sera sujet à opposition. L'appel des jugements qui statueront sur les moyens de nullité, tant en la forme qu'au fond, ou sur d'autres incidents, et qui seront relatifs à la procédure antérieure à la publication du cahier des charges, sera considéré comme non avenu, s'il est interjeté après les huit jours, à compter de la signification à avoué, ou, s'il n'y a pas d'avoué, à compter de la signification à personne ou à domicile, soit réel, soit élu; et la partie saisie ne pourra, sur l'appel, proposer des moyens autres que ceux qui auront été présentés en première instance.

L'appel sera signifié au domicile de l'avoué, et, s'il n'y a pas d'avoué, au domicile réel ou élu de l'intimé. Il sera notifié en même temps au greffier du tribunal et visé par lui. L'acte d'appel énoncera les griefs — **Pr.** 635, 731, 732, 739, 1029; **C.** 102, 111.

652. Ne pourront être attaqués par la voie de l'appel : 1° les jugements qui, sans statuer sur des incidents, donneront acte de la publication du cahier des charges, ou qui prononceront l'adjudication ; 2° ceux qui statueront sur des nullités postérieures à la publication du cahier des charges. — **Pr.** 730.

653. Si la rente a été saisie par deux créanciers, la poursuite appartiendra à celui qui, le premier, aura dénoncé; en cas de concurrence, au porteur du titre le plus ancien; et si les titres sont de même date, à l'avoué le plus ancien — **Pr.** 719 et **s.**, 967.

654. La distribution du prix sera faite ainsi qu'il sera prescrit au titre *de la Distribution par contribution*, sans préjudice néanmoins des hypothèques établies antérieurement à la loi du 11 brumaire an VII (1er novembre 1798). — **Pr.** 656 et **s.**

655. Les formalités prescrites par les articles 636, 637, 639, 641, 642, 643, 644, 645, 646 et 651, seront observées à peine de nullité (a).

(a) TITRE DIXIÈME (ancien texte). *De la saisie des rentes constituées sur particuliers.*

Art. 636. La saisie d'une rente constituée ne peut avoir lieu qu'en vertu d'un titre authentique et exécutoire.

Elle sera précédée d'un commandement fait à la personne ou au domicile de la partie obligée ou condamnée, au moins un jour avant la saisie, et contenant notification du titre, si elle n'a déjà été faite.

Art. 637. La rente sera saisie entre les mains de celui qui la doit, par exploit contenant, outre les formalités ordinaires, l'énonciation du titre constitutif de la rente, de sa quotité et de son capital, et du titre de la créance du saisissant; les noms, profession et demeure de la partie saisie, élection de domicile chez un avoué près le tribunal devant lequel la vente sera poursuivie, et assignation au tiers saisi

en déclaration devant le même tribunal : le tout à peine de nullité.

Art. 638. Les dispositions contenues aux articles 570, 571, 572, 573, 574, 575 et 576, relatives aux formalités que doit remplir le tiers saisi, seront observées par le débiteur de la rente.

Et si ce débiteur ne fait pas sa déclaration, ou s'il la fait tardivement, ou s'il ne fait pas les justifications ordonnées, il pourra, selon les cas, être condamné à servir la rente faute d'avoir justifié de sa libération, ou à des dommages intérêts résultant soit de son silence, soit du retard apporté à faire sa déclaration, soit de la procédure à laquelle il aura donné lieu.

Art. 639. La saisie entre les mains de personnes non demeurant en France sur le continent sera signifiée à personne ou domicile; et seront observés

TITRE ONZIÈME

DE LA DISTRIBUTION PAR CONTRIBUTION

656. Si les deniers arrêtés ou le prix des ventes ne suffisent pas pour payer les créanciers, le saisi et les créanciers seront tenus, dans le mois, de convenir de la distribution par contribution. — **Pr.** 557 et **s.**, 579, 626 et **s.**, 635, 749, 990.

pour la citation, les délais prescrits par l'article 73.

Art. 640. L'exploit de saisie vaudra toujours saisie-arrêt des arrérages échus et à échoir jusqu'à la distribution.

Art. 641. Dans les trois jours de la saisie, outre un jour pour trois myriamètres de distance entre le domicile du débiteur de la rente et celui du saisissant, et pareil délai en raison de la distance entre le domicile de ce dernier et celui de la partie saisie, le saisissant sera tenu, à peine de nullité de la saisie, de la dénoncer à la partie saisie, et de lui notifier le jour de la première publication.

Art. 642. Lorsque le débiteur de la rente sera domicilié hors du continent du Royaume, le délai pour la dénonciation ne courra que du jour de l'échéance de la citation au saisi.

Art. 643. Quinzaine après la dénonciation à la partie saisie, le saisissant sera tenu de mettre au greffe du tribunal du domicile de la partie saisie le cahier des charges, contenant les noms, professions et demeures du saisissant, de la partie saisie et du débiteur de la rente ; la nature de la rente, sa quotité, celle du capital, la date et l'énonciation du titre en vertu duquel elle est constituée ; l'énonciation de l'inscription, si le titre contient hypothèque, et si aucune a été prise pour la sûreté de la rente ; les noms et demeure de l'avoué du poursuivant, les conditions de l'adjudication et la mise à prix : la première publication se fera à l'audience.

Art. 644. Extrait du cahier des charges, contenant les renseignements ci-dessus, sera remis au greffier huitaine avant la remise du cahier des charges au greffe, et par lui inséré dans un tableau placé à cet effet dans l'auditoire du tribunal devant lequel se poursuit la vente.

Art. 645. Huitaine avant la remise du cahier des charges au greffe, pareil extrait sera placardé : 1° à la porte de la maison de la partie saisie; 2° à celle du débiteur de la rente ; 3° à la principale porte du tribunal; 4° et à la principale place du lieu où se poursuit la vente.

Art. 646. Pareil extrait sera inséré dans l'un des journaux imprimés dans la ville où se poursuit la vente; et s'il n'y en a pas dans l'un de ceux imprimés dans le département, s'il y en a.

Art. 647. Sera observé, relativement auxdits placards et annonces, ce qui est prescrit au titre de la saisie immobilière.

Art. 648. La seconde publication se fera huitaine après la première; et la rente saisie pourra, lors de ladite publication, être adjugée, sauf le délai qui sera prescrit par le tribunal.

Art. 649. Il sera fait une troisième publication, lors de laquelle l'adjudication définitive sera faite au plus offrant et dernier enchérisseur.

Art. 650. Il sera affiché nouveaux placards et inséré nouvelles annonces dans les journaux, trois jours avant l'adjudication définitive.

Art. 651. Les enchères seront reçues par le ministère d'avoués.

Art. 652. Les formalités prescrites au titre de la saisie immobilière, pour la rédaction du jugement d'adjudication, l'acquit des conditions et du prix, et la revente sur folle enchère, seront observées lors de l'adjudication des rentes.

Art. 653. Si la rente a été saisie par deux créanciers, la poursuite appartiendra à celui qui le premier aura dénoncé ; en cas de concurrence, au porteur du titre le plus ancien ; et si les titres sont de même date, à l'avoué le plus ancien.

Art. 654. La partie saisie sera tenue de proposer ses moyens de nullité, si aucuns elle a, avant l'adjudication préparatoire, après laquelle elle ne pourra proposer que les moyens de nullité contre les procédures postérieures.

Art. 655. La distribution du prix sera faite ainsi qu'il sera prescrit au titre de la distribution par contribution, sans préjudice, néanmoins des hypothèques établies antérieurement à la loi du 11 brumaire an VII (1er novembre 1798).

14

657. Faute par le saisi et les créanciers de s'accorder dans ledit délai, l'officier qui aura fait la vente sera tenu de consigner, dans la huitaine suivante, et à la charge de toutes les oppositions, le montant de la vente, déduction faite de ses frais d'après la taxe qui aura été faite par le juge sur la minute du procès-verbal : il sera fait mention de cette taxe dans les expéditions. — **Pr.** 814; **C.** 1259, 2101-1°; **T.** 42.

658. Il sera tenu au greffe un registre des contributions, sur lequel un juge sera commis par le président, sur la réquisition du saisissant, ou, à son défaut, de la partie la plus diligente ; cette réquisition sera faite par simple note portée sur le registre (1). — **Pr.** 750 et **s.**; **T.** 95.

659. Après l'expiration des délais portés aux articles 656 et 657, et en vertu de l'ordonnance du juge commis, les créanciers seront sommés de produire, et la partie saisie de prendre communication des pièces produites, et de contredire, s'il y échet. — **Pr.** 189, 742 et **s.**; **T.** 29, 96.

660. Dans le mois de la sommation, les créanciers opposants, soit entre les mains du saisissant, soit en celles de l'officier qui aura procédé à la vente, produiront, à peine de forclusion, leurs titres ès-mains du juge commis, avec acte contenant demande en collocation et constitution d'avoué. — **Pr.** 75, 754 ; **T.** 29, 97.

661. Le même acte contiendra la demande à fin de privilège : néanmoins le propriétaire pourra appeler la partie saisie et l'avoué plus ancien en référé devant le juge-commissaire, pour faire statuer préliminairement sur son privilège pour raison des loyers à lui dus. — **Pr.** 669, 806 et **s.**, 819; **C.** 2095, 2102; **T.** 29, 97, 98.

662. Les frais de poursuite seront prélevés, par privilège, avant toute créance autre que celle pour loyers dus au propriétaire. — **Pr.** 714; **C.** 2101-1°, 2102-1°.

663. Le délai ci-dessus fixé expiré, et même auparavant, si les créanciers ont produit, le commissaire dressera ensuite de son procès-verbal l'état de distribution sur les pièces produites; le poursuivant dénoncera, par acte d'avoué, la clôture du procès-verbal aux créanciers produisants et à la partie saisie, avec sommation d'en prendre communication, et de contredire sur le procès-verbal du commissaire dans la quinzaine. — **Pr.** 189, 660, 755 ; **T.** 29, 99, 100.

664. Faute par les créanciers et la partie saisie de prendre communication ès-mains du juge-commissaire dans ledit délai, ils demeureront forclos, sans nouvelle sommation ni jugement; il ne sera fait aucun dire s'il n'y a lieu à contester. — **Pr.** 756 et **s.**; **Co.** 503.

665. S'il n'y a point de contestation, le juge-commissaire clôra son procès-verbal,

---

(1) *Décret du 19 mars 1832.*

Art. 1ᵉʳ. Les juges suppléants non officiers ministériels, peuvent être chargés de la confection des ordres et des distributions par contribution.

Ils font, dans ce cas, le rapport des contestations relatives aux affaires pour lesquelles ils ont été com-mis, et prennent part au jugement avec voix délibérative.

Ce décret a été rendu exécutoire à la Martinique, à la Guadeloupe et à la Réunion, par décret du 11 février 1863, promulgué dans les deux premières colonies.

(B.O. 1863 : M. p. 132 s. ; G. p. 97 s.)

arrêtera la distribution des deniers, et ordonnera que le greffier délivrera mandement aux créanciers, en affirmant par eux la sincérité de leurs créances. — **Pr.** 759; **T.** 101.

666. S'il s'élève des difficultés, le juge-commissaire renverra à l'audience; elle sera poursuivie par la partie la plus diligente, sur un simple acte d'avoué à avoué, sans autre procédure.

667. Le créancier contestant, celui contesté, la partie saisie, et l'avoué le plus ancien des opposants, seront seuls en cause; le poursuivant ne pourra être appelé en cette qualité. — **Pr.** 760, 1031.

668. Le jugement sera rendu sur le rapport du juge-commissaire et les conclusions du ministère public. — **Pr.** 83, 93, 95, 112, 761, 762.

669. L'appel de ce jugement sera interjeté dans les dix jours de la signification à avoué; l'acte d'appel sera signifié au domicile de l'avoué; il contiendra citation et énonciation des griefs; il y sera statué comme en matière sommaire.

Ne pourront être intimées sur ledit appel que les parties indiquées par l'article 667. — **Pr.** 404 et s., 443, 456 et s., 667, 763 et s.

670. Après l'expiration du délai fixé pour l'appel, et en cas d'appel, après la signification de l'arrêt au domicile de l'avoué, le juge-commissaire clôra son procès-verbal, ainsi qu'il est prescrit par l'article 665. — **Pr.** 767.

671. Huitaine après la clôture du procès-verbal, le greffier délivrera les mandements aux créanciers, en affirmant par eux la sincérité de leur créance par-devant lui. — **Pr.** 771 ; **T.** 101.

672. Les intérêts des sommes admises en distribution cesseront du jour de la clôture du procès-verbal de la distribution, s'il ne s'élève pas de contestation; en cas de contestation, du jour de la signification du jugement qui aura statué; en cas d'appel, quinzaine après la signification du jugement sur appel. — **Pr.** 767.

TITRE DOUZIÈME

DE LA SAISIE IMMOBILIÈRE

(Loi du 2 juin 1841) (1).

673. La saisie immobilière sera précédée d'un commandement à personne ou domicile : en tête de cet acte, il sera donné copie entière du titre en vertu duquel elle est faite.

Ce commandement contiendra élection de domicile dans le lieu où siège le tribunal qui devra connaître de la saisie, si le créancier n'y demeure pas ; il énoncera que, faute

---

(1) Cette loi a remplacé en France les titres XII et XIII du liv. V de la première partie du Code de procédure civile (art. 673 et s., art. 718 et s.) et le décret du 2 février 1811, relatif à la saisie immobilière et à ses incidents. La loi du 21 mai 1858 a introduit quelques modifications dans celle du 2 juin 1841, et elles ont été rendues applicables aux colonies.

V. textes et notes sous les articles 673 et 692.

de paiement, il sera procédé à la saisie des immeubles du débiteur ; l'huissier ne se fera pas assister de témoins ; il fera, dans le jour, viser l'original par le maire du lieu où le commandement sera signifié (1). — **Pr.** 68, 545, 551, 583, 584, 626, 636, 715, 730, 1039 ; **C.** 111, 2217.

674. La saisie immobilière ne pourra être faite que trente jours après le commandement ; si le créancier laisse écouler plus de quatre-vingt-dix jours entre le commandement et la saisie, il sera tenu de le réitérer dans les formes et avec les délais ci-dessus (2). — **Pr.** 715, 1029, 1033.

675. Le procès-verbal de saisie contiendra, outre toutes les formalités communes à tous les exploits :

1° L'énonciation du titre exécutoire en vertu duquel la saisie est faite ;

2° La mention du transport de l'huissier sur les biens saisis ;

3° L'indication des biens saisis, savoir :

---

(1) *Ordonnance du 19 octobre 1828.*

Art. 36, § 1er. Les arrêtés rendus par les administrateurs des colonies de la Martinique et de la Guadeloupe, portant suspension de l'exécution des titres XII et XIII du Code de procédure civile, relatifs à la saisie immmobilière et aux incidents sur ces poursuites, continueront provisoirement d'avoir leur effet (*).

(2). V. textes et notes sous l'article 673.

(*) L'exécution des articles 673 à 748 (titres de la saisie immobilière et des incidents de la saisie immobilière) n'a pas été expressément suspendue. Cette suspension n'a été que la conséquence : à la Guadeloupe, de l'art. 2 de l'arrêté du 7 brumaire an XIV (29 octobre 1805) et du résultat de la délibération des trois magistrats de la colonie ; à la Martinique, de l'article 5, § 3, de l'arrêté du 16 brumaire an XIV (7 novembre 1805) ; lesquels arrêtés, en promulguant respectivement le Code civil dans les deux localités, avaient suspendu l'exécution du titre XIX sur l'expropriation forcée.

Décret du 27 avril 1848.

Art. 9. Par suite du présent décret et aussitôt après sa promulgation, les titres XII et XIII du livre V du Code de procédure, modifiés par les articles 1er et 2 de la loi du 2 juin 1841, concernant les ventes judiciaires de biens immeubles, seront rendus exécutoires aux colonies de la Martinique, de la Guadeloupe et dépendances, de l'île de la Réunion et de la Guyane française, sous les modifications suivantes :

Le commandement tendant à saisie et tous autres actes à signifier au saisi, lorsqu'il n'aura pas de domicile réel ou élu dans la colonie, seront signifiés, soit à son gérant, soit au parquet du tribunal, dans la forme prescrite par l'article 6, n° 8, de l'ordonnance du 19 octobre 1828.

Dans le procès-verbal de saisie, il ne sera pas exigée la copie de la matrice du rôle de la contribution foncière, pour les objets saisis, s'il s'agit d'immeubles ruraux.

Les insertions ou annonces prescrites seront faites dans un journal de la colonie, d'après un tarif fixé par l'autorité administrative, sans que les cours d'appel aient à faire aucune désignation des journaux où devraient être insérées les annonces judiciaires.

Il ne pourra être passé en taxe plus de trois cents exemplaires des placards qui doivent être affichés. Ce nombre n'excédera pas deux cents à la Guyane française.

Toute disposition prononçant la contrainte par corps sera sans effet quant à cette voie d'exécution.

Art. 10. Lorsqu'un délai devra être augmenté à raison des distances dans la colonie, l'augmentation sera d'un jour par trois myriamètres.

(B. O. 1848 ; M. p. 416, 449 s ; G. p. 281 s.)

Un décret du 22 janvier 1852 a rendu applicable, en son entier, dans les colonies, la loi du 2 juin 1841 sur les ventes judiciaires de biens immeubles, dont le décret du 27 avril 1848 sur l'expropriation forcée avait déclaré exécutoires, dans les localités, les articles 1 et 2, sous les modifications ci-dessus rapportées et qui demeurent maintenues.

Ledit décret promulgué à la Martinique et à la Guadeloupe (B. O. 1852 ; M. p. 16?, s. ; G. p. 170 s., 193).

V. en ce qui concerne les expropriations forcées pratiquées à la requête du crédit foncier colonial, le décret du 28 février 1852, art. 29 à 42, et la loi du 10 juin 1853, art. 6 et 7 ; lesdits textes rendus exécutoires à la Martinique et à la Guadeloupe par le décret du 31 août 1863, art. 13, promulgué le 10 octobre suivant.

(B. O. 1863 ; M. p. 424, 431 ; G. p. 397 s.)

Si c'est une maison, l'arrondissement, la commune, la rue, le numéro s'il y en a, et, dans le cas contraire, deux au moins des tenants et aboutissants ;

Si ce sont des biens ruraux, la désignation des bâtiments quand il y en aura, la nature et la contenance approximative de chaque pièce, le nom du fermier ou colon s'il y en a, l'arrondissement et la commune où les biens sont situés ;

4° La copie littérale de la matrice du rôle de la contribution foncière pour les articles saisis ;

5° L'indication du tribunal où la saisie sera portée ;

6° Et enfin constitution d'avoué chez lequel le domicile du saisissant sera élu de droit (1). — **Pr.** 61 et **s.**, 588, 627, 715, 717, 1030.

676. Le procès-verbal de saisie sera visé, avant l'enregistrement, par le maire de la commune dans laquelle sera situé l'immeuble saisi ; et, si la saisie comprend des biens situés dans plusieurs communes, le visa sera donné successivement par chacun des maires à la suite de la partie du procès-verbal relative aux biens situés dans sa commune (2). — **Pr.** 675, 715, 1039 ; **C.** 2210.

677. La saisie immobilière sera dénoncée au saisi dans les quinze jours qui suivront celui de la clôture du procès-verbal, outre un jour par cinq myriamètres de distance entre le domicile du saisi et le lieu où siège le tribunal qui doit connaître de la saisie. L'original sera visé, dans le jour, par le maire du lieu où l'acte de dénonciation aura été signifié (3). — **Pr.** 715, 1033, 1039.

(1) V. textes et notes sous l'article 673, spécialement le 3° paragraphe de l'art. 9 du décret du 27 avril 1848.

(2) V. les textes et les notes sous l'article 673.

Loi du 14 novembre 1808 sur la saisie des biens situés dans plusieurs arrondissements.

Art. 1er. La saisie immobilière des biens d'un débiteur, situés dans plusieurs arrondissements, pourra être faite simultanément, toutes les fois que la valeur totale desdits biens sera inférieure au montant réuni des sommes dues tant au saisissant qu'aux autres créanciers inscrits.

2. La valeur des biens sera établie d'après les derniers baux authentiques, sur le pied du denier *vingt-cinq*. A défaut de baux authentiques, elle sera calculée d'après le rôle des contributions foncières sur le pied du denier *trente*.

3. Le créancier qui voudra user de la faculté accordée par l'article 1er sera tenu de présenter requête au président du tribunal de l'arrondissement où le débiteur a son domicile, et d'y joindre : 1° copie en forme des baux authentiques, ou, à leur défaut, copie également en forme du rôle de la contribution fon

cière ; 2° l'extrait des inscriptions prises sur le débiteur dans les divers arrondissements où les biens sont situés, ou le certificat qu'il n'en existe aucune. La requête sera communiquée au ministère public et répondue d'une ordonnance portant permis de faire la saisie de tous les biens situés dans les arrondissements et départements y désignés.

4. Les procédures relatives, tant à l'expropriation forcée qu'à la distribution du prix des immeubles seront portées devant les tribunaux respectifs de la situation des biens.

5. Toutes dispositions contraires à la présente loi sont abrogées.

Ladite loi déclarée exécutoire dans les colonies par décret du 22 janvier 1852, promulguée à la Martinique le 1er mars et à la Guadeloupe le 2 du même mois. (B. O. 1852 : M. p. 162 s., 211 s. ; G.. p. 158 s., 193 s.)

(3) V. textes et notes sous l'article 673.

Le décret du 27 avril 1848, en rendant exécutoires les titres de la saisie immobilière et des incidents de la saisie immobilière dispose, art. 10, que lorsqu'un délai devra être augmenté à raison des distances dans la colonie (Martinique, Guadeloupe et dépen

678. La saisie immobilière et l'exploit de dénonciation seront transcrits, au plus tard, dans les quinze jours qui suivront celui de la dénonciation, sur le registre à ce destiné au bureau des hypothèques de la situation des biens, pour la partie des objets saisis qui se trouvent dans l'arrondissement (1). — **Pr.** 677, 715, 719 et **s.**, 1029; **C.** 2200.

679. Si le conservateur ne peut procéder à la transcription de la saisie à l'instant où elle lui est présentée, il fera mention, sur l'original qui lui sera laissé, des heure, jour, mois et an auxquels il aura été remis, et, en cas de concurrence, le premier présenté sera transcrit (1). — **Pr.** 719, 720; **C.** 2200.

680. S'il y a eu précédente saisie, le conservateur constatera son refus en marge de la seconde; il énoncera la date de la précédente saisie, les noms, demeures et professions du saisissant et du saisi, l'indication du tribunal où la saisie est portée, le nom de l'avoué du saisissant et la date de la transcription (1). — **Pr.** 681, 719.

681. Si les immeubles saisis ne sont pas loués ou affermés, le saisi restera en possession jusqu'à la vente, comme séquestre judiciaire, à moins que, sur la demande d'un ou de plusieurs créanciers, il n'en soit autrement ordonné par le président du tribunal, dans la forme des ordonnances sur référé.

Les créanciers pourront néanmoins, après y avoir été autorisés par ordonnance du président rendue dans la même forme, faire procéder à la coupe et à la vente, en tout ou en partie, des fruits pendants par les racines.

Les fruits seront vendus aux enchères ou de toute autre manière autorisée par le président, dans le délai qu'il aura fixé, et le prix sera déposé à la Caisse des dépôts et consignations (1). — **Pr.** 806 et **s.**; **C.** 1961 et **s.**

682. Les fruits naturels et industriels recueillis postérieurement à la transcription, ou le prix qui en proviendra, seront immobilisés pour être distribués avec le prix de l'immeuble par ordre d'hypothèque (1). — **Pr.** 748, 749 et **s.**; **C.** 526, 583 et **s.**

683. Le saisi ne pourra faire aucune coupe de bois ni dégradation, à peine de dommages-intérêts auxquels il sera contraint par corps, sans préjudice, s'il y a lieu,

---

dances, etc., etc.) l'augmentation sera d'un jour par trois myriamètres.

La loi du 2 juin 1841, relative aux mêmes titres de la saisie immobilière et des incidents de la saisie immobilière, ainsi qu'à plusieurs autres titres du Code de procédure civile, contient un article 7 ainsi conçu :

« Lorsqu'il y aura lieu, dans l'un des cas prévus
« par les dispositions relatives aux différentes ventes
« judiciaires de biens immeubles, d'augmenter un
« délai à raison des distances, l'augmentation sera
« d'un jour par cinq myriamètres de distance. » (B.O.
1852 : M. p. 202; G. p. 168 s., 185 s.)

Mais le décret du 22 janvier 1852 qui rend cette loi

exécutoire dans les colonies, a maintenu les modifications introduites par le décret du 27 avril 1848 et, par suite, les dispositions de l'article 10 de ce décret.

Enfin, le décret du 22 avril 1853, art. 4, qui a modifié l'article 1033 du Code de procédure civile, a disposé d'une manière générale, que « dans tous les
« cas prévus en matière civile et commerciale, lors-
« qu'en vertu de lois, décrets ou ordonnances, il y a
« lieu d'augmenter un délai en raison des distances,
« ce délai sera augmenté d'un jour à raison de trois
« myriamètres de distance. »

V. sous l'article 1033.

(1) V. textes et notes sous l'article 673.

des peines portées dans les articles 400 et 434 du Code pénal (1). — **Pr.** 126.

684. Les baux qui n'auront pas acquis date certaine avant le commandement pourront être annulés, si les créanciers ou l'adjudicataire le demandent (2). — **C.** 1328, 1743 et **s.**

685. Les loyers et fermages seront immobilisés à partir de la transcription de la saisie, pour être distribués avec le prix de l'immeuble par ordre d'hypothèque. Un simple acte d'opposition à la requête du poursuivant ou de tout autre créancier vaudra saisie-arrêt entre les mains des fermiers et locataires, qui ne pourront se libérer qu'en exécution de mandements de collocation, ou par le versement de loyers ou fermages à la Caisse des consignations ; ce versement aura lieu à leur réquisition, ou sur la simple sommation des créanciers. A défaut d'opposition, les paiements faits au débiteur seront valables et celui-ci sera comptable, comme séquestre judiciaire, des sommes qu'il aura reçues (2). — **Pr.** 557 et **s.**, 748, 749 ; **C.** 1328, 2114, 2166.

686. La partie saisie ne peut, à compter du jour de la transcription de la saisie, aliéner les immeubles saisis, à peine de nullité, et sans qu'il soit besoin de la faire prononcer (2). — **Pr.** 1029 ; **C.** 1594, 1599.

687. Néanmoins l'aliénation ainsi faite aura son exécution si, avant le jour fixé pour l'adjudication, l'acquéreur consigne somme suffisante pour acquitter en principal, intérêts et frais, ce qui est dû aux créanciers inscrits, ainsi qu'au saisissant, et s'il leur signifie l'acte de consignation (2). — **Pr.** 685, 786, 738.

688. Si les deniers ainsi déposés ont été empruntés, les prêteurs n'auront d'hypothèque que postérieurement aux créanciers inscrits lors de l'aliénation (2). — **C.** 2103-2°.

689. A défaut de consignation avant l'adjudication, il ne pourra être accordé, sous aucun prétexte, de délai pour l'effectuer (2). — **Pr.** 687 ; **C.** 2212.

690. Dans les vingt jours, au plus tard, après la transcription, le poursuivant déposera au greffe du tribunal le cahier des charges, contenant :

1° L'énonciation du titre exécutoire en vertu duquel la saisie a été faite, du commandement, du procès-verbal de saisie, ainsi que des autres actes et jugements intervenus postérieurement ;

2° La désignation des immeubles, telle qu'elle a été insérée dans le procès-verbal ;

3° Les conditions de la vente ;

4° Une mise à prix de la part du poursuivant (2). — **Pr.** 643, 712, 715, 972.

691. Dans les huit jours, au plus tard, après le dépôt au greffe, outre un jour par cinq myriamètres de distance entre le domicile du saisi et le lieu où siège le tribunal, sommation sera faite au saisi, à personne ou domicile, de prendre communication du cahier des charges, de fournir ses dires et observations, et d'assister à la lecture et publication qui en sera faite, ainsi qu'à la fixation du jour de l'adjudication. Cette som-

---

(1) V. textes et notes sur l'article 673.
V. sous l'art. 17 le décret du 6 décembre 1869, sur la contrainte par corps.
(2) V. textes et notes sous l'article 673.

mation indiquera les jour, lieu et heure de la publication (1). — **Pr.** 715, 1033.

692. (Modifié : L. 21 mai 1858 et décr. 7 mai 1863) (2). Pareille sommation sera faite, dans le même délai de huitaine, outre un jour par cinq myriamètres :

1° Aux créanciers inscrits sur les biens saisis, aux domiciles élus dans les inscriptions. Si, parmi les créanciers inscrits, se trouve le vendeur de l'immeuble saisi, la sommation à ce créancier sera faite, à *défaut* de domicile élu par lui, à son domicile réel, pourvu qu'il soit fixé en France. Elle portera qu'à défaut de former sa demande en résolution et de la notifier au greffe avant l'adjudication, il sera définitivement déchu, à l'égard de l'adjudicataire, du droit de la faire prononcer;

2° A la femme du saisi, aux femmes des précédents propriétaires, au subrogé-tuteur des mineurs ou interdits, ou aux mineurs devenus majeurs, si, dans l'un et l'autre cas, les mariage et tutelle sont connus du poursuivant, d'après son titre. Cette sommation contiendra, en outre, l'avertissement que, pour conserver les hypothèques légales sur l'immeuble exproprié, il sera nécessaire de les faire inscrire avant la transcription du jugement d'adjudication.

Copie en sera notifiée au procureur impérial de l'arrondissement où les biens sont situés, lequel sera tenu de requérir l'inscription des hypothèques légales existant du chef du saisi seulement sur les biens compris dans la saisie (a). — **Pr.** 691, 693, 715.

693. Mention de la notification prescrite par les deux articles précédents sera faite, dans les huit jours de la date du dernier exploit de notification, en marge de la transcription de la saisie au bureau des hypothèques.

Du jour de cette mention, la saisie ne pourra plus être rayée que du consentement des créanciers inscrits, ou en vertu de jugements rendus contre eux (3). — **Pr.** 694, 695, 715, 716.

---

(1) V. textes et notes sous les articles 673 et 677.

(2) *Loi du 21 mai 1858.*

Art. 1er. Les articles 692, 696 et 717 du Code de procédure civile sont modifiés ainsi qu'il suit. (V. le texte nouveau.)

V. textes et notes sous l'article 673.

Décret du 7 mars 1863.

Art. 1er. Est déclarée applicable aux colonies, sous les modifications ci-après, la loi du 21 mai 1858, concernant la saisie immobilière et l'ordre.

Art. 2. Dans les cas spécialement prévus par les articles 692, 751, 753 et 762 du Code de procédure civile, les sommations, convocations et significations à notifier au vendeur, aux créanciers et au saisi, sont faites à leur domicile réel, pourvu qu'il soit fixé

dans la colonie, ou à celui de leurs mandataires, si ceux-ci sont connus.

Le délai des distances sera calculé à raison de trois myriamètres par jour.

Ledit décret promulgué. (B.O. 1863 ; M. p. 172, 177 s.; G. P. 113 s., 116 s.)

(a) Ancien article 692.

(L. 2 juin 1841.) — Pareille sommation sera faite, dans le même délai de huitaine, aux créanciers inscrits sur les biens saisis, aux domiciles élus dans les inscriptions.

Si parmi les créanciers inscrits se trouve le vendeur de l'immeuble saisi, la sommation à ce créancier portera qu'à défaut de former sa demande en résolution et de la notifier au greffe avant l'adjudication, il sera définitivement déchu, à l'égard de l'adjudicataire, du droit de la faire prononcer.

(3) V. textes et notes sous l'article 673.

694. Trente jours au plus tôt et quarante jours au plus tard après le dépôt du cahier des charges, il sera fait à l'audience et au jour indiqué, publication et lecture du cahier des charges.

Trois jours au plus tard avant la publication, le poursuivant, la partie saisie et les créanciers inscrits seront tenus de faire insérer, à la suite de la mise à prix, leurs dires et observations ayant pour objet d'introduire des modifications dans ledit cahier. Passé ce délai, ils ne seront plus recevables à proposer de changements, dires ou observations (1). — **Pr.** 643, 745.

695. Au jour indiqué par la sommation faite au saisi et aux créanciers, le tribunal donnera acte au poursuivant des lecture et publication du cahier des charges, statuera sur les dires et observations qui y auront été insérés, et fixera les jour et heure où il procédera à l'adjudication. Le délai entre la publication et l'adjudication sera de trente jours au moins et de soixante au plus.

Le jugement sera porté sur le cahier des charges à la suite de la mise à prix ou des dires des parties (1). — **Pr.** 690, 691 et s., 703, 718, 728, 730.

696. (Ainsi modifié: L. 21 mai 1858) (2). Quarante jours au plus tôt et vingt jours au plus tard avant l'adjudication, l'avoué du poursuivant fera insérer, dans un journal publié dans le département où sont situés les biens, un extrait signé de lui et contenant :

1° La date de sa saisie et de sa transcription ;

2° Les noms, professions, demeures du saisi, du saisissant et de l'avoué de ce dernier ;

3° La désignation des immeubles, telle qu'elle a été insérée dans le procès-verbal ;

4° La mise à prix ;

5° L'indication du tribunal où la saisie se poursuit, et des jour, lieu et heure de l'adjudication.

Il sera, en outre, déclaré dans l'extrait que tous ceux du chef desquels pourrait être pris inscription pour raison d'hypothèques légales devront requérir cette inscription avant la transcription du jugement d'adjudication.

Toutes les annonces judiciaires relatives à la même saisie seront insérées dans le même journal (a). — **Pr.** 646, 692, 697, 698, 704, 705, 709, 715, 741, 836, 960.

---

(1) V. textes et notes sous l'article 673.

(2) V. sous l'article 692 l'article 1er de ladite loi du 21 mai 1858 et la note qui suit :

V. textes et notes sous l'article 673, notamment. le § 4 de l'article 9 du décret du 27 avril 1848.

(a) Ancien article 696. (L. 2 juin 1841.) — Quarante jours au plus tard avant l'adjudication, l'avoué du poursuivant fera insérer dans un journal publié dans le département où sont situés les biens, un extrait signé de lui et contenant :

1° La date de la saisie et de sa transcription ;

2° Les noms, professions, demeures du saisi, du saisissant et de l'avoué de ce dernier ;

3° La désignation des immeubles, telle qu'elle a été insérée dans le procès-verbal ;

4° La mise à prix ;

5° L'indication du tribunal où la saisie se poursuit, et des jour, lieu et heure de l'adjudication.

A cet effet, les cours royales, chambres réunies, après un avis motivé des tribunaux de première ins-

697. Lorsque, indépendamment des insertions prescrites par l'article précédent, le poursuivant, le saisi, ou l'un des créanciers inscrits, estimera qu'il y aurait lieu de faire d'autres annonces de l'adjudication par la voie des journaux, le président du tribunal devant lequel se poursuit la vente pourra, si l'importance des biens paraît l'exiger, autoriser cette insertion extraordinaire. Les frais n'entreront en taxe que dans le cas où cette autorisation aurait été accordée. L'ordonnance du président ne sera soumise à aucun recours (1). — **Pr.** 696, 700, 961.

698. Il sera justifié de l'insertion aux journaux par un exemplaire de la feuille, contenant l'extrait énoncé en l'article précédent ; cet exemplaire portera la signature de l'imprimeur, légalisée par le maire (1). — **Pr.** 696, 715.

699. Extrait pareil à celui qui est prescrit par l'article 696 sera imprimé en forme de placard et affiché, dans le même délai :

1° A la porte du domicile du saisi ;

2° A la porte principale des édifices saisis ;

3° A la principale place de la commune où le saisi est domicilié, ainsi qu'à la principale place de la commune où les biens sont situés, et de celle où siège le tribunal devant lequel se poursuit la vente ;

4° A la porte extérieure des mairies du domicile du saisi et des communes de la situation des biens ;

5° Au lieu où se tient le principal marché de chacune de ces communes, et, lorsqu'il n'y en a pas, au lieu où se tient le principal marché de chacune des deux communes les plus voisines dans l'arrondissement ;

6° A la porte de l'auditoire du juge de paix de la situation des bâtiments, et, s'il n'y a pas de bâtiments, à la porte de l'auditoire de la justice de paix où se trouve la majeure partie des biens saisis ;

7° Aux portes extérieures des tribunaux du domicile du saisi, de la situation des biens et de la vente.

L'huissier attestera, par un procès-verbal rédigé sur un exemplaire du placard, que l'apposition a été faite aux lieux déterminés par la loi, sans les détailler.

Le procès-verbal sera visé par le maire de chacune des communes dans lesquelles l'apposition aura été faite (1). — **Pr.** 645 et s., 696 et s., 715, 741, 1039.

700. Selon la nature et l'importance des biens, il pourra être passé en taxe jusqu'à

tance respectifs, et sur les réquisitions écrites du ministère public, désigneront chaque année, dans la première quinzaine de décembre, pour chaque arrondissement de leur ressort, parmi les journaux qui se publient dans le département, un ou plusieurs journaux où devront être insérées les annonces judiciaires. Les cours royales régleront en même temps le tarif de l'impression de ces annonces. Néanmoins toutes les annonces judiciaires relatives à la même saisie seront insérées dans le même journal.

(1) V. textes et notes sous l'article 673.

cinq cents exemplaires des placards, non compris le nombre d'affiches prescrit par l'article 699 (1). — **Pr.** 697.

701. Les frais de la poursuite seront taxés par le juge, et il ne pourra être rien exigé au delà du montant de la taxe. Toute stipulation contraire, quelle qu'en soit la forme, sera nulle de droit.

Le montant de la taxe sera publiquement annoncé avant l'ouverture des enchères, et il en sera fait mention dans le jugement d'adjudication (2). — **Pr.** 713 et s., 838, 949, 988, 1029.

702. Au jour indiqué pour l'adjudication, il y sera procédé sur la demande du poursuivant, et, à son défaut, sur celle de l'un des créanciers inscrits (2). — **Pr.** 147, 838, 988.

703. Néanmoins l'adjudication pourra être remise sur la demande du poursuivant ou de l'un des créanciers inscrits, ou de la partie saisie, mais seulement pour cause grave et dûment justifiée.

Le jugement qui prononcera la remise fixera de nouveau le jour de l'adjudication, qui ne pourra être éloigné de moins de quinze jours, et de plus de soixante.

Ce jugement ne sera susceptible d'aucun recours (2). — **Pr.** 730, 741.

704. Dans ce cas, l'adjudication sera annoncée huit jours au moins à l'avance par des insertions et des placards, conformément aux articles 696 et 699 (2). — **Pr.** 437, 715, 732, 741.

705. Les enchères sont faites par le ministère d'avoués et à l'audience. Aussitôt que les enchères seront ouvertes, il sera allumé successivement des bougies préparées de manière que chacune ait une durée d'environ une minute.

L'enchérisseur cesse d'être obligé si son enchère est couverte par une autre, lors même que cette dernière serait déclarée nulle (2). — **Pr.** 648, 706, 715, 739, 838, 988.

706. L'adjudication ne pourra être faite qu'après l'extinction de trois bougies allumées successivement.

S'il ne survient pas d'enchères pendant la durée de ces bougies, le poursuivant sera déclaré adjudicataire pour la mise à prix.

Si, pendant la durée d'une des trois premières bougies, il survient des enchères, l'adjudication ne pourra être faite qu'après l'extinction de deux bougies sans nouvelle enchère survenue pendant leur durée (3). — **Pr.** 648, 715, 730, 838, 983 ; **P.** 412.

707. L'avoué dernier enchérisseur sera tenu, dans les trois jours de l'adjudication, de déclarer l'adjudicataire et de fournir son acceptation, sinon de représenter son pouvoir, lequel demeurera annexé à la minute de sa déclaration ; faute de ce faire, il sera réputé adjudicataire en son nom, sans préjudice des dispositions de l'article 711 (2). — **Pr.** 733, 739, 838, 965, 988, 1029, 1031 ; **C.** 1382, 1383, 1596.

(1) V. textes et notes sous l'article 673 et spécialement le § 5 de l'article 9 du décret du 27 avril 1848.
(2) V. textes et notes sous l'article 673.

(3) V. textes et notes sous l'article 673.
L. 2 juin 1841, art. 10. — L'emploi des bougies, dans les adjudications publiques, pourra être rem-

708. Toute personne pourra, dans les huit jours qui suivront l'adjudication, faire, par le ministère d'un avoué, une surenchère, pourvu qu'elle soit du sixième au moins du prix principal de la vente (1). — **Pr.** 733, 737, 832, 965, 973; **C.** 1596 et s., 2185.

709. La surenchère sera faite au greffe du tribunal qui a prononcé l'adjudication : elle contiendra constitution d'avoué et ne pourra être rétractée ; elle devra être dénoncée par le surenchérisseur, dans les trois jours, aux avoués de l'adjudicataire, du poursuivant, et de la partie saisie, si elle a constitué avoué, sans néanmoins qu'il soit nécessaire de faire cette dénonciation à la personne ou au domicile de la partie saisie qui n'aurait pas d'avoué.

La dénonciation sera faite par un simple acte, contenant avenir pour l'audience qui suivra l'expiration de la quinzaine, sans autre procédure.

L'indication du jour de cette adjudication sera faite de la manière prescrite par les articles 696 et 699.

Si le surenchérisseur ne dénonce pas la surenchère dans le délai ci-dessus fixé, le poursuivant ou tout créancier inscrit, ou le saisi, pourra le faire dans les trois jours qui suivront l'expiration de ce délai ; faute de quoi la surenchère sera nulle de droit, et sans qu'il soit besoin de faire prononcer la nullité (1). — **Pr.** 713, 722, 965, 973, 1029; **C.** 2185.

710. Au jour indiqué il sera ouvert de nouvelles enchères, auxquelles toute personne pourra concourir, s'il ne se présente pas d'enchérisseurs, le surenchérisseur sera déclaré adjudicataire : en cas de folle enchère, il sera tenu par corps de la différence entre son prix et celui de la vente (2).

Lorsqu'une seconde adjudication aura eu lieu, après la surenchère ci-dessus, aucune autre surenchère des mêmes biens ne pourra être reçue. — **Pr.** 6, 24, 733 et s., 739, 740, 965, 973.

711. Les avoués ne pourront enchérir pour les membres du tribunal devant lequel se poursuit la vente, à peine de nullité de l'adjudication ou de la surenchère, et de dommages-intérêts.

Ils ne pourront, sous les mêmes peines, enchérir pour le saisi ni pour les personnes notoirement insolvables. L'avoué poursuivant ne pourra se rendre personnellement adjudicataire ni surenchérisseur, à peine de nullité de l'adjudication ou de la surenchère, et de dommages-intérêts envers toutes les parties (1). — **Pr.** 702, 705, 739, 743, 818, 964, 988, 1029, 1031; **C.** 1596 et s.

---

placé par un autre moyen en vertu d'une ordonnance royale rendue suivant la forme des règlements d'administration publique. Dans les six mois de la promulgation de la présente loi, il sera pourvu de la même manière : 1° au tarif des frais et dépens relatifs aux ventes judiciaires des biens immeubles ; — 2° au mode de conservation des affiches.

V. l'ordonnance royale du 10 octobre 1841, concernant le tarif des frais et dépens relatifs aux ventes judiciaires de biens immeubles. (B.O. 1852 ; M. p. 202 s.)

(1) V. textes et notes sous l'article 673.

(2) V. textes et notes sous l'article 673, et, sous l'art. 17, le décret du 6 décembre 1869, sur la contrainte par corps.

712. Le jugement d'adjudication ne sera autre que la copie du cahier des charges rédigé ainsi qu'il est dit en l'article 690 ; il sera revêtu de l'intitulé des jugements et du mandement qui les termine, avec injonction à la partie saisie de délaisser la possession aussitôt après la signification du jugement, sous peine d'y être contrainte même *par corps* (1). — **Pr.** 147, 545 et **s.**, 652, 838, 964, 988

713. Le jugement d'adjudication ne sera délivré à l'adjudicataire, qu'à la charge, par lui, de rapporter au greffier quittance des frais ordinaires de poursuites, et la preuve qu'il a satisfait aux conditions du cahier des charges qui doivent être exécutées avant cette délivrance. La quittance et les pièces justificatives demeureront annexées à la minute du jugement, et seront copiées à la suite de l'adjudication. Faute par l'adjudicataire de faire ces justifications dans les vingt jours de l'adjudication, il y sera contraint par la voie de la folle enchère, ainsi qu'il sera dit ci-après, sans préjudice des autres voies de droit (2). — **Pr.** 702, 712, 733 et **s.**, 838, 964, 988.

714. Les frais extraordinaires de poursuite seront payés par privilège sur le prix, lorsqu'il en aura été ainsi ordonné par jugement (2). — **Pr.** 662, 701, 712 et **s.**; **C.** 2101-1°.

715. Les formalités et délais prescrits par les articles 673, 674, 675, 676, 677, 678, 690, 691, 692, 693, 694, 696, 698, 699, 704, 705, 706, 709, paragraphes 1 et 3, seront observés à peine de nullité.

La nullité prononcée pour défaut de désignation de l'un ou de plusieurs des immeubles compris dans la saisie n'entraînera pas nécessairement la nullité de la poursuite en ce qui concerne les autres immeubles.

Les nullités prononcées par le présent article pourront être proposées par tous ceux qui y auront intérêt (2). — **Pr.** 728 et **s.**, 739, 833, 1029.

716. Le jugement d'adjudication ne sera signifié qu'à la personne ou au domicile de la partie saisie.

Mention sommaire du jugement d'adjudication sera faite en marge de la transcription de la saisie, à la diligence de l'adjudicataire (2). — **Pr.** 678, 693, 702, 712.

717. (Ainsi modifié : **L.** 21 mai 1838) (3). — L'adjudication ne transmet à l'adjudicataire d'autres droits à la propriété que ceux appartenant au saisi.

Néanmoins, l'adjudicataire ne pourra être troublé dans sa propriété par aucune demande en résolution fondée sur le défaut de paiement du prix des anciennes aliénations, à moins qu'avant l'adjudication la demande n'ait été notifiée au greffe du tribunal où se poursuit la vente.

Si la demande a été notifiée en temps utile, il sera sursis à l'adjudication, et le tribunal, sur la réclamation du poursuivant ou de tout créancier inscrit, fixera le délai dans lequel le vendeur sera tenu de mettre à fin l'instance en résolution.

---

(1) V. textes et notes sous l'article 673, et, sous l'article 17, le décret du 6 décembre 1869, sur la contrainte par corps.

(2) V. textes et notes sous l'article 673.
(3) V. sous l'article 692, l'article 1er de ladite loi.
V. textes et notes, sous l'article 673.

Le poursuivant pourra intervenir dans cette instance.

Ce délai expiré sans que la demande en résolution ait été difinitivement jugée, il sera passé outre à l'adjudication, à moins que, pour des causes graves et dûment justifiées, le tribunal n'ait accordé un nouveau délai pour le jugement de l'action en résolution.

Si, faute par le vendeur de se conformer aux prescriptions du tribunal, l'adjudication avait eu lieu avant le jugement de la demande en résolution, l'adjudicataire ne pourrait pas être poursuivi à raison des droits des anciens vendeurs, sauf à ceux-ci à faire valoir, s'il y avait lieu, leurs titres de créances, dans l'ordre et distribution du prix de l'adjudication.

Le jugement d'adjudication dûment transcrit purge toutes les hypothèques, et les créanciers n'ont plus d'action que sur le prix. Les créanciers à hypothèques légales qui n'ont pas fait inscrire leur hypothèque avant la transcription du jugement d'adjudication, ne conservent de droit de préférence sur le prix qu'à la condition de produire, avant l'expiration du délai fixé par l'article 754, dans le cas où l'ordre se règle judiciairement, et de faire valoir leurs droits avant la clôture, si l'ordre se règle amiablement, conformément aux articles 751 et 752 (a). — **Pr.** 692, 702, 772, 838.

TITRE TREIZIÈME

DES INCIDENTS DE LA SAISIE IMMOBILIÈRE

(Suite de la loi du 2 juin 1841) (1).

718. Toute demande incidente à une poursuite en saisie immobilière sera formée par un simple acte d'avoué à avoué, contenant les moyens et conclusions. Cette demande sera formée contre toute partie n'ayant pas d'avoué en cause, par exploit d'ajournement

---

(a) Ancien article 717 (L. 2 juin 1841.) — L'adjudication ne transmet à l'adjudicataire d'autres droits à la propriété que ceux appartenant au saisi.

Néanmoins l'adjudicataire ne pourra être troublé dans sa propriété par aucune demande en résolution fondée sur le défaut de paiement du prix des anciennes aliénations à moins qu'avant l'adjudication la demande n'ait été notifiée au greffe du tribunal où se poursuit la vente.

Si la demande a été notifiée en temps utile, il sera sursis à l'adjudication, et le tribunal, sur la déclaration du poursuivant ou de tout créancier inscrit, fixera le délai dans lequel le vendeur sera tenu de mettre à fin l'instance en résolution.

Le poursuivant pourra intervenir dans cette instance.

Ce délai expiré sans que la demande en résolution ait été définitivement jugée, il sera passé outre à l'adjudication, à moins que, pour des causes graves et dûment justifiées, le tribunal n'ait accordé un nouveau délai pour le jugement de l'action en résolution.

Si, faute par le vendeur de se conformer aux prescriptions du tribunal, l'adjudication avait eu lieu avant le jugement de la demande en résolution, l'adjudicataire ne pourrait pas être poursuivi à raison des droits des anciens vendeurs, sauf à ceux-ci à faire valoir, s'il y avait lieu, leurs titres de créances, dans l'ordre et distribution du prix de l'adjudication.

(1) V. notes sous le titre XII et sous les art. 673 et 692.

à huit jours, sans augmentation de délai à raison des distances, si ce n'est dans le cas de l'article 726, et sans préliminaire de conciliation. Ces demandes seront instruites et jugées comme affaires sommaires. Tout jugement qui interviendra ne pourra être rendu que sur les conclusions du ministère public (1). — **Pr.** 82, 337, 401 et s., 722, 725, 733, 743.

719. Si deux saisissants ont fait transcrire deux saisies de biens différents poursuivies devant le même tribunal, elles seront réunies sur la requête de la partie la plus diligente, et seront continuées par le premier saisissant. La jonction sera ordonnée, encore que l'une des saisies soit plus ample que l'autre; mais elle ne pourra, en aucun [cas, être demandée après le dépôt du cahier des charges : en cas de concurrence, la poursuite appartiendra à l'avoué porteur du titre plus ancien, et, si les titres sont de la même date, à l'avoué le plus ancien (1). — **Pr.** 611, 653, 678 et s., 718, 720 et s.; **T.** 117.

720. Si une seconde saisie, présentée à la transcription, est plus ample que la première, elle sera transcrite pour les objets non compris dans la première saisie, et le second saisissant sera tenu de dénoncer la saisie au premier saisissant, qui poursuivra sur les deux, si elles sont au même état ; sinon, il surseoira à la première et suivra sur la deuxième jusqu'à ce qu'elle soit au même degré; elles seront alors réunies en une seule poursuite, qui sera portée devant le tribunal de la première saisie (2). — **Pr.** 678 et s., 718 et s., 721.

721. Faute par le premier saisissant d'avoir poursuivi sur la seconde saisie à lui dénoncée, conformément à l'article ci-dessus, le second saisissant pourra, par un simple acte, demander la subrogation (1). — **Pr.** 82, 612, 720, 725, 776, 833.

722. La subrogation pourra être également demandée s'il y a collusion, fraude ou négligence, sous la réserve, en cas de collusion ou fraude, des dommages-intérêts envers qui il appartiendra.

Il y a négligence lorsque le poursuivant n'a pas rempli une formalité ou n'a pas fait un acte de procédure dans les délais prescrits (1). — **Pr.** 776, 833.

723. La partie qui succombera sur la demande en subrogation sera condamnée personnellement aux dépens.

Le poursuivant contre lequel la subrogation aura été prononcée sera tenu de remettre les pièces de la poursuite au subrogé, sur son récépissé; il ne sera payé de ses frais de poursuite qu'après l'adjudication, soit sur le prix, soit par l'adjudicataire (1). — **Pr.** 130, 714, 776.

724. Lorsqu'une saisie immobilière aura été rayée, le plus diligent des saisissants postérieurs pourra poursuivre sur sa saisie, encore qu'il ne se soit pas présenté le premier à la transcription (1). — **Pr.** 678 et s., 719 et s.

725. La demande en distraction de tout ou partie des objets saisis sera formée, tant

---

(1) V. textes et notes, sous l'article 673.

contre le saisissant que contre la partie saisie ; elle sera formée aussi contre le créancier premier inscrit et au domicile élu dans l'inscription.

Si le saisi n'a pas constitué avoué durant la poursuite, le délai prescrit pour la comparution sera augmenté d'un jour par cinq myriamètres de distance entre son domicile et le lieu où siège le tribunal, sans que ce délai puisse être augmenté à l'égard de la partie qui serait domiciliée hors du territoire continental du Royaume (1). — **Pr.** 717, 726 et s., 1033.

726. La demande en distraction contiendra l'énonciation des titres justificatifs qui seront déposés au greffe, et la copie de l'acte de dépôt (1). — **Pr.** 725, 727, 826 et s.

727. Si la distraction demandée n'est que d'une partie des objets saisis, il sera passé outre, nonobstant cette demande, à l'adjudication du surplus des objets saisis. Pourront néanmoins les juges, sur la demande des parties intéressées, ordonner le sursis pour le tout.

Si la distraction partielle est ordonnée, le poursuivant sera admis à changer la mise à prix portée au cahier des charges (1). — **Pr.** 725 et s., 741.

728. Les moyens de nullité, tant en la forme qu'au fond, contre la procédure qui précède la publication du cahier des charges, devront être proposés, à peine de déchéance, trois jours au plus tard avant cette publication.

S'ils sont admis, la poursuite pourra être reprise à partir du dernier acte valable, et les délais pour accomplir les actes suivants courront à dater du jugement ou arrêt qui aura définitivement prononcé sur la nullité.

S'ils sont rejetés, il sera donné acte, par le même jugement, de la lecture et publication du cahier des charges, conformément à l'article 695 (1). — **Pr.** 696 et s., 729, 1029 ; **C.** 1554, 1558, 1580.

729. Les moyens de nullité contre la procédure postérieure à la publication du cahier des charges seront proposés, sous la même peine de déchéance, au plus tard, trois jours avant l'adjudication.

Au jour fixé pour l'adjudication, et immédiatement avant l'ouverture des enchères, il sera statué sur les moyens de nullité.

S'ils sont admis, le tribunal annulera la poursuite, à partir du jugement de publication, en autorisera la reprise à partir de ce jugement, et fixera de nouveau le jour de l'adjudication.

S'ils sont rejetés, il sera passé outre aux enchères et à l'adjudication (1). — **Pr.** 173, 690, 694, 717, 891 et s.

730. Ne pourront être attaqués par la voie de l'appel : 1° les jugements qui statueront sur la demande en subrogation contre le poursuivant, à moins qu'elle n'ait été intentée pour collusion ou fraude ; 2° ceux qui, sans statuer sur des incidents, donneront acte

(1) V. textes et notes, sous l'article 673.

de la publication du cahier des charges ou prononceront l'adjudication, soit avant, soit après surenchère; 3° ceux qui statueront sur des nullités postérieures à la publication du cahier des charges (1). — **Pr.** 695, 706, 710, 712, 721, 722 et **s.**

731. L'appel de tous autres jugements sera considéré comme non avenu, s'il est interjeté après les dix jours à compter de la signification à avoué ou, s'il n'y a point d'avoué, à compter de la signification à personne ou au domicile soit réel, soit élu.

Ce délai sera augmenté d'un jour par cinq myriamètres de distance, conformément à l'article **725**, dans le cas où le jugement aura été rendu sur une demande en distraction.

Dans les cas où il y aura lieu à l'appel, la Cour royale statuera dans la quinzaine. Les arrêts rendus par défaut ne seront pas susceptibles d'opposition (2). — **Pr.** 443, 763, 838, 973, 1033.

732. L'appel sera signifié au domicile de l'avoué, et, s'il n'y a pas d'avoué, au domicile réel ou élu de l'intimé; il sera notifié en même temps au greffier du tribunal et visé par lui. La partie saisie ne pourra, sur l'appel, proposer des moyens autres que ceux qui auront été présentés en première instance. L'acte d'appel énoncera les griefs, le tout à peine de nullité (1). — **Pr.** 456, 464, 731, 838, 973, 1029, 1039.

733. Faute par l'adjudicataire d'exécuter les clauses de l'adjudication, l'immeuble sera vendu à sa folle enchère (2). — **Pr.** 624, 652, 743, 838, 964, 988.

734. Si la folle enchère est poursuivie avant la délivrance du jugement d'adjudication, celui qui poursuivra la folle enchère se fera délivrer par le greffier un certificat constatant que l'adjudicataire n'a point justifié de l'acquit des conditions exigibles de l'adjudication.

S'il y a eu opposition à la délivrance du certificat, il sera statué, à la requête de la partie la plus diligente, par le président du tribunal, en état de référé (1). — **Pr.** 713, 735, 739, 740, 806 et **s.**, 838, 964, 988.

735. Sur ce certificat, et sans autre procédure ni jugement, ou si la folle enchère est poursuivie après la délivrance du jugement d'adjudication, trois jours après la signification du bordereau de collocation avec commandement, il sera apposé de nouveaux placards et inséré de nouvelles annonces dans la forme ci-dessus prescrite.

Ces placards et annonces indiqueront, en outre, les noms et demeure du fol enchérisseur, le montant de l'adjudication, une mise à prix par le poursuivant, et le jour auquel aura lieu, sur l'ancien cahier des charges, la nouvelle adjudication;

Le délai entre les nouvelles affiches et annonces et l'adjudication sera de quinze jours au moins, et de trente jours au plus (1). — **Pr.** 516, 690, 696 et **s.**, 699, 739, 964, 988; **C.** 2093.

Quinze jours au moins avant l'adjudication, signification sera faite des jour et heure ·

_____

(1) V. textes et notes sous l'article 673.   (2) V. textes et notes sous les articles 673 et 677.

de cette adjudication à l'avoué de l'adjudicataire, et à la partie saisie au domicile de son avoué, et, si elle n'en a pas, à son domicile (1). — **Pr.** 739, 964, 988; **C.** 102.

736. Quinze jours au moins avant l'adjudication, signification sera faite des jour et heure de cette adjudication à l'avoué de l'adjudicataire, et à la partie saisie au domicile de son avoué, et, si elle n'en a pas, à son domicile (1). — **Pr.** 739, 964, 988; **C.** 102.

737. L'adjudication pourra être remise, conformément à l'article 703, mais seulement sur la demande du poursuivant (1). — **Pr.** 739, 964, 988.

738. Si le fol enchérisseur justifiait de l'acquit des conditions de l'adjudication et de la consignation d'une somme réglée par le président du tribunal pour les frais de folle enchère, il ne serait pas procédé à l'adjudication (1). — **Pr.** 687, 964, 988; **C.** 1257 et **s.**

739. Les formalités et délais prescrits par les articles 734, 735, 736, 737, seront observés à peine de nullité.

Les moyens de nullité seront proposés et jugés comme il est dit en l'article 729.

Aucune opposition ne sera reçue contre les jugements par défaut en matière de folle enchère, et les jugements qui statueront sur les nullités pourront seuls être attaqués par la voie de l'appel dans les délais et suivant les formes prescrits par les articles 731 et 732.

Seront observés, lors de l'adjudication sur folle enchère, les articles 705, 706, 707 et 711 (1). — **Pr.** 715, 730, 731, 732, 964, 988, 1029.

740. Le fol enchérisseur est tenu, *par corps*, de la différence entre son prix et celui de la revente sur folle enchère, sans pouvoir réclamer l'excédant, s'il y en a : cet excédant sera payé aux créanciers, ou, si les créanciers sont désintéressés, à la partie saisie (2). — **Pr.** 710, 964, 988; **C.** 555, 2133, 2175, 2191.

741. Lorsque, à raison d'un incident ou pour tout autre motif légal, l'adjudication aura été retardée, il sera apposé de nouvelles affiches et fait de nouvelles annonces dans les délais fixés par l'article 704 (1). — **Pr.** 696, 699, 964, 988.

742. Toute convention portant qu'à défaut d'exécution des engagements pris envers lui, le créancier aura le droit de faire vendre les immeubles de son débiteur sans remplir les formalités prescrites pour la saisie immobilière, est nulle et non avenue (1). — **Pr.** 964, 988.

743. Les immeubles appartenant à des majeurs maîtres de disposer de leurs droits ne pourront, à peine de nullité, être mis aux enchères en justice lorsqu'il ne s'agira que de ventes volontaires.

Néanmoins, lorsqu'un immeuble aura été saisi réellement, et lorsque la saisie aura été transcrite, il sera libre aux intéressés, s'ils sont tous majeurs et maîtres de leurs droits, de demander que l'adjudication soit faite aux enchères, devant notaire ou en justice, sans autres formalités et conditions que celles qui sont prescrites aux articles 958,

---

(1) V. textes et notes sous l'article 673.
(2) V. sous l'article 17 le décret du 6 décembre 1869, sur la contrainte par corps.

959, 960, 961, 962, 964 et 965, pour la vente des biens immeubles appartenant à des mineurs.

Seront regardés comme seuls intéressés, avant la sommation aux créanciers prescrite par l'article 692, le poursuivant et le saisi, et après cette sommation, ces derniers et tous les créanciers inscrits.

Si une partie seulement des biens dépendants d'une même exploitation avait été saisie, le débiteur pourra demander que le surplus soit compris dans la même adjudication (1). — **Pr.** 744, 748, 985, 1029; **C.** 819, 2211.

744. Pourront former les mêmes demandes ou s'y adjoindre :

Le tuteur du mineur ou interdit, spécialement autorisé par un avis de parents ;

Le mineur émancipé, assisté de son curateur ;

Et généralement tous les administrateurs légaux des biens d'autrui (1). — **Pr.** 882 et **s.**, 968; **C.** 457, 460, 465, 470 et **s.**, 484, 509, 513, 2206.

745. Les demandes autorisées par les articles 743, paragraphe 2 et 744, seront formées par une simple requête présentée au tribunal saisi de la poursuite : cette requête sera signée par les avoués de toutes les parties.

Elle contiendra une mise à prix qui servira d'estimation (1). — **Pr.** 718.

746. Le jugement sera rendu sur le rapport d'un juge et sur les conclusions du ministère public.

Si la demande est admise, le tribunal fixera le jour de la vente et renverra, pour procéder à l'adjudication, soit devant un notaire, soit devant un juge du siège ou devant un juge de tout autre tribunal.

Le jugement ne sera pas signifié et ne sera susceptible ni d'opposition ni d'appel (1). — **Pr.** 716, 730, 743, 747 et **s.**, 954, 970.

747. Si, après le jugement, il survient un changement dans l'état des parties, soit par décès ou faillite, soit autrement, ou si les parties sont représentées par des mineurs, des héritiers bénéficiaires ou autres incapables, le jugement continuera à recevoir sa pleine et entière exécution (1). — **Pr.** 342 et **s.**, 748; **Co.** 437 et **s.**

748. Dans la huitaine du jugement de conversion, mention sommaire en sera faite, à la diligence du poursuivant, en marge de la transcription de la saisie.

Les fruits immobilisés en exécution des dispositions de l'article 682, conserveront ce caractère, sans préjudice du droit qui appartient au poursuivant de se conformer, pour les loyers et fermages, à l'article 685.

Sera également maintenue la prohibition d'aliéner faite par l'article 686 (1).

---

(1) V. textes et notes sous l'article 673.

TITRE QUATORZIÈME

DE L'ORDRE

(Loi du 21 mai 1858) (1).

749. Dans les tribunaux où les besoins du service l'exigent, il est désigné, par décret impérial, un ou plusieurs juges spécialement chargés du règlement des ordres. Ils peuvent être choisis par un des juges suppléants, et sont désignés pour une année au moins, et trois années au plus.

En cas d'absence ou d'empêchement, le président, par ordonnance inscrite sur un registre spécial tenu au greffe, désigne d'autres juges pour les remplacer.

Les juges désignés par décret impérial, ou nommés par le président, doivent, toutes les fois qu'ils en sont requis, rendre compte à leurs tribunaux respectifs, au premier président et au procureur général, de l'état des ordres qu'ils sont chargés de régler (2).

750. L'adjudicataire est tenu de faire transcrire le jugement d'adjudication dans les quarante-cinq jours de sa date, et, en cas d'appel, dans les quarante-cinq jours de l'arrêt confirmatif, sous peine de revente sur folle enchère.

Le saisissant, dans la huitaine après la transcription, et, à son défaut, après ce délai, le créancier le plus diligent, la partie saisie ou l'adjudicataire dépose au greffe l'état des inscriptions, requiert l'ouverture du procès-verbal d'ordre, et, s'il y a lieu, la nomination d'un juge-commissaire.

---

(1) *Ordonnance du 19 octobre 1828.*

Art. 36, § 2. L'exécution du titre XIV intitulé *de l'ordre*, sera également suspendue provisoirement, excepté dans celles de ses dispositions relatives au cas où l'ordre serait introduit par suite d'aliénation autre que l'expropriation.

Décret du 27 avril 1848.

Art. 12. Le titre XIV du livre V du Code de procédure civile, intitulé : *de l'ordre*, actuellement en vigueur dans la métropole, sera rendu exécutoire aux colonies de la Martinique, de la Guadeloupe et dépendances, de l'île de la Réunion et de la Guyane française. Les bordereaux de collocation délivrés aux créanciers ne seront payables que dans les termes des articles 2, 3, 4, 5 et 6 du présent décret.

Nota. Le 2e alinéa de cet art. 12 est aujourd'hui sans objet, les dispositions exceptionnelles des articles 2, 3, 4, 5 et 6 dudit décret ayant cessé d'être en vigueur depuis l'année 1854. V. décret du 28 mai 1853 (B. O : 1848 : M. p. 416. s.; G. p. 263. s. ; 1853 : M. p. 432).

Décret du 7 mars 1863.

Art. 1er. Est déclarée applicable aux colonies, sous les modifications ci-après, la loi du 21 mai 1858 sur la saisie immobilière et l'ordre.

Loi du 21 mai 1858.

Art. 2. Les articles 749 à 779 du Code de procédure civile sont remplacés par les dispositions suivantes (V. les articles 749 à 779 nouveaux (B. O. 1863 : M. p. 177; G. p. 113, 117).

(2) V. sous l'art. 658 le décret du 19 mai 1852. V. les notes sous le titre XIV.

Décret du 7 mars 1863.

Art. 3. Les gouverneurs désigneront, s'il y a lieu, parmi les juges suppléants, non officiers ministériels, ceux qui, aux termes de l'article 749, devront être chargés spécialement du règlement des ordres (B. O. 1863 : M. p. 177; G. p. 113, 117).

Cette nomination est faite par le président, à la suite de la réquisition inscrite par le poursuivant sur le registre des adjudications tenu à cet effet au greffe du tribunal (1). — **Pr.** 713, 733, et **s.**, 756 ; **C.** 2186 ; **T.** 130.

751. Le juge-commissaire, dans les huit jours de sa nomination, ou le juge spécial, dans les trois jours de la réquisition, convoque les créanciers inscrits, afin de se régler amiablement sur la distribution du prix.

Cette convocation est faite par lettres chargées à la poste, expédiées par le greffier et adressées tant aux domiciles élus par les créanciers dans les inscriptions qu'à leur domicile réel en France ; les frais en sont avancés par le requérant.

La partie saisie et l'adjudicataire sont également convoqués.

Le délai pour comparaître est de dix jours au moins entre la date de la convocation et le jour de la réunion.

Le juge dresse procès-verbal de la distribution du prix par règlement amiable ; il ordonne la délivrance des bordereaux aux créanciers utilement colloqués et la radiation des inscriptions des créanciers non admis en ordre utile.

Les inscriptions sont rayées sur la présentation d'un extrait, délivré par le greffier, de l'ordonnance du juge.

Les créanciers non comparants sont condamnés à une amende de vingt-cinq francs (2). — **Pr.** 752, 773, 994 ; **T** 131.

752. A défaut de règlement amiable dans le délai d'un mois, le juge constate sur le procès-verbal que les créanciers n'ont pu se régler entre eux, et prononce l'amende contre ceux qui n'ont pas comparu. Il déclare l'ordre ouvert et commet un ou plusieurs huissiers à l'effet de sommer les créanciers de produire. Cette partie du procès-verbal ne peut être expédiée ni signifiée (2). — **Pr.** 750, 751, 753 et **s.**

753. Dans les huit jours de l'ouverture de l'ordre, sommation de produire est faite aux créanciers par acte signifié aux domiciles élus dans leurs inscriptions ou à celui de leurs avoués, s'il y en a de constitués, et au vendeur à son domicile réel situé en France, à défaut de domicile élu par lui ou de constitution d'avoué.

La sommation contient l'avertissement que, faute de produire dans les quarante jours, le créancier sera déchu.

L'ouverture de l'ordre est en même temps dénoncée à l'avoué de l'adjudicataire. Il n'est fait qu'une seule dénonciation à l'avoué qui représente plusieurs adjudicataires.

---

(1) V. les notes sous le titre XIV.

V. les art. 17, 18 et 21 de l'ordonnance du 14 juin 1829, concernant l'organisation de la conservation des hypothèques à la Martinique et à la Guadeloupe (B. O. 1829 ; M. p. 885 s.).

V. aussi la dépêche ministérielle du 1er mars 1866,

n° 82, au sujet de l'interprétation de l'art. 750 du Code de procédure civile, tel qu'il a été modifié par la loi du 21 mai 1858 (B. O. 1866, M. p. 271).

(2) V. les notes sous le titre XIV.

V. le décret du 7 mai 1863, art. 2, sous l'article 692.

Dans les huit jours de la sommation par lui faite aux créanciers inscrits, le poursuivant en remet l'original au juge, qui en fait mention sur le procès-verbal (1). — **Pr.** 659; **T.** 29, 132.

754. Dans les quarante jours de cette sommation, tout créancier est tenu de produire ses titres avec acte de produit signé de son avoué et contenant demande en collocation. Le juge fait mention de la remise sur le procès-verbal (2). — **Pr.** 660, 753 ; **T.** 133.

755. L'expiration du délai de quarante jours ci-dessus fixé emporte de plein droit déchéance contre les créanciers non produisants. Le juge la constate immédiatement et d'office sur le procès-verbal, et dresse l'état de collocation sur les pièces produites. Cet état est dressé au plus tard dans les vingt jours qui suivent l'expiration du délai ci-dessus.

Dans les dix jours de la confection de l'état de collocation, le poursuivant la dénonce, par acte d'avoué à avoué, aux créanciers produisants et à la partie saisie, avec sommation d'en prendre communication, et de contredire, s'il y échet, sur le procès-verbal, dans le délai de trente jours (2). — **Pr.** 663, 754, 756, 776 ; **T.** 134, 135.

756. Faute par les créanciers produisants et la partie saisie de prendre communication de l'état de collocation et de contredire dans ledit délai, ils demeurent forclos sans nouvelle sommation ni jugement; il n'est fait aucun dire, s'il n'y a contestation (2). — **Pr.** 660, 664, 755, 758, 775.

757. Lorsqu'il y a lieu à ventilation du prix de plusieurs immeubles vendus collectivement, le juge, sur la réquisition des parties ou d'office, par ordonnance inscrite sur le procès-verbal, nomme un ou trois experts, fixe le jour où il recevra leur serment et le délai dans lequel ils devront déposer leur rapport.

Cette ordonnance est dénoncée aux experts par le poursuivant; la prestation de serment est mentionnée sur le procès-verbal d'ordre auquel est annexé le rapport des experts, qui ne peut être levé ni signifié.

En établissant l'état de collocation provisoire, le juge prononce sur la ventilation (2). — **Pr.** 302 et s.; **T.** 29, 76, 91.

758. Tout contestant doit motiver son dire et produire toutes pièces à l'appui ; le juge renvoie les contestants à l'audience qu'il désigne, et commet en même temps l'avoué chargé de suivre l'audience.

Néanmoins, il arrête l'ordre et ordonne la délivrance des bordereaux de collocation pour les créances antérieures à celles contestées ; il peut même arrêter l'ordre pour les créances postérieures, en réservant somme suffisante pour désintéresser les créanciers contestés (2). — **Pr.** 666.

759. S'il ne s'élève aucune contestation, le juge est tenu, dans les quinze jours qui

_____

(1) V. les notes sous le titre XIV.   (2) V. les notes sous le titre XIV.
V. le décret du 7 mars 1863, art. 2, sous l'article 692.

suivent l'expiration du délai pour prendre communication et contredire, de faire la clôture de l'ordre; il liquide les frais de radiation et de poursuite d'ordre, qui sont colloqués par préférence à toutes autres créances; il liquide, en outre, les frais de chaque créancier colloqué en rang utile, et ordonne la délivrance des bordereaux de collocation aux créanciers utilement colloqués, et la radiation des inscriptions de ceux non utilement colloqués. Il est fait distraction, en faveur de l'adjudicataire, sur le montant de chaque bordereau, des frais de radiation de l'inscription (1). — **Pr.** 133, 665, 743, 753, 758, 763, 771, 773, 774, 777, 779, 1029; **C.** 1351, 1382, 2218; **T.** 137.

760. Les créanciers postérieurs en ordre d'hypothèque aux collocations contestées sont tenus, dans la huitaine après les trente jours accordés pour contredire, de s'entendre entre eux sur le choix d'un avoué; sinon ils sont représentés par l'avoué du dernier créancier colloqué. L'avoué poursuivant ne peut, en cette qualité, être appelé dans la contestation (1). — **Pr.** 667, 761.

761. L'audience est poursuivie, à la diligence de l'avoué commis, sur un simple acte contenant avenir pour l'audience fixée conformément à l'article 758. L'affaire est jugée comme sommaire, sans autre procédure que des conclusions motivées de la part des contestés, et le jugement contient liquidation des frais. S'il est produit de nouvelles pièces, toute partie contestante ou contestée est tenue de les remettre au greffe trois jours au moins avant cette audience; il en est fait mention sur le procès-verbal. Le tribunal statue sur les pièces produites; néanmoins il peut, mais seulement pour causes graves et dûment justifiées, accorder un délai pour en produire d'autres; le jugement qui prononce la remise fixe le jour de l'audience; il n'est ni levé ni signifié. La disposition du jugement qui accorde ou refuse un délai n'est susceptible d'aucun recours (1). — **Pr.** 82, 405, 666.

762. Les jugements sur les incidents et sur le fond sont rendus sur le rapport du juge et sur les conclusions du ministère public.

Le jugement sur le fond est signifié dans les trente jours de sa date à avoué seulement, et n'est pas susceptible d'opposition. La signification à avoué fait courir le délai d'appel contre toutes les parties à l'égard les unes des autres.

L'appel est interjeté dans les dix jours de la signification du jugement à avoué, outre un jour par cinq myriamètres de distance entre le siège du tribunal et le domicile réel de l'appelant; l'acte d'appel est signifié au domicile de l'avoué, et au domicile réel du saisi, s'il n'a pas d'avoué. Il contient assignation et l'énonciation des griefs, à peine de nullité.

L'appel n'est recevable que si la somme contestée excède celle de quinze cents francs,

(1) V. les notes sous le titre XIV.

quelque soit d'ailleurs le montant des créances des contestants et des sommes à distribuer (1). — **Pr.** 83, 666, 668, 669, 1033.

763. L'avoué du créancier dernier colloqué peut être intimé s'il y a lieu.

L'audience est poursuivie et l'affaire instruite conformément à l'article 761, sans autre procédure que des conclusions motivées de la part des intimés (1). — **Pr.** 667, 669.

764. La cour statue sur les conclusions du ministère public. L'arrêt contient liquidation des frais; il est signifié dans les quinze jours de sa date à avoué seulement, et n'est pas susceptible d'opposition. La signification à avoué fait courir les délais du pourvoi en cassation (1). — **Pr.** 83, 762.

765. Dans les huit jours qui suivent l'expiration du délai d'appel, et, en cas d'appel, dans les huit jours de la signification de l'arrêt, le juge arrête définitivement l'ordre des créances contestées et des créances postérieures, conformément à l'article 759.

Les intérêts et arrérages des créanciers utilement colloqués cessent à l'égard de la partie saisie (2). — **Pr.** 670, 672.

766. Les dépens des contestations ne peuvent être pris sur les deniers provenant de l'adjudication.

Toutefois, le créancier dont la collocation rejetée d'office, malgré une production suffisante, a été admise par le tribunal sans être contestée par aucun créancier, peut employer ses dépens sur le prix, au rang de sa créance.

Les frais de l'avoué qui a représenté les créanciers postérieurs en ordre d'hypothèque aux collocations contestées peuvent être prélevés sur ce qui reste de deniers à distribuer, déduction faite de ceux qui ont été employés à payer les créanciers antérieurs. Le jugement qui autorise l'emploi des frais prononce la subrogation au profit du créancier sur lequel les fonds manquent ou de la partie saisie. L'exécutoire énoncera cette disposition et indiquera la partie qui doit en profiter.

Le contestant ou le contesté qui a mis de la négligence dans la production des pièces peut être condamné aux dépens, même en obtenant gain de cause.

Lorsqu'un créancier condamné aux dépens des contestations a été colloqué en rang utile, les frais mis à sa charge sont, par une disposition spéciale du règlement d'ordre, prélevés sur le montant de sa collocation au profit de la partie qui a obtenu la condamnation (3). — **Pr.** 774; **C.** 1251, 2101-1°.

767. Dans les trois jours de l'ordonnance de clôture, l'avoué poursuivant la dénonce par un simple acte d'avoué à avoué.

_____

(1) V. sous l'article 692 le décret du 7 mars 1863, art. 2.

·Art. 4 dudit décret. — L'appel n'est recevable, quelque soit d'ailleurs le montant des créances des contestants et des sommes à distribuer, que si la somme contestée excède celle pour laquelle, aux termes des règlements spéciaux à chaque colonie, les tribunaux de première instance statuent en dernier ressort (B. O. 1863 : M. p. 177 ; G. p. 113, 117).

(2) V. les notes sous le titre XIV.

V. le décret du 22 avril 1683, art. 4, reproduit sous l'art. 1033.

(3) V. les notes sous le titre XIV.

En cas d'opposition à cette ordonnance par un créancier, par l'adjudicataire ou la partie saisie, cette opposition est formée, à peine de nullité, dans la huitaine de la dénonciation, et portée dans la huitaine suivante à l'audience du tribunal, même en vacation, par un simple acte d'avoué contenant moyens et conclusions ; et, à l'égard de la partie saisie n'ayant pas d'avoué en cause, par exploit d'ajournement à huit jours. La cause est instruite et jugée conformément aux articles 761, 762 et 764, même en ce qui concerne l'appel du jugement (1). — **Pr.** 82, et s., 1029.

768. Le créancier sur lequel les fonds manquent et la partie saisie ont leur recours contre ceux qui ont succombé, pour les intérêts et les arrérages qui ont couru pendant les contestations (1). — **Pr.** 764 et s., 769.

769. Dans les dix jours, à partir de celui où l'ordonnance de clôture ne peut plus être attaquée, le greffier délivre un extrait de l'ordonnance du juge pour être déposé par l'avoué poursuivant au bureau des hypothèques. Le conservateur, sur la représentation de cet extrait, fait la radiation des inscriptions des créanciers non colloqués (1). — **Pr.** 759, 770, 776.

770. Dans le même délai, le greffier délivre à chaque créancier colloqué un bordereau de collocation exécutoire contre l'adjudicataire ou contre la caisse des consignations.

Le bordereau des frais de l'avoué poursuivant ne peut être délivré que sur la remise des certificats de radiation des inscriptions des créanciers non colloqués. Ces certificats demeurent annexés au procès-verbal (1). — **Pr.** 548, 769, 771 et s.

771. Le créancier colloqué, en donnant quittance du montant de sa collocation, consent la radiation de son inscription. Au fur et à mesure du paiement des collocations, le conservateur des hypothèques, sur la représentation du bordereau et de la quittance du créancier, décharge d'office l'inscription jusqu'à concurrence de la somme acquittée.

L'inscription d'office est rayée définitivement, sur la justification faite par l'adjudicataire du paiement de la totalité de son prix, soit aux créanciers colloqués, soit à la partie saisie (1). — **C.** 2108, 2157 et s.

772. Lorsque l'aliénation n'a pas lieu sur expropriation forcée, l'ordre est provoqué par le créancier le plus diligent ou par l'acquéreur.

Il peut être aussi provoqué par le vendeur, mais seulement lorsque le prix est exigible.

Dans tous les cas, l'ordre n'est ouvert qu'après l'accomplissement des formalités prescrites pour la purge des hypothèques.

Il est introduit et réglé dans les formes établies par le présent titre.

Les créanciers à hypothèques légales qui n'ont pas fait inscrire leurs hypothèques dans le délai fixé par l'article 2195 du Code Napoléon, ne peuvent exercer de droit de

_____

(1) V. les notes sous le titre XIVe.

préférence sur le prix qu'autant qu'un ordre est ouvert dans les trois mois qui suivent l'expiration de ce délai et sous les conditions déterminées par la dernière disposition de l'article 717 (1). — **Pr.** 953 et s., 966 et s.

773. Quelque soit le mode d'aliénation, l'ordre ne peut être provoqué, s'il y a moins de quatre créanciers inscrits.

Après l'expiration des délais établis par les articles 750 et 772, la partie qui veut poursuivre l'ordre présente requête au juge spécial, et, s'il n'y en a pas, au président du tribunal, à l'effet de faire procéder au préliminaire de règlement amiable dans les formes et délais établis en l'article 751.

A défaut de règlement amiable, la distribution du prix est réglée par le tribunal, jugeant comme en matière sommaire, sur assignation signifiée à personne ou à domicile, à la requête de la partie la plus diligente, sans autre procédure que des conclusions motivées. Le jugement est signifié à avoué seulement, s'il y a avoué constitué.

En cas d'appel, il est procédé comme aux articles 763 et 764 (1).

774. L'acquéreur est employé par préférence pour le coût de l'extrait des inscriptions et de dénonciations aux créanciers inscrits (1). — **C.** 2101-1°, 2183.

775. Tout créancier peut prendre inscription pour conserver les droits de son débiteur; mais le montant de la collocation du débiteur est distribué, comme chose mobilière, entre tous les créanciers inscrits ou opposants avant la clôture de l'ordre (1). — **Pr.** 656, 673; **C.** 1166, 2093, 2146 et s.

776. En cas d'inobservation des formalités et délais prescrits par les articles 753, 755, § 2, et 769, l'avoué poursuivant est déchu de la poursuite, sans sommation ni jugement. Le juge pourvoit à son remplacement, d'office ou sur la réquisition d'une partie, par ordonnance inscrite sur le procès-verbal; cette ordonnance n'est susceptible d'aucun recours.

Il en est de même à l'égard de l'avoué commis qui n'a pas rempli les obligations à lui imposées par les articles 758 et 761.

L'avoué déchu de la poursuite est tenu de remettre immédiatement les pièces sur le récépissé de l'avoué qui le remplace, et n'est payé de ses frais qu'après la clôture de l'ordre (1). — **Pr.** 721, 724.

777. L'adjudicataire sur expropriation forcée qui veut faire prononcer la radiation des inscriptions avant la clôture de l'ordre doit consigner son prix et les intérêts échus, sans offres réelles préalables.

Si l'ordre n'est pas ouvert, il doit en requérir l'ouverture après l'expiration du délai fixé par l'article 750. Il dépose à l'appui de sa réquisition le récépissé de la Caisse des consignations et déclare qu'il entend faire prononcer la validité de la consignation et la radiation des inscriptions.

(1) V. les notes sous le titre XIVe.

Dans les huit jours qui suivent l'expiration du délai pour produire, fixé par l'article 754, il fait sommation par acte d'avoué à avoué, et par exploit à la partie saisie, si elle n'a pas avoué constitué, de prendre communication de sa déclaration, et de la contester dans les quinze jours, s'il y a lieu. A défaut de contestation dans ce délai, le juge, par ordonnance, sur le procès-verbal, déclare la consignation valable et prononce la radiation de toutes les inscriptions existantes, avec maintien de leur effet sur le prix. En cas de contestation, il est statué par le tribunal sans retard des opérations de l'ordre.

Si l'ordre est ouvert, l'adjudicataire, après la consignation, fait sa déclaration sur le procès-verbal par un dire signé de son avoué, en y joignant le récépissé de la Caisse des consignations. Il est procédé comme il est dit ci-dessus, après l'échéance du délai des productions.

En cas d'aliénation autre que celle sur expropriation forcée, l'acquéreur qui, après avoir rempli les formalités de la purge, veut obtenir la libération définitive de tous privilèges et hypothèques par la voie de la consignation, opère cette consignation sans offres réelles préalables. A cet effet, il somme le vendeur de lui rapporter dans la quinzaine main-levée des inscriptions existantes, et lui fait connaître le montant des sommes en capital et intérêts qu'il se propose de consigner. Ce délai expiré, la consignation est réalisée, et, dans les trois jours suivants, l'acquéreur ou adjudicataire requiert l'ouverture de l'ordre, en déposant le récépissé de la Caisse des consignations. Il est procédé sur sa réquisition conformément aux dispositions ci-dessus (1). — **Pr.** 778; **C.** 1257 et **s.**; **T.** 59.

778. Toute contestation relative à la consignation du prix est formée sur le procès-verbal par un dire motivé, à peine de nullité; le juge renvoie les contestants devant le tribunal.

L'audience est poursuivie sur un simple acte d'avoué à avoué, sans autre procédure que des conclusions motivées; il est procédé ainsi qu'il est dit aux articles 761, 763 et 764.

Le prélèvement des frais sur le prix peut être prononcé en faveur de l'adjudicataire ou acquéreur (1). — **Pr.** 82, 666 et **s.**

779. L'adjudication sur folle enchère intervenant dans le cours de l'ordre, et même après le règlement définitif et la délivrance des bordereaux, ne donne pas lieu à une nouvelle procédure. Le juge modifie l'état de collocation suivant les résultats de l'adjudication, et rend les bordereaux exécutoires contre le nouvel adjudicataire. — **Pr.** 733.

(1) V. les notes sous le titre XVIᵉ.

TITRE QUINZIÈME

DE L'EMPRISONNEMENT

(Suite du décret du 17 avril 1806.)

780. Aucune contrainte par corps ne pourra être mise à exécution qu'un jour après la signification, avec commandement, du jugement qui l'a prononcée (1).

Cette signification sera faite par un huissier commis par ledit jugement ou par le président du tribunal de première instance du lieu où se trouve le débiteur.

La signification contiendra aussi élection de domicile dans la commune où siège le tribunal qui a rendu ce jugement, si le créancier n'y demeure pas.

781. Le débiteur ne pourra être arrêté :

1° Avant le lever et après le coucher du soleil ;

2° Les jours de fête légale ;

3° Dans les édifices consacrés au culte, et pendant les exercices religieux seulement ;

4° Dans le lieu et pendant la tenue des séances des autorités constituées ;

5° (Ainsi remplacé : L. 26 mars 1855, art. 1er) (2). Dans une maison quelconque, même dans son domicile, à moins qu'il n'ait été ainsi ordonné par le juge de paix du lieu, lequel juge de paix devra, dans ce cas, se transporter dans la maison avec l'officier ministériel, *ou déléguer un commissaire de police* (3) (a).

782. Le débiteur ne pourra non plus être arrêté, lorsqu'appelé comme témoin devant un *juge d'instruction*, ou devant un tribunal de première instance, ou une cour impériale, ou d'assises, il sera porteur d'un sauf-conduit.

Le sauf-conduit pourra être accordé par le *juge d'instruction*, par le président du tribunal ou de la Cour où les témoins devront être entendus. Les conclusions du ministère public seront nécessaires.

Le sauf-conduit réglera la durée de son effet, à peine de nullité.

---

(1) Pour cet article et les suivants, jusques et y compris l'art. 805, V. sous l'article 17 le décret du 6 décembre 1769, sur la contrainte par corps ; la loi du 17 avril 1832, art. 19, 21, 22, 33, 38 et 41 ; l'ordonnance du 12 juillet 1832 ; et la loi du 13 décembre 1848, art. 10 et 12. (B. O. M. 1832 : p. 291, s, 303, s ; 1852 : p. 163, s et 221 s.)

(2) Le paragraphe n° 5 de l'article 781 du Code de procédure civile est remplacé par la disposition suivante :

(V. le texte nouveau).

Décret du 2 septembre 1862.

Art. 1er. — Est déclaré applicable aux colonies l'article 1er de la loi du 26 mars 1855 ainsi conçu :

(V. le texte).

Art. 2. Lorsque dans l'un des quartiers de la colonie, il n'existera pas de commissaire de police, ce magistrat sera remplacé par l'officier de police ou par l'agent chargé d'en remplir les fonctions.

Ledit décret promulgué à la Martinique et à la Guadeloupe (B. O. 1862, M. p. 512, s ; G. p. 397, 398, s.)

(3) V. sous l'article 1029 l'article 45 de l'ordonnance du 19 octobre 1828.

(a) Ancien numéro 5 de l'article 781. Conforme au numéro 5 nouveau, moins les mots soulignés, qui ont été ajoutés par la loi de 1855.

En vertu du sauf conduit, le débiteur ne pourra être arrêté, ni le jour fixé pour sa comparution, ni pendant le temps nécessaire pour aller et pour revenir.

783. Le procès-verbal d'emprisonnement contiendra, outre les formalités ordinaires des exploits : 1° itératif commandement; 2° élection de domicile dans la commune où le débiteur sera détenu, si le créancier n'y demeure pas : l'huissier sera assisté de deux recors.

784. S'il s'est écoulé une année entière depuis le commandement, il sera fait un nouveau commandement par un huissier commis à cet effet.

785. En cas de rébellion, l'huissier pourra établir garnison aux portes pour empêcher l'évasion et requérir la force armée; et le débiteur sera poursuivi conformément aux dispositions du Code d'instruction criminelle.

786. Si le débiteur requiert qu'il en soit référé, il sera conduit sur-le-champ devant le tribunal de première instance du lieu où l'arrestation aura été faite, lequel statuera en état de référé : si l'arrestation est faite hors des heures de l'audience, le débiteur sera conduit chez le président (1).

787. L'ordonnance sur référé sera consignée sur le procès-verbal de l'huissier, et sera exécutée sur-le-champ. — **Pr.** 786, 794, 811.

788. Si le débiteur ne requiert pas qu'il en soit référé, ou si, en cas de référé, le président ordonne qu'il soit passé outre, le débiteur sera conduit dans la prison du lieu ; et s'il n'y en a pas, dans celle du lieu le plus voisin; l'huissier et tous autres qui conduiraient, recevraient ou retiendraient le débiteur dans un lieu de détention non légalement désigné comme tel, seront poursuivis comme coupables du crime de détention arbitraire.

789. L'écrou du débiteur énoncera : 1° le jugement; 2° les noms et domicile du créancier; 3° l'élection de domicile, s'il ne demeure pas dans la commune; 4° les noms, demeure et profession du débiteur; 5° la consignation d'un mois d'aliments au moins; 6° enfin, mention de la copie qui sera laissée au débiteur, parlant à sa personne, tant du procès-verbal d'emprisonnement que de l'écrou. Il sera signé de l'huissier.

790. Le gardien ou geôlier transcrira sur son registre le jugement qui autorise l'arrestation : faute par l'huissier de représenter ce jugement, le geôlier refusera de recevoir le débiteur et de l'écrouer.

791. Le créancier sera tenu de consigner les aliments d'avance. Les aliments ne pourront être retirés, lorsqu'il y aura recommandation, si ce n'est du consentement du recommandant.

792. Le débiteur pourra être recommandé par ceux qui auraient le droit d'exercer contre lui la contrainte par corps. Celui qui est arrêté comme prévenu d'un délit peut aussi être recommandé; et il sera retenu par l'effet de la recommandation, encore que son élargissement ait été prononcé et qu'il ait été acquitté du délit.

(1) V. la loi du 17 avril 1832, art. 22 et 41 (note sous l'article 780).

793. Seront observées, pour les recommandations, les formalités ci-dessus prescrites pour l'emprisonnement : néanmoins l'huissier ne sera pas assisté de recors, et le recommandant sera dispensé de consigner les aliments, s'ils ont été consignés.

Le créancier qui a fait emprisonner pourra se pourvoir contre le recommandant devant le tribunal du lieu où le débiteur est détenu, à l'effet de le faire contribuer au paiement des aliments, par portion égale.

794. A défaut d'observation des formalités ci-dessus prescrites, le débiteur pourra demander la nullité de l'emprisonnement, et la demande sera portée au tribunal du lieu où il est détenu : si la demande en nullité est fondée sur des moyens du fond, elle sera portée devant le tribunal de l'exécution du jugement.

795. Dans tous les cas, la demande pourra être formée à bref délai, en vertu de permission de juge, et l'assignation donnée par huissier commis au domicile élu par l'écrou : la cause sera jugée sommairement, sur les conclusions du ministère public.

796. La nullité de l'emprisonnement, pour quelque cause qu'elle soit prononcée, n'emporte point la nullité des recommandations.

797. Le débiteur dont l'emprisonnement est déclaré nul ne peut être arrêté pour la même dette qu'un jour au moins après sa sortie.

798. Le débiteur sera mis en liberté, en consignant entre les mains du geôlier de la prison les causes de son emprisonnement et les frais de la capture.

799. Si l'emprisonnement est déclaré nul, le créancier pourra être condamné en des dommages-intérêts envers le débiteur. — Pr. 128, 794, 797, 1031.

800. Le débiteur légalement incarcéré obtiendra son élargissement,

1° Par le consentement du créancier qui l'a fait incarcérer, et des recommandants, s'il y en a;

2° Par le paiement ou la consignation des sommes dues tant au créancier qui a fait emprisonner qu'au recommandant, des intérêts échus, des frais liquidés, de ceux d'emprisonnement, et de la restitution des aliments consignés;

3° Par le bénéfice de cession;

4° A défaut par les créanciers d'avoir consigné d'avance les aliments;

5° Et enfin, si le débiteur a commencé sa soixante et dixième année, et si, dans ce dernier cas, il n'est pas stellionataire (1).

801. Le consentement à la sortie du débiteur pourra être donné, soit devant notaire, soit sur le registre d'écrou. — Pr. 800-1°.

802. La consignation de la dette sera faite entre les mains du geôlier, sans qu'il soit besoin de la faire ordonner; si le geôlier refuse, il sera assigné à bref délai devant le tribunal du lieu, en vertu de permission : l'assignation sera donnée par huissier commis.

---

(1) V. l. 17 avril 1832, art. 34, 35, 36, 39, 40;   1832 : p. 291 s. 303 s; 1852, p. 163 s, 221 s. l. 13 décembre 1848, art. 8, 9, 12 (B. O. M.

803. L'élargissement, faute de consignation d'aliments, sera ordonné sur le certificat de non-consignation, délivré par le geôlier, et annexé à la requête présentée au président du tribunal, sans sommation préalable.

Si cependant le créancier en retard de consigner les aliments, fait la consignation avant que le débiteur ait formé sa demande en élargissement, cette demande ne sera plus recevable.

804. Lorsque l'élargissement aura été ordonné faute de consignation d'aliments, le créancier ne pourra de nouveau faire emprisonner le débiteur, qu'en lui remboursant les frais par lui faits pour obtenir son élargissement, ou les consignant, à son refus, ès mains du greffier, et en consignant aussi d'avance six mois d'aliments : on ne sera point tenu de recommencer les formalités préalables à l'emprisonnement, s'il a lieu dans l'année du commandement.

805. Les demandes en élargissement seront portées au tribunal dans le ressort duquel le débiteur est détenu. Elles seront formées à bref délai, au domicile élu par l'écrou, en vertu de permission du juge, sur requête présentée à cet effet : elles seront communiquées au ministère public, et jugées, sans instruction, à la première audience, préférablement à toutes autres causes, sans remise ni tour de rôle.

TITRE SEIZIÈME

DES RÉFÉRÉS

806. Dans tous les cas d'urgence, ou lorsqu'il s'agira de statuer provisoirement sur les difficultés relatives à l'exécution d'un titre exécutoire ou d'un jugement, il sera procédé ainsi qu'il va être réglé ci-après. — **Pr.** 72, 76, 606 et s.; 661, 681, 734, 786, 829, 843, 843, 852, 921, 944, 948, 1040 ; **C.** 1319; **T.** 93.

807. La demande sera portée à une audience tenue à cet effet par le président du tribunal de première instance, ou par le juge qui le remplace, aux jour et heure indiqués par le tribunal. — **Pr.** 553; **T.** 29.

808. Si néanmoins le cas requiert célérité, le président, ou celui qui le représentera, pourra permettre d'assigner soit à l'audience, soit à son hôtel, à heure indiquée, même les jours de fêtes; et, dans ce cas, l'assignation ne pourra être donnée qu'en vertu de l'ordonnance du juge, qui commettra un huissier à cet effet. — **Pr.** 49-2°, 63, 72, 554, 828, 1037 ; **T.** 76.

809. Les ordonnances sur référés ne feront aucun préjudice au principal; elles seront exécutoires par provision, sans caution, si le juge n'a pas ordonné qu'il en serait fourni une.

Elles ne seront pas susceptibles d'opposition.

Dans les cas où la loi autorise l'appel, cet appel pourra être interjeté même avant le délai de huitaine, à dater du jugement; et il ne sera point recevable s'il a été interjeté après la quinzaine, à dater du jour de la signification du jugement.

L'appel sera jugé sommairement et sans procédure. — **Pr.** 135 et s., 404 et s., 443, 449, 455 et s., 1033 ; **T.** 29, 149.

810. Les minutes des ordonnances sur référés seront déposées au greffe. — **Pr.** 787, 922, 944.

811. Dans les cas d'absolue nécessité, le juge pourra ordonner l'exécution de son ordonnance sur la minute. — **Pr.** 545, 554.

DEUXIÈME PARTIE

PROCÉDURES DIVERSES

LIVRE PREMIER

(Décret du 22 avril 1806, promulgué le 2 mai suivant.)

TITRE PREMIER

DES OFFRES DE PAIEMENT ET DE LA CONSIGNATION

812. Tout procès-verbal d'offres désignera l'objet offert, de manière qu'on ne puisse y en substituer un autre ; et si ce sont des espèces, il en contiendra l'énumération et la qualité. — **Pr.** 352; **C.** 1257 et s.

813. Le procès-verbal fera mention de la réponse, du refus ou de l'acceptation du créancier, et s'il a signé, refusé ou déclaré ne pouvoir signer. — **Pr.** 812; **C.** 1257 et s.; **T.** 59.

814. Si le créancier refuse les offres, le débiteur peut, pour se libérer, consigner la somme ou la chose offerte, en observant les formalités prescrites par l'article 1259 du Code civil. — **Pr.** 657, 816 ; **C.** 1257, 1259, 1264.

815. La demande qui pourra être intentée, soit en validité, soit en nullité des offres ou de la consignation, sera formée d'après les règles établies pour les demandes princi-pales : si elle est incidente, elle le sera par requête. — **Pr.** 49-7°, 59, 68, 337 et s., 813; **C.** 1258; **T.** 75.

816. Le jugement qui déclarera les offres valables ordonnera, dans le cas où la con-signation n'aurait pas encore eu lieu, que, faute par le créancier d'avoir reçu la somme ou la chose offerte, elle sera consignée ; il prononcera la cessation des intérêts, du jour de la réalisation. — **C.** 1257, 1259 et s.

817. La consignation volontaire ou ordonnée sera toujours à la charge des oppo-sitions, s'il en existe, et en les dénonçant au créancier. — **Pr.** 557 et s.

818. Le surplus est réglé par les dispositions du Code civil, relatives aux offres de paiement et à la consignation. — **C.** 1257 et s.

13

TITRE DEUXIÈME

DU DROIT DES PROPRIÉTAIRES SUR LES MEUBLES, EFFETS ET FRUITS DE LEURS LOCATAIRES ET FERMIERS, OU DE LA SAISIE-GAGERIE ET DE LA SAISIE-ARRÊT SUR DÉBITEURS FORAINS.

819. Les propriétaires et principaux locataires de maisons ou biens ruraux, soit qu'il y ait bail, soit qu'il n'y en ait pas, peuvent, un jour après le commandement, et sans permission du juge, faire saisir-gager, pour loyers et fermages échus, les effets et fruits étant dans lesdites maisons ou bâtiments ruraux, et sur les terres.

Ils peuvent même faire saisir-gager à l'instant, en vertu de la permission qu'ils en auront obtenue, sur requête, du président du tribunal de première instance.

Ils peuvent aussi saisir les meubles qui garnissaient la maison ou la ferme lorsqu'ils ont été déplacés sans leur consentement; et ils conservent sur eux leur privilége, pourvu qu'ils en aient fait la revendication, conformément à l'article 2102 du Code civil (1). — **Pr.** 551, 583 et s., 586 et s., 609 et s., 626 ; **C.** 1728, 2102; **T.** 29, 61, 76.

820. Peuvent les effets des sous-fermiers et sous-locataires, garnissant les lieux par eux occupés, et les fruits des terres qu'ils sous-louent, être saisis-gagés pour les loyers et fermages dus par le locataire ou fermier de qui ils tiennent; mais ils obtiendront

---

(1) *Loi du 25 mai 1838.*

Art. 3. Les juges de paix connaissent, sans appel, jusqu'à la valeur de 100 francs, et, à charge d'appel, à quelque valeur que la demande puisse s'élever :

Des actions en paiement de loyers ou fermages, des congés, des demandes en résiliation de baux, fondées sur le seul défaut de paiement des loyers ou fermages ; des expulsions de lieux et des demandes en validité de saisie-gagerie, le tout lorsque les locations verbales ou par écrit n'excéderont pas annuellement, à Paris, 400 francs et 200 francs partout ailleurs.

Si le prix principal consiste en denrées ou prestations en nature, appréciables d'après les mercuriales, l'évaluation sera faite sur celles du jour de l'échéance, lorsqu'il s'agira du paiement des fermages ; dans tous les autres cas, elle aura lieu suivant les mercuriales du mois qui aura précédé la demande.

Si le prix principal du bail consiste en prestations non appréciables d'après les mercuriales, ou s'il s'agit de baux à colons partiaires, le juge de paix déterminera la compétence, en prenant pour base du revenu de la propriété, le principal de la contri-bution foncière de l'année courante, multipliée par cinq.

Art. 10. Dans les cas où la saisie-gagerie ne peut avoir lieu qu'en vertu de permission de justice, cette permission sera accordée par le juge de paix du lieu où la saisie devra être faite, toutes les fois que les causes rentreront dans sa compétence.

S'il y a opposition de la part des tiers, pour des causes et pour des sommes qui, réunies, excéderaient cette compétence, le jugement en sera déféré aux tribunaux de première instance.

V. les notes sous l'article 4.

Décret du 16 août 1854.

Art. 1er. La compétence des juges de paix, en matière civile, est réglée conformément aux dispositions de la loi du 25 mai 1838. Toutefois, ils connaissent : 1° en dernier ressort, jusqu'à la valeur de 250 francs, et, en premier ressort, jusqu'à la valeur de 500 francs, des actions indiquées dans l'article 1er de cette loi; 2° en dernier ressort, jusqu'à la valeur de 250 francs, des actions indiquées dans les articles 2, 3, 4 et 5 de la dite loi.

(B. O. 1854 : M. p. 579, 722 s ; G. p. 318, 326. s.)

main-levée en justifiant qu'ils ont payé sans fraude, et sans qu'ils puissent opposer des paiements faits par anticipation. — C. 1753, 2102-1°.

821. La saisie-gagerie sera faite en la même forme que la saisie-exécution; le saisi pourra être constitué gardien; et s'il y a des fruits, elle sera faite dans la forme établie par le titre IX du livre précédent (1). — **Pr.** 583 et s., 596 et s., 626 et s., 830.

822. Tout créancier, même sans titre, peut, sans commandement préalable, mais avec permission du président du tribunal de première instance et même du juge de paix, faire saisir les effets trouvés en la commune qu'il habite, appartenant à son débiteur forain. — **T.** 61, 63, 76.

823. Le saisissant sera gardien des effets, s'ils sont en ses mains, sinon il sera établi un gardien. — **Pr.** 596, et s.; **T.** 61.

824. Il ne pourra être procédé à la vente sur les saisies énoncées au présent titre, qu'après qu'elles auront été déclarées valables : le saisi, dans le cas de l'article 821, le saisissant, dans le cas de l'article 823, ou le gardien, s'il en a été établi, seront condamnés par corps à la représentation des effets (2). — **Pr.** 126 et s., 603, 613 et s., 831.

825. Seront, au surplus, observées les règles ci-devant prescrites pour la saisie-exécution, la vente et la distribution des deniers. — **Pr.** 583 et s., 656 et s.; **T.** 61.

TITRE TROISIÈME

DE LA SAISIE-REVENDICATION

826. Il ne pourra être procédé à aucune saisie-revendication qu'en vertu d'ordonnance du président du tribunal de première instance rendue sur requête; et ce, à peine de dommages-intérêts, tant contre la partie que contre l'huissier qui aura procédé à la saisie. — **Pr.** 558, 808, 822; **C.** 1926, 2102-1°, 4°, 2279; **Co.** 574; **T.** 77.

827. Toute requête à fin de saisie-revendication désignera sommairement les effets. — **Pr.** 826; **T.** 77.

828. Le juge pourra permettre la saisie-revendication, même les jours de fête légale. — **Pr.** 63, 808, 1037.

829. Si celui chez lequel sont les effets qu'on veut revendiquer refuse les portes ou s'oppose à la saisie, il en sera référé au juge; et cependant il sera sursis à la saisie, sauf au requérant à établir garnison aux portes. — **Pr.** 587, 806 et s.; **T.** 62.

830. La saisie-revendication sera faite en la même forme que la saisie-exécution, si ce n'est que celui chez qui elle est faite pourra être constitué gardien. — **Pr.** 583 et s., 596, 821 et s.

---

(1) V. sous l'article 819 les articles 3 et 10 de la loi du 25 mai 1838.

(2) V. sous l'article 17 le décret du 6 décembre 1869, sur la contrainte par corps.

831. La demande en validité de la saisie sera portée devant le tribunal du domicile de celui sur qui elle est faite; et si elle est connexe à une instance déjà pendante, elle le sera au tribunal saisi de cette instance. — **Pr.** 49-7°, 59, 171, 824.

TITRE QUATRIÈME

DE LA SURENCHÈRE SUR ALIÉNATION VOLONTAIRE

832. (Ainsi remplacé : L. 2 juin 1841, art. 2) (1). — Les notifications et réquisitions prescrites par les articles 2183 et 2185 du Code civil seront faites par un huissier commis à cet effet, sur simple requête, par le président du tribunal de première instance de l'arrondissement où elles auront lieu; elles contiendront constitution d'avoué près le tribunal où la surenchère et l'ordre devront être portés.

L'acte de réquisition de mise aux enchères contiendra, avec l'offre et l'indication de la caution, assignation à trois jours devant le tribunal, pour la réception de cette caution, à laquelle il sera procédé comme en matière sommaire. Cette assignation sera notifiée au domicile de l'avoué constitué; il sera donné copie, en même temps, de l'acte de soumission de la caution et du dépôt au greffe des titres qui constatent sa solvabilité.

Dans le cas où le surenchérisseur donnerait un nantissement en argent ou en rentes sur l'État, à défaut de caution, conformément à l'article 2041 du Code civil, il fera notifier avec son assignation copie de l'acte constatant la réalisation de ce nantissement.

Si la caution est rejetée, la surenchère sera déclarée nulle, et l'acquéreur maintenu, à moins qu'il n'ait été fait d'autres surenchères par d'autres créanciers (a). — **Pr.** 517 et s., 833, 838, 1030; **C.** 2183, 2185.

833. (Ainsi remplacé; L. 2 juin 1841, art. 2) (2). — Lorsqu'une surenchère aura été notifiée avec assignation dans les termes de l'article 832 ci-dessus, chacun des créanciers inscrits aura le droit de se faire subroger à la poursuite, si le surenchérisseur ou le nouveau propriétaire ne donne pas suite à l'action dans le mois de la surenchère.

La subrogation sera demandée par simple requête en intervention, et signifiée par acte d'avoué à avoué.

---

(1) Les articles 832, 833, 836, 837 et 838 du tit. IV du liv. I⁰ʳ de la 2° partie du Code de procédure civile, relatifs à la surenchère sur aliénation volontaire, seront remplacés par les dispositions suivantes:

(V. le nouveau texte.)

V. note sous l'art. 673.

(a) Ancien article 832. — Les notifications et réquisitions prescrites par les articles 2183 et 2185 du Code civil seront faites par un huissier commis à cet effet, sur simple requête, par le président du tribunal de 1ʳᵉ instance de l'arrondissement où elles auront lieu; elles contiendront constitution d'avoué près le tribunal où la surenchère et l'ordre devront être portés. — L'acte de réquisition de mise aux enchères contiendra, à peine de nullité de la surenchère, l'offre de la caution avec assignation à trois jours devant le même tribunal pour la réception de ladite caution, à laquelle il sera procédé sommairement.

(2) V. notes sous les articles 673 et 832.

Le même droit de subrogation reste ouvert au profit des créanciers inscrits, lorsque, dans le cours de la poursuite, il y a collusion, fraude ou négligence de la part du poursuivant.

Dans tous les cas ci-dessus, la subrogation aura lieu aux risques et périls du surenchérisseur, sa caution continuant à être obligée (b). — **Pr.** 339, 721 et **s.**, 779.

834. Les créanciers qui, ayant une hypothèque aux termes des articles 2123, 2127 et 2128 du Code civil, n'auront pas fait inscrire leurs titres antérieurement aux aliénations qui seront faites à l'avenir des immeubles hypothéqués, ne seront reçus à requérir la mise aux enchères, conformément aux dispositions du chapitre VIII, tit. XVIII du livre III du Code civil, qu'en justifiant de l'inscription qu'ils auront prise depuis l'acte translatif de propriété, et au plus tard dans la quinzaine de la transcription de cet acte.

Il en sera de même à l'égard des créanciers ayant privilége sur des immeubles, sans préjudice des autres droits résultant au vendeur et aux héritiers, des articles 2108 et 2109 du Code civil (1).

835. Dans le cas de l'article précédent, le nouveau propriétaire n'est pas tenu de faire aux créanciers, dont l'inscription n'est pas antérieure à la transcription de l'acte, les significations prescrites par les articles 2183 et 2184 du Code civil; et dans tous les cas, faute par les créanciers d'avoir requis la mise aux enchères dans le délai et les formes prescrits, le nouveau propriétaire n'est tenu que du paiement du prix, conformément à l'article 2186 du Code civil (1).

836. (Ainsi remplacé : L. 2 juin 1841, art. 2) (2). — Pour parvenir à la revente sur enchère prévue par l'article 2187 du Code civil, le poursuivant fera imprimer des placards qui contiendront :

1° La date et la nature de l'acte d'aliénation sur lequel la surenchère a été faite, le nom du notaire qui l'aura reçu ou de toute autorité appelée à sa confection ;

2° Le prix énoncé dans l'acte, s'il s'agit d'une vente, ou l'évaluation donnée aux immeubles dans la notification aux créanciers inscrits, s'il s'agit d'un échange ou d'une donation ;

3° Le montant de la surenchère ;

4° Les noms, professions, domiciles du précédent propriétaire, de l'acquéreur ou donataire, du surenchérisseur, ainsi que du créancier qui lui est subrogé dans le cas de l'article 833;

5° L'indication sommaire de la nature et de la situation des biens aliénés;

6° Le nom et la demeure de l'avoué constitué pour le poursuivant;

7° L'indication du tribunal où la surenchère se poursuit, ainsi que des jour, lieu et heure de l'adjudication.

Ces placards seront apposés, quinze jours au moins, et trente jours au plus avant

---

(b) Ancien article 833. — Si la caution est rejetée, la surenchère sera déclarée nulle et l'acquéreur maintenu, à moins qu'il n'ait été fait d'autres surenchères par d'autres créanciers.

(1) Sénatus-consulte du 7 juillet 1856, sur la transcription en matière hypothécaire.

Art. 7 dernier paragraphe.

Les articles 834 et 835 du Code de procédure civile sont abrogés. (B. O. 1856, M. p. 449.)

(2) V. notes sous les articles 673-832

l'adjudication, à la porte du domicile de l'ancien propriétaire et aux lieux désignés dans l'article 699 du présent Code.

Dans le même délai, l'insertion des énonciations qui précèdent sera faite dans le journal désigné en exécution de l'article 696, et le tout sera constaté comme il est dit dans les articles 698 et 699 (a). — **Pr.** 958, 988.

837. (Ainsi remplacé : L. 2 juin 1841, art. 2) (1). — Quinze jours au moins et trente jours au plus avant l'adjudication, sommation sera faite à l'ancien et au nouveau propriétaire d'assister à cette adjudication, aux lieu, jour et heure indiqués. Pareille sommation sera faite au créancier surenchérisseur, si c'est le nouveau propriétaire ou un autre créancier subrogé qui poursuit.

Dans le même délai, l'acte d'aliénation sera déposé au greffe et tiendra lieu de minute d'enchère.

Le prix porté dans l'acte ou la valeur déclarée et le montant de la surenchère tiendront lieu d'enchère (a). — **Pr.** 690.

838. (Ainsi modifié : L. 21 mai 1858) (2). — Le surenchérisseur, même au cas de subrogation à la poursuite, sera déclaré adjudicataire, si, au jour fixé pour l'adjudication, il ne se présente pas d'autre enchérisseur. Sont applicables au cas de surenchère les articles 701, 702, 705, 706, 707, 711, 712, 713, 717, 731, 732 et 733 du présent Code, ainsi que les articles 734 et suivants relatifs à la folle enchère.

Les formalités prescrites par les articles 705 et 706, 832, 836 et 837 seront observées à peine de nullité.

Les nullités devront être proposées, à peine de déchéance, savoir : celles qui concerneront la déclaration de surenchère et l'assignation, avant le jugement qui doit statuer sur la réception de la caution ; celles qui seront relatives aux formalités de la mise en vente, trois jours au moins avant l'adjudication. Il sera statué sur les premières par le jugement de réception de la caution, et sur les autres avant l'adjudication, et, autant que possible, par le jugement même de cette adjudication.

Aucun jugement ou arrêt par défaut en matière de surenchère sur aliénation volontaire ne sera susceptible d'opposition.

Les jugements qui statueront sur les nullités antérieures à la réception de la caution, ou sur la réception même de cette caution, et ceux qui prononceront sur la demande en

---

(a) Ancien article 836. — Pour parvenir à la revente sur enchère, prévu par l'article 2187 du Code civil, le poursuivant fera apposer des placards indicatifs de la première publication, laquelle sera faite quinzaine après cette opposition.

(1) V. notes sous les art. 673 et 832.

(a) Ancien article 837. — Le procès-verbal d'apposition de placards sera notifié au nouveau propriétaire,

si c'est le créancier qui poursuit ; et au créancier surenchérisseur, si c'est l'acquéreur.

(2) Art. 3. L'article 838 du Code de procédure civile est modifié ainsi qu'il suit : (V. le nouveau texte).

V. notes sous les articles 673 et 832 et sous le titre XIV°.

V. sous l'article 749, le décret du 7 mars 1863, art. 3.

subrogation intentée pour collusion ou fraude, seront seuls susceptibles d'être attaqués par la voie de l'appel.

L'adjudication par suite de surenchère sur aliénation volontaire ne pourra être frappée d'aucune autre surenchère.

Les effets de l'adjudication à la suite de surenchère, sur aliénation volontaire seron réglés, à l'égard du vendeur et de l'adjudicataire, par les dispositions de l'article [717 ci-dessus ; néanmoins, après le jugement d'adjudication par suite de surenchère, la purge des hypothèques légales, si elle n'a pas eu lieu, se fait comme au cas d'aliénation volontaire, et les droits des créanciers à hypothèques légales sont régis par le dernier alinéa de l'article 772 (a). — **Pr.** 692, 728, 730,732, 772.

TITRE CINQUIÈME

DES VOIES A PRENDRE POUR AVOIR EXPÉDITION OU COPIE D'UN ACTE, OU POUR LE FAIRE RÉFORMER.

839. Le notaire ou autre dépositaire qui refusera de délivrer expédition ou copie d'un acte aux parties intéressées en nom direct, héritiers ou ayant droit, y sera condamnée, et par corps, sur assignation à bref délai, donnée en vertu de permission du président du tribunal de première instance, sans préliminaire de conciliation (1). — **Pr.** 49-7°, 72, 126, 806 et **s.** ; **T.** 1, 29, 78.

840. L'affaire sera jugée sommairement, et le jugement exécuté nonobstant opposition ou appel. — **Pr.** 135, 404 et **s.**

(a) Ancien article 838. (L. 2 juin 1841). — Le surenchérisseur, même au cas de subrogation à la poursuite, sera déclaré adjudicataire si, au jour fixé pour l'adjudication, il ne se présente pas d'autre enchérisseur.

Sont applicables au cas de surenchère les art. 701, 702, 705, 706, 707, 711, 712, 713, 717, 731, 732, 733 du présent Code, ainsi que les articles 734 et suivants relatifs à la folle enchère.

Les formalités prescrites par les articles 705 et 706, 832, 836 et 837, seront observées à peine de nullité.

Les nullités devront être proposées, à peine de déchéance, savoir : celles qui concerneront la déclaration de surenchère et l'assignation, avant le jugement qui doit statuer sur la réception de la caution ; celles qui seront relatives aux formalités de la mise en vente, trois jours au moins avant l'adjudication ; il sera statué sur les premières par le jugement de réception de la caution, et sur les autres avant l'adjudication, et autant que possible, par le jugement même de

cette adjudication.

Aucun jugement ou arrêt par défaut en matière de surenchère sur aliénation volontaire ne sera susceptible d'opposition.

Les jugements qui statueront sur les nullités antérieures à la réception de la caution, ou sur la réception même de cette caution, et ceux qui prononceront sur la demande en subrogation intentée pour collusion ou fraude, seront seuls susceptibles d'être attaqués par la voie de l'appel.

L'adjudication par suite de surenchère sur aliénation volontaire, ne pourra être frappée d'aucune autre surenchère.

Les effets de l'adjudication à la suite de surenchère sur aliénation volontaire seront réglés, à l'égard du vendeur et de l'adjudicataire par les dispositions de l'art. 717 ci-dessus.

(1) V. sous l'art. 17 le décret du 6 décembre 1869, sur la contrainte par corps.

841. La partie qui voudra obtenir copie d'un acte non enregistré ou même resté imparfait présentera sa requête au président du tribunal de première instance, sauf l'exécution des lois et règlements relatifs à l'enregistrement. — **T.** 29, 78.

842. La délivrance sera faite, s'il y a lieu, en exécution de l'ordonnance mise en suite de la requête; et il en sera fait mention au bas de la copie délivrée. — **Pr.** 841, 843.

843. En cas de refus de la part du notaire ou dépositaire, il en sera référé au président du tribunal de première instance. — **Pr.** 806 et s., 841 et s.

844. La partie qui voudra se faire délivrer une seconde grosse, soit d'une minute d'acte, soit par forme d'ampliation sur une grosse déposée, présentera, à cet effet, requête au président du tribunal de première instance : en vertu de l'ordonnance qui interviendra, elle fera sommation au notaire pour faire la délivrance à jour et heure indiqués, et aux parties intéressées pour y être présentes; mention sera faite de cette ordonnance au bas de la seconde grosse, ainsi que de la somme pour laquelle on pourra exécuter, si la créance est acquittée ou cédée en partie. — **T.** 29, 78.

845. En cas de contestation, les parties se pourvoiront en référé. — **Pr.** 806 et s., 844.

846. Celui qui, dans le cours d'une instance, voudra se faire délivrer expédition ou extrait d'un acte dans lequel il n'aura pas été partie, se pourvoira ainsi qu'il va être réglé. — **Pr.** 847 et s., 853.

847. La demande à fin de compulsoire sera formée par requête d'avoué à avoué : elle sera portée à l'audience sur un simple acte, et jugée sommairement sans aucune procédure. — **Pr.** 82, 404 et s., 848 et s. ; **T.** 75.

848. Le jugement sera exécutoire, nonobstant appel ou opposition. — **Pr.** 135 et s., 840.

849. Les procès verbaux de compulsoire ou collation seront dressés et l'expédition ou copie délivrée par le notaire ou dépositaire, à moins que le tribunal qui l'aura ordonnée n'ait commis un de ses membres, ou tout autre juge de tribunal de première instance, ou un autre notaire. — **Pr.** 1035, 1040; **T.** 168.

850. Dans tous les cas, les parties pourront assister au procès-verbal, et y insérer tels dires qu'elles aviseront. — **Pr.** 849 ; **T.** 92.

851. Si les frais et déboursés de la minute de l'acte sont dus au dépositaire, il pourra refuser expédition tant qu'il ne sera pas payé desdits frais, outre ceux d'expédition.

852. Les parties pourront collationner l'expédition ou copie à la minute, dont lecture sera faite par le dépositaire : si elles prétendent qu'elles ne sont pas conformes, il en sera référé à jour indiqué par le procès-verbal, au président du tribunal, lequel fera la collation; à cet effet, le dépositaire sera tenu d'apporter la minute.

Les frais du procès-verbal, ainsi que ceux du transport du dépositaire, seront avancés par le requérant. — **Pr.** 301. **T.** 168.

853. Les greffiers et dépositaires des registres publics en délivreront, sans ordonnance de justice, expédition, copie ou extrait, à tous requérants, à la charge de leurs droits, à peine de dépens, dommages et intérêts. — **C.** 45.

854. Une seconde expédition exécutoire d'un jugement ne sera délivrée à la même partie qu'en vertu d'ordonnance du président du tribunal où il aura été rendu.

Seront observées les formalités prescrites pour la délivrance des secondes grosses des actes devant notaires. — **Pr.** 844, 845; **T.** 78.

855. Celui qui voudra faire ordonner la rectification d'un acte de l'état-civil présentera requête au président du tribunal de première instance. — **C.** 99, 100; **T.** 78.

856. Il y sera statué sur rapport et sur les conclusions du ministère public. Les juges ordonneront, s'ils l'estiment convenable, que les parties intéressées seront appelées, et que le conseil de famille sera préalablement convoqué.

S'il y a lieu d'appeler les parties intéressées, la demande sera formée par exploit, sans préliminaires de conciliation.

Elle le sera par acte d'avoué, si les parties sont en instance. — **Pr.** 49, 61, 83, 882 et **s.**; **C.** 54, 405 et **s.**; **T.** 29, 71.

857. Aucune rectification, aucun changement, ne pourront être faits sur l'acte; mais les jugements de rectification seront inscrits sur les registres par l'officier de l'état civil, aussitôt qu'ils lui auront été remis : mention en sera faite en marge de l'acte réformé; et l'acte ne sera plus délivré qu'avec les rectifications ordonnées, à peine de tous dommages-intérêts contre l'officier qui l'aurait délivré. — **C.** 49, 99, 101.

858. Dans le cas où il n'y aurait d'autre partie que le demandeur en rectification, et où il croirait avoir à se plaindre du jugement, il pourra, dans les trois mois depuis la date de ce jugement, se pourvoir à la cour royale, en présentant au président une requête, sur laquelle sera indiqué un jour auquel il sera statué à l'audience sur les conclusions du ministère public. — **Pr.** 83, 443 et **s.**; **T.** 150.

TITRE SIXIÈME

DE QUELQUES DISPOSITIONS RELATIVES A L'ENVOI EN POSSESSION DES BIENS D'UN ABSENT.

859. Dans le cas prévu par l'article 112 du Code civil, et pour y faire statuer, il sera présenté requête au président du tribunal. Sur cette requête, à laquelle seront joints les pièces et documents, le président commettra un juge pour faire le rapport au jour indiqué; et le jugement sera prononcé après avoir entendu le procureur du roi. — **Pr.** 83, 111, 860; **C.** 114; **T.** 78.

860. Il sera procédé de même dans le cas où il s'agirait de l'envoi en possession provisoire autorisé par l'article 120 du Code civil. — **Pr.** 859 ; **T.** 78.

TITRE SEPTIÈME

AUTORISATION DE LA FEMME MARIÉE

861. La femme qui voudra se faire autoriser à la poursuite de ses droits après avoir fait une sommation à son mari, et sur le refus par lui fait, présentera requête au président, qui rendra ordonnance portant permission de citer le mari, à jour indiqué à la chambre du conseil, pour déduire les causes de son refus. — **Pr.** 461, 875 ; **C.** 215, 218, 219, 1427, 1535, 1538 1555 et s., 1576 ; **T.** 29, 78.

862. Le mari entendu, ou faute par lui de se présenter, il sera rendu, sur les conclusions du ministère public, jugement qui statuera sur la demande de la femme. — **Pr.** 83, 861.

863. Dans le cas de l'absence présumée du mari, ou lorsqu'elle aura été déclarée, la femme qui voudra se faire autoriser à la poursuite de ses droits présentera également requête au président du tribunal, qui ordonnera la communication au ministère public, et commettra un juge pour faire son rapport à jour indiqué. — **Pr.** 83 ; **C.** 112, 113, 222 ; **T.** 78.

864. La femme de l'interdit se fera autoriser en la forme prescrite par l'article précédent : elle joindra à sa requête le jugement d'interdiction. — **Pr.** 83 ; **C.** 222, 224, 489 ; **T.** 78.

TITRE HUITIÈME

DES SÉPARATIONS DE BIENS

865. Aucune demande en séparation de biens ne pourra être formée sans une autorisation préalable, que le président du tribunal devra donner sur la requête qui lui sera présentée à cet effet. Pourra néanmoins le président, avant de donner l'autorisation, faire les observations qui lui paraîtront convenables. — **Pr.** 49-7°, 875 ; **C.** 311 ; 1443 et s. ; **Co.** 65 et s. ; **T.** 78.

866. Le greffier du tribunal inscrira, sans délai, dans un tableau placé à cet effet dans l'auditoire, un extrait de la demande en séparation, lequel contiendra,

1° La date de la demande ;

2° Les noms, prénoms, profession et demeure des époux ;

3° Les noms et demeure de l'avoué constitué qui sera tenu de remettre, à cet effet, le dit extrait au greffier, dans les trois jours de la demande. — **Pr.** 867 et s., 869 ; **Co.** 65 et s. ; **T.** 92.

867. Pareil extrait sera inséré dans des tableaux placés, à cet effet, dans l'auditoire du tribunal de commerce, dans les chambres d'avoués de première instance et dans celles de notaires, le tout dans les lieux où il y en a : lesdites insertions seront certifiées par les greffiers et par les secrétaires des chambres.

(*Ordonnance du* 19 *octobre* 1828, *art.* 37). — L'extrait mentionné en l'article 867 sera inséré seulement dans les tableaux placés à cet effet, tant dans l'auditoire du tribunal de première instance que dans l'auditoire des justices de paix. — **Pr.** 866, 868, et **s.**; **Co.** 65 et **s.**; **T.** 92.

868. Le même extrait sera inséré, à la poursuite de la femme, dans l'un des journaux qui s'impriment dans le lieu où siège le tribunal; et s'il n'y en a pas, dans l'un de ceux établis dans le département, s'il y en a.

La dite inscription sera justifiée ainsi qu'il est dit au titre *de la saisie immobilière*, article 696. — **Pr.** 698, 866 et **s** , 869 ; **Co.** 65 ; **T.** 92.

869. Il ne pourra être, sauf les actes conservatoires, prononcé, sur la demande en séparation, aucun jugement qu'un mois après l'observation des formalités ci-dessus prescrites, et qui seront observées à peine de nullité, laquelle pourra être opposée par le mari ou par ses créanciers. — **Pr.** 1020 ; **C.** 1447.

870. L'aveu du mari ne fera pas preuve, lors même qu'il n'y aura't pas de créanciers. — **C.** 1443, 1447 ; **Co.** 65.

871. Les créanciers du mari pourront, jusqu'au jugement définitif, sommer l'avoué de la femme, par acte d'avoué à avoué, de leur communiquer la demande en séparation et les pièces justificatives, même intervenir pour la conservation de leurs droits, sans préliminaire de conciliation. — **Pr.** 49, 189, 339 et **s.**; **C.** 1166, 1447 ; **Co.** 65 ; **T.** 70, 75.

872. Le jugement de séparation sera lu publiquement, l'audience tenante, au tribunal de commerce du lieu, s'il y en a : extrait de ce jugement, contenant la date, la désignation du tribunal où il a été rendu, les noms, prénoms, profession et demeure des époux, sera inséré sur un tableau à ce destiné et exposé pendant un an, dans l'auditoire des tribunaux de première instance et de commerce du domicile du mari, même lorsqu'il ne sera pas négociant ; et s'il n'y a pas de tribunal de commerce, dans la principale salle de la maison commune du domicile du mari. Pareil extrait sera inséré au tableau exposé en la chambre des avoués et notaires, s'il y en a. La femme ne pourra commencer l'exécution du jugement que du jour où les formalités ci-dessus auront été remplies, sans que néanmoins il soit nécessaire d'attendre l'expiration du susdit délai d'un an.

Le tout sans préjudice des dispositions portées en l'article 1445 du Code civil.

(*Ordonnance du* 19 *octobre* 1828, *art.* 38). — La lecture des jugements de séparation, prescrite par l'article 872, se fera à l'audience du tribunal de première instance, et l'extrait de chacun de ces jugements, rédigé dans la forme prescrite audit article, sera inséré et exposé pendant un an dans les tableaux à ce destinés, tant dans l'auditoire du tribunal de première instance que dans celui de la justice de paix du domicile du mari. — **Pr.** 880; **C.** 1443, 1445 ; **Co.** 65, 67 ; **T.** 92.

873. Si les formalités prescrites au présent titre ont été observées, les créanciers du mari ne seront plus reçus, après l'expiration du délai dont il s'agit dans l'article précédent, à se pourvoir par tierce opposition contre le jugement de séparation. — **Pr.** 474 et **s.**, 872, 1029; **C.** 1167, 1447; **Co.** 65, 67.

874. La renonciation de la femme à la communauté sera faite au greffe du tribunal saisi de la demande en séparation. — **Pr.** 997; **C.** 1134, 1453, 1457; **Co.** 65, 67; **T.** 91.

TITRE NEUVIÈME

DE LA SÉPARATION DE CORPS ET DU DIVORCE (1)

875. L'époux qui voudra se pourvoir en séparation de corps sera tenu de présenter au président du tribunal de son domicile, requête contenant sommairement les faits ; il y joindra les pièces à l'appui, s'il y en a. — **Pr.** 865; **C.** 236, 306 et s., 311; **T.** 79.

876. La requête sera répondue d'une ordonnance portant que les parties comparaîtront devant le président au jour qui sera indiqué par ladite ordonnance. — **C.** 238; **T.** 29.

877. Les parties seront tenues de comparaître en personne, sans pouvoir se faire assister d'avoués ni de conseils. — **C.** 238.

878. Le président fera aux deux époux les représentations qu'il croira propres à opérer un rapprochement ; s'il ne peut y parvenir, il rendra ensuite de la première ordonnance une seconde portant qu'attendu qu'il n'a pu concilier les parties, il les renvoie à se pourvoir, sans citation préalable, au bureau de conciliation ; il autorisera par la même ordonnance la femme à procéder sur la demande, et à se retirer provisoirement dans telle maison que les parties seront convenues, ou qu'il indiquera d'office ; il ordonnera que les effets à l'usage journalier de la femme lui seront remis. Les demandes en provision seront portées à l'audience. — **Pr.** 49, 861; **C.** 239, 259, 268, 1426.

879. La cause sera instruite dans les formes établies pour les autres demandes, et jugée sur les conclusions du ministère public (2). — **Pr.** 83; **C.** 307.

880. Extrait du jugement qui prononcera la séparation sera inséré aux tableaux exposés tant dans l'auditoire des tribunaux que dans les chambres d'avoués et notaires, ainsi qu'il est dit article 872. — **Pr.** 872, 873; **C.** 311; **Co.** 66; **T.** 92.

881. A l'égard du *divorce*, il sera procédé comme il est prescrit au Code civil. (*Ordonnance du 19 octobre* 1828, *art.* 39). L'article 881 est supprimé.

---

(1) Le divorce est aboli (L. 8 mai 1816).

(2) *Ordonnance du 16 mai 1835 sur les appels relatifs aux séparations de corps.*

Art. 1er. L'article 22 du règlement d'administration publique du 30 mars 1808 est modifié en ce qui touche les appels relatifs aux séparations de corps ; ces appels seront, à l'avenir, jugés par nos cours royales, en audience ordinaire.

Ladite ordonnance a été rendue exécutoire dans les colonies par décret du 2 septembre 1862, promulgué. (B. o. 1862 : M. p. 503, 514 ; G. p. 397, 399.)

TITRE DIXIÈME

DES AVIS DE PARENTS

882. Lorsque la nomination d'un tuteur n'aura pas été faite en sa présence, elle lui sera notifiée, à la diligence du membre de l'assemblée qui aura été désigné par elle : la dite notification sera faite dans les trois jours de la délibération, outre un jour par trois myriamètres de distance entre le lieu où s'est tenue l'assemblée et le domicile du tuteur (1). — **Pr.** 895, 968, 1033; **C.** 406 et **s.**, 438 et **s.**

883. Toutes les fois que les délibérations du conseil de famille ne seront pas unanimes, l'avis de chacun des membres qui le composent sera mentionné dans le procès-verbal.

Les tuteur, subrogé-tuteur ou curateur, même les membres de l'assemblée, pourront se pourvoir contre la délibération ; ils formeront leur demande contre les membres qui auront été d'avis de la délibération, sans qu'il soit nécessaire d'appeler en conciliation (2). — **Pr.** 49-7°, 494; **C.** 403, 415 et **s.**; **T.** 29.

884. La cause sera jugée sommairement. — **Pr.** 404 et **s.**

885. Dans tous les cas où il s'agit d'une délibération sujette à homologation, une expédition de la délibération sera présentée au président, lequel, par ordonnance au bas de ladite délibération, ordonnera la communication au ministère public, et commettra un juge pour en faire le rapport à jour indiqué. — **Pr.** 83, 891; **C.** 458, 467; **T.** 78.

886. Le procureur du Roi donnera ses conclusions au bas de ladite ordonnance ; la minute du jugement d'homologation sera mise à la suite desdites conclusions, sur le même cahier. — **Pr.** 141, 885; **C.** 448, 457, 458, 483.

887. Si le tuteur, ou autre chargé de poursuivre l'homologation, ne le fait dans le délai fixé par la délibération, ou, à défaut de fixation, dans le délai de quinzaine, un des membres de l'assemblée pourra poursuivre l'homologation contre le tuteur, et aux frais de celui-ci, sans répétition.

888. Ceux des membres de l'assemblée qui croiront devoir s'opposer à l'homologation, le déclareront, par acte extra-judiciaire, à celui qui est chargé de la poursuivre ; et s'ils n'ont pas été appelés, ils pourront former opposition au jugement. — **Pr.** 883, 889; **T.** 29.

889. Les jugements rendus sur délibération du conseil de famille seront sujets à l'appel. — **Pr.** 443 et **s.**; **C.** 448.

---

(1) V. l'article 1033 du Code de procédure civile, remplacé par l'art. 4 du décret du 22 avril 1863.

(2) V. l'art. 2 de la loi du 27 février 1880 relative à l'aliénation des valeurs mobilières appartenant aux mineurs ou aux interdits et à la conversion de ces mêmes valeurs en titres au porteur ; ladite loi précédée d'une dépêche ministérielle explicative en date du 3 mars 1880, promulguée : (B. o. 1880, M. 151.)

TITRE ONZIÈME

DE L'INTERDICTION

890. Dans toute poursuite d'interdiction, les faits d'imbécillité, de démence ou de fureur, seront énoncés en la requête présentée au président du tribunal; on y joindra les pièces justificatives, et l'on indiquera les témoins. — **Pr.** 49-1°, 252; **C.** 489 et **s.**, 493; **T.** 79; **T. Cr.** 117 et **s.**

891. Le président du tribunal ordonnera la communication de la requête au ministère public, et commettra un juge pour faire rapport à jour indiqué. — **Pr.** 83, 885; **C.** 515.

892. Sur le rapport du juge et les conclusions du procureur du Roi, le tribunal ordonnera que le conseil de famille, formé selon le mode déterminé par le Code civil, section IV du chapitre II, au titre *de la Minorité, de la Tutelle et de l'Emancipation*, donnera son avis sur l'état de la personne dont l'interdiction est demandée. — **Pr.** 893 et **s.**; **C.** 494 et **s.**; **T.** 92.

893. La requête et l'avis du conseil de famille seront signifiés au défendeur avant qu'il soit procédé à son interrogatoire.

Si l'interrogatoire et les pièces produites sont insuffisants, et si les faits peuvent être justifiés par témoins, le tribunal ordonnera, s'il y a lieu, l'enquête, qui se fera en la forme ordinaire.

Il pourra ordonner, si les circonstances l'exigent, que l'enquête sera faite hors de la présence du défendeur: mais, dans ce cas, son conseil pourra le représenter. — **Pr.** 252 et **s.**, 890; **C.** 496.

894. L'appel interjeté par celui dont l'interdiction aura été prononcée sera dirigé contre le provoquant.

L'appel interjeté par le provoquant, ou par un des membres de l'assemblée, le sera contre celui dont l'interdiction aura été provoquée.

En cas de nomination de conseil, l'appel de celui auquel il aura été donné sera dirigé contre le provoquant. — **Pr.** 443 et **s.**; **C.** 500, 513.

895. S'il n'y a pas d'appel du jugement d'interdiction, ou s'il est confirmé sur l'appel, il sera pourvu à la nomination d'un tuteur et d'un subrogé-tuteur à l'interdit, suivant les règles prescrites au titre des *Avis de parents*.

L'administrateur provisoire nommé en exécution de l'article 497 du Code civil cessera ses fonctions, et rendra compte au tuteur, s'il ne l'est pas lui-même. — **Pr.** 527 et **s.**, 882 et **s.**, 894; **C.** 404 et **s.**, 420 et **s.**, 505.

896. La demande en main-levée d'interdiction sera instruite et jugée dans la même forme que l'interdiction. — **Pr.** 890, 892; **C.** 494, 512.

897. Le jugemement qui prononcera défenses de plaider, transiger, emprunter, recevoir un capital mobilier, en donner décharge, aliéner ou hypothéquer sans assistance de conseil, sera affiché dans la forme prescrite par l'article 501 du Code civil. — **C.** 499, 501, 513; **T.** 92.

TITRE DOUZIÈME

DU BÉNÉFICE DE CESSION (1)

898. Les débiteurs qui seront dans le cas de réclamer la cession judiciaire accordée par l'article 1268 du Code civil seront tenus, à cet effet, de déposer au greffe du tribunal où la demande sera portée, leur bilan, leurs livres, s'ils en ont, et leurs titres actifs. — **Pr.** 800-3°; **C.** 1265 et s., 1945; **Co.** 541; **T.** 92.

899. Le débiteur se pourvoira devant le tribunal de son domicile. — **Pr.** 59, 61, 900; **C.** 102.

900. La demande sera communiquée au ministère public; elle ne suspendra l'effet d'aucune poursuite, sauf aux juges à ordonner, parties appelées, qu'il sera sursis provisoirement. — **Pr.** 83 et s.

901. Le débiteur admis au bénéfice de cession sera tenu de réitérer sa cession en personne, et non par procureur, ses créanciers appelés, à l'audience du tribunal de commerce de son domicile; et s'il n'y en a pas, à la maison commune, un jour de séance; la déclaration du débiteur sera constatée, dans ce dernier cas, par procès-verbal de l'huissier, qui sera signé par le maire.

(*Ordonnance du* 19 *octobre* 1828, *art.* 40). La déclaration à laquelle est assujetti le débiteur admis au bénéfice de cession par l'article 901 se fera à l'audience du tribunal de première instance. — **Pr.** 1039; **T.** 64.

902. Si le débiteur est détenu, le jugement qui l'admettra au bénéfice de cession ordonnera son extraction, avec les précautions en tel cas requises et accoutumées, à l'effet de faire sa déclaration conformément à l'article précédent. — **Pr.** 800-3°, 901; **C.** 1270; **T.** 65.

903. Les nom, prénoms, profession et demeure du débiteur seront insérés dans un tableau public à ce destiné, placé dans l'auditoire du tribunal de commerce de son domicile, ou du tribunal de première instance qui en fait les fonctions, et dans le lieu des séances de la maison commune.

(*Ordonnance du* 19 *octobre* 1828, *art.* 41). L'insertion prescrite par l'article 903 sera faite dans l'auditoire du tribunal de première instance, et, en outre, dans l'auditoire de la justice de paix du domicile du débiteur. — **Pr.** 867, 872; **T.** 92.

904. Le jugement qui admettra au bénéfice de cession vaudra pouvoir aux créanciers, à l'effet de faire vendre les biens meubles et immeubles du débiteur; et il sera

_____

(1) V. sous l'article 17 le décret du 6 décembre 1869, sur la contrainte par corps.

procédé à cette vente dans les formes prescrites pour les héritiers sous bénéfice d'inventaire. — **Pr.** 945 et s., 953 et s., 987 et s.; **C.** 1269.

905. Ne pourront être admis au bénéfice de cession, les étrangers, les stellionataires, les banqueroutiers frauduleux, les personnes condamnées pour cause de vol ou d'escroquerie, et les personnes comptables, tuteurs, administrateurs et dépositaires. — **C.** 1268, 1943, 2059; **Co.** 541, 591, 612; **P.** 379, 401 et s., 405.

906. Il n'est au surplus rien préjugé, par les dispositions du présent titre, à l'égard du commerce, aux usages duquel il n'est, quant à présent, rien innové. — **Co.** 541.

LIVRE DEUXIÈME

PROCÉDURES RELATIVES A L'OUVERTURE D'UNE SUCCESSION

(Décret du 2 avril 1806, promulgué le 8 mai suivant.)

TITRE PREMIER

DE L'APPOSITION DES SCELLÉS APRÈS DÉCÈS (1)

907. Lorsqu'il y aura lieu à l'apposition des scellés après décès, elle sera faite par les juges de paix, et à leur défaut, par leurs suppléants. — **Pr.** 591, 908 et s.; **C.** 114, 270, 451, 600, 769, 773, 810, 819, 820, 1031, 1034; **Co.** 455 et s.; **P.** 249.

908. Les juges de paix et leurs suppléants se serviront d'un sceau particulier, qui restera entre leurs mains, et dont l'empreinte sera déposée au greffe du tribunal de première instance.

909. L'apposition des scellés pourra être requise :

1° Par tous ceux qui prétendront droit dans la succession ou dans la communauté ;

2° Par tous créanciers fondés en titre exécutoire, ou autorisés par une permission soit du président du tribunal de première instance, soit du juge de paix du canton où le scellé doit être apposé ;

3° Et en cas d'absence, soit du conjoint, soit des héritiers ou de l'un d'eux, par les personnes qui demeuraient avec le défunt, et par ses serviteurs et domestiques. — **Pr.** 907 30 ; **T.** 16, 78, 94.

(1) V. Le décret du 25 janvier 1855, portant règlement d'administration publique sur les successions et biens vacants à la Martinique, à la Guadeloupe et à la Réunion (B. o. 1855 : M. p. 567 s ; G. p. 5777).

910. Les prétendants droit et les créanciers mineurs émancipés pourront requérir l'apposition des scellés sans l'assistance de leur curateur.

S'ils sont mineurs non émancipés, et s'ils n'ont pas de tuteur, ou s'il est absent, elle pourra être requise par un de leurs parents. — **Pr.** 909, 930; **C.** 388, 476 et **s.**, 481, 490, 882, 1166.

911. Le scellé sera apposé, soit à la diligence du ministère public, soit sur la déclaration du maire ou adjoint de la commune, et même d'office par le juge de paix :

1° Si le mineur est sans tuteur, et que le scellé ne soit pas requis par un parent ;

2° Si le conjoint, ou si les héritiers ou l'un d'eux, sont absents ;

3° Si le défunt était dépositaire public ; auquel cas le scellé ne sera apposé que pour raison de ce dépôt et sur les objets qui le composent. — **Pr.** 83, 907, 912, 914, 930; **C.** 451, 819; **T.** 94.

912. Le scellé ne pourra être apposé que par le juge de paix des lieux ou par ses suppléants. — **Pr.** 207, 911.

913. Si le scellé n'a pas été apposé avant l'inhumation, le juge constatera, par son procès-verbal, le moment où il a été requis de l'apposer, et les causes qui ont retardé soit la réquisition, soit l'apposition. — **Pr.** 914.

914. Le procès-verbal d'apposition contiendra :

1° La date des an, mois, jour et heure ;

2° Les motifs de l'apposition ;

3° Les noms, profession et demeure du requérant, s'il y en a, et son élection de domicile dans la commune où le scellé est apposé, s'il n'y demeure ;

4° S'il n'y a pas de partie requérante, le procès-verbal énoncera que le scellé a été apposé d'office ou sur le réquisitoire ou sur la déclaration de l'un des fonctionnaires dénommés dans l'article 911 ;

5° L'ordonnance qui permet le scellé, s'il en a été rendu ;

6° Les comparutions et dires des parties ;

7° La désignation des lieux, bureaux, coffres, armoires, sur les ouvertures desquels le scellé a été apposé ;

8° Une description sommaire des effets qui ne sont pas mis sous les scellés ;

9° Le serment, lors de la clôture de l'apposition, par ceux qui demeurent dans le lieu, qu'ils n'ont rien détourné, vu ni su qu'il ait été rien détourné directement ni indirectement ;

10° L'établissement du gardien présenté, s'il a les qualités requises ; sauf, s'il ne les a pas, ou s'il n'en est pas présenté, à en établir un d'office par le juge de paix. — **Pr.** 596, 915 et **s.**, 936, 943-8°; **T.** 26; **T. Cr.** 38.

915. Les clefs des serrures sur lesquelles le scellé a été apposé resteront, jusqu'à sa levée, entre les mains du greffier de la justice de paix, lequel fera mention, sur le procès-verbal, de la remise qui lui en aura été faite ; et ne pourront le juge ni le greffier aller, jusqu'à la levée, dans la maison où est le scellé, à peine d'interdiction, à moins qu'ils n'en soient requis, ou que leur transport n'ait été précédé d'une ordonnance motivée. — **Pr.** 914, 1029.

916. Si, lors de l'apposition, il est trouvé un testament ou autres papiers cachetés, le juge de paix en constatera la forme extérieure, le sceau et la suscription s'il y en a, paraphera l'enveloppe avec les parties présentes, si elles le savent ou le peuvent, et indiquera les jour et heure où le paquet sera par lui présenté au président du tribunal de première instance : il fera mention du tout sur son procès-verbal, lequel sera signé des parties, sinon mention sera faite de leur refus. — **Pr.** 914, 917 et **s.**, 920; **C.** 970, 976, 1007; **T.** 94.

917. Sur la réquisition de toute partie intéressée, le juge de paix fera, avant l'apposition du scellé, la perquisition du testament dont l'existence sera annoncée; et s'il le trouve, il procédera ainsi qu'il est dit ci-dessus. — **Pr.** 916, 920, 936.

918. Aux jour et heure indiqués, sans qu'il soit besoin d'aucune assignation, les paquets trouvés cachetés seront présentés par le juge de paix au président du tribunal de première instance, lequel en fera l'ouverture, en constatera l'état, et en ordonnera le dépôt si le contenu concerne la succession. — **Pr.** 916; **C.** 1007; **T.** 94.

919. Si les paquets cachetés paraissent, par leur suscription, ou par quelque autre preuve écrite, appartenir à des tiers, le président du tribunal ordonnera que ces tiers seront appelés dans un délai qu'il fixera, pour qu'ils puissent assister à l'ouverture : il la fera au jour indiqué, en leur présence ou à leur défaut; et si les paquets sont étrangers à la succession, il les leur remettra sans en faire connaître le contenu, ou les cachettera de nouveau pour leur être remis à première réquisition. — **Pr.** 939.

920. Si un testament est trouvé ouvert, le juge de paix en constatera l'état, et observera ce qui est prescrit en l'article 916. — **T.** 94.

921. Si les portes sont fermées, s'il se rencontre des obstacles à l'apposition des scellés, s'il s'élève, soit avant, soit pendant le scellé, des difficultés, il y sera statué en référé par le président du tribunal. A cet effet, il sera sursis, et établi par le juge de paix garnison extérieure, même intérieure, si le cas y échet; et il en référera sur-le-champ au président du tribunal.

Pourra néanmoins le juge de paix, s'il y a péril dans le retard, statuer par provision, sauf à en référer ensuite au président du tribunal. — **Pr.** 587, 900 et **s.**, 928 et **s.**; **T.** 16, 94.

922. Dans tous les cas où il sera référé par le juge de paix au président du tribunal, soit en matière de scellé, soit en autre matière, ce qui sera fait et ordonné sera constaté sur le procès-verbal dressé par le juge de paix; le président signera ses ordonnances sur ledit procès-verbal. — **Pr.** 809, 914, 916; **T.** 94.

923. Lorsque l'inventaire sera parachevé, les scellés ne pourront être apposés, à moins que l'inventaire ne soit attaqué, et qu'il ne soit ainsi ordonné par le président du tribunal.

Si l'apposition des scellés est requise pendant le cours de l'inventaire, les scellés ne seront apposés que sur les objets non inventoriés.

924. S'il n'y a aucun effet mobilier, le juge de paix dressera un procès-verbal de carence.

S'il y a des effets mobiliers qui soient nécessaires à l'usage des personnes qui restent dans la maison, ou sur lesquels le scellé ne puisse être mis, le juge de paix fera un procès-verbal contenant description sommaire desdits effets.

925. Dans les communes où la population est de vingt mille âmes et au-dessus, il sera tenu, au greffe du tribunal de première instance, un registre d'ordre pour les scellés, sur lequel seront inscrits, d'après la déclaration que les juges de paix de l'arrondissement seront tenus d'y faire parvenir dans les vingt-quatre heures de l'apposition : 1° les noms et demeures des personnes sur les effets desquelles le scellé aura été apposé ; 2° le nom et la demeure du juge qui a fait l'apposition ; 3° le jour où elle a été faite.

(*Ordonnance du* 19 *octobre* 1828, *art.* 42.) — Les dispositions d'ordre prescrites par l'article 925 seront exécutées dans les villes où siègent les tribunaux de première instance. — **T.** 17.

TITRE DEUXIÈME

DES OPPOSITIONS AUX SCELLÉS

926. Les oppositions aux scellés pourront être faites, soit par une déclaration sur le procès-verbal des scellés, soit par exploit signifié au greffier du juge de paix. — **Pr.** 931 et s., 1039 ; **C.** 821 ; **T.** 18, 20, 21.

927. Toutes oppositions à scellé contiendront, à peine de nullité, outre les formalités communes à tout exploit :

1° Élection de domicile dans la commune ou dans l'arrondissement de la justice de paix où le scellé est apposé, si l'opposant n'y demeure pas ;

2° L'énonciation précise de la cause de l'opposition. — **Pr.** 926, 1029.

TITRE TROISIÈME

DE LA LEVÉE DU SCELLÉ (1)

928. Le scellé ne pourra être levé et l'inventaire fait que trois jours après l'inhumation s'il a été apposé auparavant, et trois jours après l'apposition si elle a été faite depuis l'inhumation, à peine de nullité des procès-verbaux de levée de scellés et inventaire, et des dommages et intérêts contre ceux qui les auront faits et requis : le tout, à moins

_____

(1) V. la note sous le titre Ier, livre IIe, 2e partie.

que, pour des causes urgentes et dont il sera fait mention dans son ordonnance, il n'en soit autrement ordonné par le président du tribunal de première instance. Dans ce cas, si les parties qui ont droit d'assister à la levée ne sont pas présentes, il sera appelé pour elles, tant à la levée qu'à l'inventaire, un notaire nommé d'office par le président. — **Pr.** 806 et **s.**, 936, 940, 1029; **Co.** 479; **T.** 77.

929. Si les héritiers ou quelques-uns d'eux sont mineurs non émancipés, il ne sera pas procédé à la levée des scellés, qu'ils n'aient été, ou préalablement pourvus de tuteurs, ou émancipés. — **Pr.** 911; **C.** 405, 476 et **s.**; **T.** 94.

930. Tous ceux qui ont droit de faire apposer les scellés pourront en requérir la levée, excepté ceux qui ne les ont fait apposer qu'en exécution de l'article 909, n° 3 ci-dessous. — **C.** 768; **Co.** 479.

931. Les formalités pour parvenir à la levée des scellés seront :

1° Une réquisition à cet effet consignée sur le procès-verbal du juge de paix ;

2° Une ordonnance du juge, indicative des jour et heure où la levée sera faite ;

3° Une sommation d'assister à cette levée, faite au conjoint survivant, aux présomptifs héritiers, à l'exécuteur testamentaire, aux légataires universels et à titre universel s'ils sont connus, et aux opposants.

Il ne sera pas besoin d'appeler les intéressés demeurant hors de la distance de cinq myriamètres ; mais on appellera pour eux, à la levée et à l'inventaire, un notaire nommé d'office par le président du tribunal de première instance.

Les opposants seront appelés aux domiciles par eux élus. — **Pr.** 927, 942; **C.** 113, 928, 942; **T.** 21, 77, 94.

932. Le conjoint, l'exécuteur testamentaire, les héritiers, les légataires universels et ceux à titre universel, pourront assister à toutes les vacations de la levée du scellé et de l'inventaire, en personne ou par un mandataire.

Les opposants ne pourront assister, soit en personne, soit par un mandataire, qu'à la première vacation : ils seront tenus de se faire représenter, aux vacations suivantes, par un seul mandataire pour tous, dont ils conviendront ; sinon il sera nommé d'office par le juge.

Si parmi ces mandataires se trouvent des avoués du tribunal de première instance du ressort, ils justifieront de leurs pouvoirs par la représentation du titre de leur partie ; et l'avoué le plus ancien, suivant l'ordre du tableau, des créanciers fondés en titre authentique, assistera de droit pour tous les opposants : si aucun des créanciers n'est fondé en titre authentique, l'avoué le plus ancien des opposants fondés en titre privé assistera. L'ancienneté sera définitivement réglée à la première vacation. — **Pr.** 529, 536 ; **T.** 16. 91.

933. Si l'un des opposants avait des intérêts différents de ceux des autres, ou des intérêts contraires, il pourra assister en personne, ou par un mandataire particulier, à ses frais. — **T.** 94.

934. Les opposants pour la conservation des droits de leur débiteur ne pourront assister à la première vacation, ni concourir au choix d'un mandataire commun pour les autres vacations. — **Pr.** 778; **C.** 1166.

935. Le conjoint commun en biens, les héritiers, l'exécuteur testamentaire et les légataires universels ou à titre universel, pourront convenir du choix d'un ou deux notaires, et d'un ou deux commissaires-priseurs ou experts; s'ils n'en conviennent pas, il sera procédé, suivant la nature des objets, par un ou deux notaires, commissaires-priseurs ou experts, nommés d'office par le président du tribunal de première instance. Les experts prêteront serment devant le juge de paix. — **Pr.** 305, 936; **T.** 16.

936. Le procès-verbal de levée contiendra : 1° la date; 2° les noms, profession, demeure et élection de domicile du requérant ; 3° l'énonciation de l'ordonnance délivrée pour la levée ; 4° l'énonciation de la sommation prescrite par l'article 931 ci-dessus ; 5° les comparutions et dires des parties; 6° la nomination des notaires, commissaires-priseurs et experts qui doivent opérer ; 7° la reconnaissance des scellés, s'ils sont sains et entiers ; s'ils ne le sont pas, l'état des altérations, sauf à se pourvoir ainsi qu'il appartiendra pour raison desdites altérations; 8° les réquisitions à fin de perquisitions, le résultat des dites perquisitions et toutes autres demandes sur lesquelles il y aura lieu de statuer. — **Pr.** 914, 917, 930 et **s.**, 937 et **s.**, 943 ; **P.** 249 et **s.**

937. Les scellés seront levés successivement, et à fur et mesure de la confection de l'inventaire : ils seront réapposés à la fin de chaque vacation. — **T.** 16, 94.

938. On pourra réunir les objets de même nature, pour être inventoriés successivement suivant leur ordre ; ils seront, dans ce cas, replacés sous les scellés.

939. S'il est trouvé des objets et papiers étrangers à la succession et réclamés par des tiers, ils seront remis à qui il appartiendra ; s'ils ne peuvent être remis à l'instant, et qu'il soit nécessaire d'en faire la description, elle sera faite sur le procès-verbal des scellés, et non sur l'inventaire. — **Pr.** 919, 936.

940. Si la cause de l'apposition des scellés cesse avant qu'ils soient levés, ou pendant le cours de leur levée, ils seront levés sans description. — **Pr.** 930; **T.** 94.

TITRE QUATRIÈME

DE L'INVENTAIRE (1)

941. L'inventaire peut être requis par ceux qui ont droit de requérir la levée du scellé. — **Pr.** 909 et **s.**, 930, 1000; **C.** 126, 451, 600, 626, 769, 794 et **s.**, 813, 1031, 1058, 1456, 1504; **Co.** 470 et **s.**; **T.** 168.

942. Il doit être fait en présence : 1° du conjoint survivant; 2° des héritiers présomptifs; 3° de l'exécuteur testamentaire si le testament est connu; 4° des donataires, léga-

(1) V. la note sous le titre Iᵉʳ, livre IIᵉ, 2ᵉ partie.

taires universels ou à titre universel, soit en propriété, soit en usufruit, ou eux dûment appelés, s'ils demeurent dans la distance de cinq myriamètres ; s'ils demeurent au delà, il sera appelé, pour tous les absents, un seul notaire, nommé par le président du tribunal de première instance, pour représenter les parties appelées et défaillantes. — **Pr.**931-3°, 947 ; **C.** 113, 451, 794.

943. Outre les formalités communes à tous les actes devant notaire, l'inventaire contiendra :

1° Les noms, professions et demeures des requérants, des comparants, des défaillants et des absents, s'ils sont connus, du notaire appelé pour les représenter, des commissaires-priseurs et experts ; et la mention de l'ordonnance qui commet le notaire pour les absents et défaillants ;

2° L'indication des lieux où l'inventaire est fait ;

3° La description et estimation des effets, laquelle sera faite à juste valeur et sans crue ;

4° La désignation des qualités, poids et titre de l'argenterie ;

5° La désignation des espèces en numéraire ;

6° Les papiers seront cotés par première et dernière ; ils seront paraphés de la main d'un des notaires ; s'il y a des livres et registres de commerce, l'état en sera constaté, les feuillets en seront pareillement cotés et paraphés s'ils ne le sont ; s'il y a des blancs dans les pages écrites, ils seront bâtonnés ;

7° La déclaration des titres actifs et passifs ;

8° La mention du serment prêté, lors de la clôture de l'inventaire, par ceux qui ont été en possession des objets avant l'inventaire ou qui ont habité la maison dans laquelle sont lesdits objets, qu'ils n'en ont détourné, vu détourner ni su qu'il en ait été détourné aucun ;

9° La remise des effets et papiers, s'il y a lieu, entre les mains de la personne dont on conviendra, ou qui à défaut sera nommée par le président du tribunal. — **Pr.** 914, 936 ; **C.** 113, 451, 452, 453, 792, 823, 1460, 1477.

944. Si lors de l'inventaire, il s'élève des difficultés, ou s'il est formé des réquisitions pour l'administratration de la communauté ou de la succession, ou pour autres objets, et qu'il n'y soit déféré par les autres parties, les notaires délaisseront les parties à se pourvoir en référé devant le président du tribunal de première instance ; ils pourront en référer eux-mêmes, s'ils résident dans le canton où siège le tribunal : dans ce cas, le président mettra son ordonnance sur la minute du procès-verbal. — **Pr.** 806 et s. ; **T.** 168.

TITRE CINQUIÈME

DE LA VENTE DU MOBILIER

945. Lorsque la vente des meubles dépendant d'une succession aura lieu en exécution de l'article 826 du Code civil, cette vente sera faite dans les formes prescrites au titre des saisies-exécutions. — **Pr.** 617 et s., 965, 987, 989, 1000; **C.** 452, 796 et s., 815, 826 ; **Co.** 76.

946. Il y sera procédé sur la réquisition de l'une des parties intéressées, en vertu de l'ordonnance du président du tribunal de première instance, et par un officier public. — **Pr.** 945, 947 et s., 986, 989; **T.** 77.

947. On appellera les parties ayant droit d'assister à l'inventaire, et qui demeureront ou auront élu domicile dans la distance de cinq myriamètres : l'acte sera signifié au domicile élu. — **Pr.** 931-3°, 942 ; **T.** 29.

948. S'il s'élève des difficultés, il pourra être statué provisoirement en référé par le président du tribunal de première instance. — **Pr.** 806 et s.

949. La vente se fera dans le lieu où sont les effets, s'il n'en est autrement ordonné. — **Pr.** 617, 620 et s., 945.

950. La vente sera faite tant en absence que présence, sans appeler personne pour les non-comparants. — **Pr.** 947, 951.

951. Le procès-verbal fera mention de la présence ou de l'absence du requérant. — **Pr.** 623, 950.

952. Si toutes les parties sont majeures, présentes et d'accord, et qu'il n'y ait aucun tiers intéressé, elles ne seront obligées à aucune des formalités ci-dessus. — **Pr.** 985.

TITRE SIXIÈME

DE LA VENTE DES BIENS IMMEUBLES APPARTENANT A DES MINEURS (a)

(Loi du 5 juin 1841) (1).

953. La vente des immeubles appartenant à des mineurs ne pourra être ordonnée que d'après un avis de parents énonçant la nature des biens et leur valeur approximative.

Cet avis ne sera pas nécessaire si les biens appartiennent en même temps à des majeurs, et si la vente est poursuivie par eux. Il sera procédé alors conformément au titre *des Partages et Licitations* (b). — **Pr.** 966 et s., 985; **C.** 405, et s., 457, 460, 465, 806, 827.

(a) Ancien texte. TITRE DEUXIÈME. *De la vente des biens immeubles.* (Suivent les articles 953 à 965.)

(1) *Loi du 2 juin* 1841.

Art. 3. Les articles composant le titre VI, *De la vente des biens immeubles*, du livre II de la 2ᵉ partie du Code de procédure civile, seront remplacés par les dispositions suivantes : (V. les articles nouveaux). Ladite loi déclarée exécutoire dans les colonies par

décret du 22 janvier 1852, promulguée à la Martinique et à la Guadeloupe le 1ᵉʳ mars suivant (B. o. 1852 : M. p. 162 s ; G. p. 168 s, 170, 185).

(b) Ancien article 953.— Si les immeubles n'appartiennent qu'à des majeurs, ils seront vendus, s'il y a lieu, de la manière dont les majeurs conviendront.

S'il y a lieu à licitation, elle sera faite conformément à ce qui est prescrit au titre *Des Partages et Licitations*.

954. Lorsque le tribunal homologuera cet avis, il déclarera, par le même jugement, que la vente aura lieu soit devant l'un des juges du tribunal à l'audience des criées, soit devant un notaire à cet effet commis.

Si les immeubles sont situés dans plusieurs arrondissements, le tribunal pourra commettre un notaire dans chacun de ces arrondissements, et même donner commission rogatoire à chacun des tribunaux de la situation de ces biens (a). — **Pr.** 885, 953, 955, 1035 ; **C.** 457, 458, 459.

955. Le jugement qui ordonnera la vente déterminera la mise à prix de chacun des immeubles à vendre et les conditions de la vente. Cette mise à prix sera réglée, soit d'après l'avis des parents, soit d'après les titres de propriété, soit d'après les baux authentiques ou sous seing privé ayant date certaine, et, à défaut de baux, d'après le rôle de la contribution foncière.

Néanmoins le tribunal pourra, suivant les circonstances, faire procéder à l'estimation totale ou partielle des immeubles.

Cette estimation aura lieu, selon l'importance et la nature des biens, par un ou trois experts que le tribunal commettra à cet effet (b). — **Pr.** 302 et s., 997.

956. Si l'estimation a été ordonnée, l'expert ou les experts, après avoir prêté serment, soit devant le président du tribunal, soit devant un juge de paix commis par lui, rédigeront leur rapport, qui indiquera sommairement les bases de l'estimation, sans entrer dans le détail descriptif des biens à vendre.

La minute du rapport sera déposée au greffe du tribunal. Il n'en sera pas délivré d'expédition (c). — **Pr.** 307, 315, 318 et s.; **C.** 824.

957. Les enchères seront ouvertes sur un cahier des charges déposé par l'avoué au greffe du tribunal, ou dressé par le notaire commis, et déposé dans son étude, si la vente doit avoir lieu devant notaire.

Ce cahier contiendra :

1° L'énonciation du jugement qui a autorisé la vente ;

2° Celle des titres qui établissent la propriété ;

3° L'indication de la nature ainsi que de la situation des biens à vendre, celle des

---

(a) Ancien article 954. — Si les immeubles n'appartiennent qu'à des mineurs, la vente ne pourra en être ordonnée que d'après un avis de parents.

Cet avis ne sera point nécessaire lorsque les immeubles appartiennent en partie à des majeurs et à des mineurs et lorsque la licitation sera ordonnée sur la demande des majeurs.

Il sera procédé à cette licitation ainsi qu'il est prescrit au titre des *Partages et Licitations*.

(b) Ancien article 953. — Lorsque le tribunal civil homologuera les délibérations du conseil de famille

relatives à l'aliénation des biens immeubles des mineurs, il nommera par le même jugement, un ou trois experts, suivant que l'importance des biens paraîtra l'exiger, et ordonnera que, sur leur estimation, les enchères seront publiquement ouvertes devant un membre du tribunal ou devant un notaire à ce commis aussi par le même jugement.

(c) Ancien article 956. — Les experts, après avoir prêté serment, rédigeront leur rapport en un seul avis, à la pluralité des voix ; il présentera les bases de l'estimation qu'ils auront faite.

corps d'héritage, de leur contenance approximative, et de deux des tenants et aboutissants ;

4° L'énonciation du prix auquel les enchères seront ouvertes, et les conditions de la
vente (a). — **Pr.** 675-3°, 690-4°.

958. Après le dépôt du cahier des charges, il sera rédigé et imprimé des placards
qui contiendront,

1° L'énonciation du jugement qui aura autorisé la vente ;

2° Les noms, professions et domiciles du mineur, de son tuteur et de son subrogé-tuteur ;

3° La désignation des biens, telle qu'elle a été insérée dans le cahier des charges ;

4° Le prix auquel seront ouvertes les enchères sur chacun des biens à vendre ;

5° Les jour, lieu et heure de l'adjudication, ainsi que l'indication soit du notaire et
de sa demeure, soit du tribunal devant lequel l'adjudication aura lieu, et, dans tous les
cas, de l'avoué du vendeur (b). — **Pr.** 690 et s., 743, 836, 959 et s. ; **C.** 102 et s., 388 et s., 439 et s.

959. Les placards seront affichés quinze jours au moins, trente jours au plus avant
l'adjudication aux lieux désignés dans l'article 699, et, en outre, à la porte du notaire
qui procédera à la vente; ce dont il sera justifié conformément au même article (b). —
Pr. 743, 836, 960.

960. Copie de ces placards sera insérée, dans le même délai, au journal indiqué
par l'article 696, et dans celui qui aura été désigné pour l'arrondissement où se poursuit la vente, si ce n'est pas l'arrondissement de la situation des biens.

Il en sera justifié conformément à l'article 698 (c). — **Pr.** 958 et s.

961. Selon la nature et l'importance des biens, il pourra être donné à la vente une
plus grande publicité, conformément aux articles 697 et 700 (d).

(a) Ils remettront la minute de leur rapport, ou au
greffe ou chez le notaire, suivant qu'un membre du
tribunal ou un notaire aura été commis pour recevoir
ses enchères.

(b) Ancien article 958. — Les enchères seront ouvertes sur un cahier de charges, déposé au greffe ou chez
le notaire commis, et contenant :

1° L'énonciation du jugement homologatif de l'avis
des parents ;

2° Celle du titre de propriété ;

3° La désignation sommaire des biens à vendre, et
le prix de leur estimation ;

4° Les conditions de la vente.

(c) Ancien article 959. — Ce cahier sera lu à l'audience, si la vente se fait en justice. Lors de sa lecture,
le jour auquel il sera procédé à la première adjudication, ou adjudication préparatoire, sera annoncé.
Ce jour sera éloigné de six semaines au moins.

(d) Ancien article 960.—L'adjudication préparatoire,
soit devant le tribunal, soit devant le notaire, sera

indiquée par des affiches. Ces affiches ou placards ne
contiendront que la désignation sommaire des biens,
les noms, professions et domiciles du mineur, de son
tuteur et de son subrogé-tuteur, et la demeure du
notaire, si c'est devant un notaire que la vente doit
être faite.

(e) Ancien article 961. — Ces placards seront apposés par trois dimanches consécutifs :

1° A la porte de chacun des bâtiments dont la vente
sera poursuivie ;

2° A la principale porte des communes de la situation des biens ; et à Paris, à la principale porte seulement de la municipalité dans l'arrondissement de
laquelle les biens sont situés ;

3° A la porte extérieure du tribunal qui aura permis la vente ; et à celle du notaire, si c'est un notaire qui doit y procéder.

Les maires des communes où ces placards auront
été apposés les viseront et certifieront sans frais sur
un exemplaire qui restera joint au dossier.

21

962. Le subrogé-tuteur du mineur sera appelé à la vente, ainsi que le prescrit l'article 459 du Code civil ; à cet effet, le jour, le lieu et l'heure de l'adjudication lui seront notifiés un mois d'avance, avec avertissement qu'il y sera procédé tant en son absence qu'en sa présence (a). — **Pr.** 958-2°, 1033.

963. Si, au jour indiqué pour l'adjudication, les enchères ne s'élèvent pas à la mise à prix, le tribunal pourra ordonner, sur simple requête en la chambre du conseil, que les biens seront adjugés au-dessous de l'estimation ; l'adjudication sera remise à un délai fixé par le jugement, et qui ne pourra être moindre de quinzaine.

₀ Cette adjudication sera encore indiquée par des placards et des insertions dans les journaux, comme il est dit ci-dessus, huit jours au moins avant l'adjudication (b). — **Pr.** 704, 759 et s.

964. Sont déclarés communs au présent titre les articles 701, 705, 706, 707, 711, 712, 713, 733, 734, 735, 736, 737, 738, 739, 740, 741 et 742.

Néanmoins, si les enchères sont reçues par un notaire, elles pourront être faites par toutes personnes sans ministère d'avoué.

Dans le cas de vente devant notaire, s'il y a lieu à folle enchère, la poursuite sera portée devant le tribunal. Le certificat constatant que l'adjudicataire n'a pas justifié de l'acquit des conditions sera délivré par le notaire. Le procès-verbal d'adjudication sera déposé au greffe, pour servir d'enchère (c). — **Pr.** 701.

965. Dans les huit jours qui suivront l'adjudication, toute personne pourra faire une surenchère du sixième, en se conformant aux formalités et délais réglés par les articles 708, 709 et 710 ci-dessus.

Lorsqu'une seconde adjudication aura eu lieu après la surenchère ci-dessus, aucune autre surenchère des mêmes biens ne pourra être reçue (d). — **Pr.** 838, 965 ; **C.** 2185.

(a) Ancien article 962. — Copie desdits placards sera insérée dans un journal, conformément à l'article 683 ci-dessus. Cette insertion sera constatée ainsi qu'il est dit au titre *de la Saisie immobilière* ; elle sera faite huit jours au moins avant le jour indiqué pour l'adjudication préparatoire.

(b) Ancien article 963. — L'apposition des placards et l'insertion aux journaux seront réitérées huit jours au moins avant l'adjudication définitive.

(c) Ancien article 964. — Au jour indiqué pour l'adjudication définitive, si les enchères ne s'élèvent pas au prix de l'estimation, le tribunal pourra ordonner, sur un nouvel avis de parents, que l'immeuble sera adjugé au plus offrant, même au-dessous de l'estima-

tion ; à l'effet de quoi l'adjudication sera remise à un délai fixé par le jugement, et qui ne pourra être moindre de quinzaine.

Cette adjudication sera encore indiquée par des placards apposés dans les communes et lieux, visés, certifiés et insérés dans les journaux, comme il est dit ci-dessus, huit jours au moins avant l'adjudication.

(d) Ancien article 965. — Seront observés, au surplus, relativement à la réception des enchères, à la forme de l'adjudication et à ses suites, les dispositions contenues dans les articles 707 et suivants du titre *de la Saisie immobilière* ; néanmoins, si les enchères sont reçues par un notaire, elles pourront être faites par toutes personnes, sans ministère d'avoué.

TITRE SEPTIÈME

DES PARTAGES ET LICITATIONS

966. Dans les cas des articles 823 et 838 du Code civil, lorsque le partage doit être fait en justice, la partie la plus diligente se pourvoira. — **C.** 405, 815 et **s.**, 882, 1686 et **s.**, 1872, 2205.

967. Entre deux demandeurs, la poursuite appartiendra à celui qui aura fait viser, le premier, l'original de son exploit par le greffier du tribunal : ce visa sera daté du jour et de l'heure. — **Pr.** 1039; **T.** 90.

968. Le tuteur spécial et particulier qui doit être donné à chaque mineur ayant des intérêts opposés sera nommé suivant les règles contenues au titre des *Avis de parents*. — **Pr.** 882 et **s.**; **C.** 406 et **s.**, 838.

969. (L. du 2 juin 1841) (1). Le jugement qui prononcera sur la demande en partage commettra, s'il y a lieu, un juge, conformément à l'article 823 du Code civil, et en même temps un notaire.

Si, dans le cours des opérations, le juge ou le notaire est empêché, le président du tribunal pourvoira au remplacement par une ordonnance sur requête, laquelle ne sera susceptible ni d'opposition ni d'appel (a). — **Pr.** 954, 970 et **s.**; **C.** 823.

970. (L. du 2 juin 1841) (2). En prononçant sur cette demande, le tribunal ordonnera par le même jugement le partage s'il peut avoir lieu, ou la vente par licitation, qui sera faite devant un membre du tribunal ou devant un notaire, conformément à l'article 954.

Le tribunal pourra, soit qu'il ordonne le partage, soit qu'il ordonne la licitation, déclarer qu'il y sera immédiatement procédé sans expertise préalable, même lorsqu'il y aura des mineurs en cause; dans le cas de licitation, le tribunal déterminera la mise à prix, conformément à l'article 955 (b). — **Pr.** 969, 971 et **s.**; **C.** 824, 827, 1686.

971. (L. du 2 juin 1841) (2). Lorsque le tribunal ordonnera l'expertise, il pourra commettre un ou trois experts, qui prêteront serment comme il est dit en l'article 956.

---

(1) *Loi du 2 juin 1841.*
Art. 4. Les articles 969, 970, 971, 972, 973, 975 et 976 du titre VII *des Partages et Licitations*, livre II, 2ᵉ partie du Code de procédure civile, seront remplacés par les dispositions suivantes :
- (V. le nouveau texte).
V. la note sous le titre précédent.

(a) Ancien article 969. — Le même jugement qui prononcera sur la demande en partage, commettra, s'il y a lieu, un juge, conformément à l'article 823 du Code civil, et ordonnera que les immeubles, s'il y en a, seront estimés par experts, de la manière prescrite en l'article 824 du même Code.

(2) V. sous l'article 969 l'article 4 de la loi du 2 juin 1841 et la note.

(b) Ancien article 970. — En prononçant sur cette demande, le tribunal ordonnera par le même jugement le partage, s'il peut avoir lieu, ou la vente par licitation, qui sera faite soit devant un membre du tribunal, soit devant un notaire.

Les nominations et rapports d'experts seront faits suivant les formalités prescrites au titre des *Rapports d'experts*.

Les rapports d'experts présenteront sommairement les bases de l'estimation, sans entrer dans le détail descriptif des biens à partager ou à liciter.

Le poursuivant demandera l'entérinement du rapport par un simple acte de conclusions d'avoué à avoué. (a) — **Pr.** 303 et s.; **C.** 824.

972. (L. du 2 juin 1841) (1). On se conformera, pour la vente, aux formalités prescrites dans le titre de la *Vente des biens immeubles appartenant à des mineurs*, en ajoutant dans le cahier des charges :

Les noms, demeure et profession du poursuivant, les noms et demeure de son avoué ;

Les noms, demeures et professions des colicitants et de leurs avoués (b). — **Pr.** 957, 973.

973. (L. du 2 juin 1841) (1). Dans la huitaine du dépôt du cahier des charges au greffe ou chez le notaire, sommation sera faite, par un simple acte, aux colicitants, en l'étude de leurs avoués, d'en prendre communication.

S'il s'élève des difficultés sur le cahier des charges, elles seront vidées à l'audience, sans aucune requête, et sur un simple acte d'avoué à avoué.

Le jugement qui interviendra ne pourra être attaqué que par la voie de l'appel, dans les formes et délais prescrits par les articles 731 et 732 du présent Code.

Tout autre jugement sur les difficultés relatives aux formalités postérieures à la sommation de prendre communication du cahier des charges ne pourra être attaqué ni par opposition, ni par appel.

Si, au jour indiqué pour l'adjudication, les enchères ne couvrent pas la mise à prix, il sera procédé comme il est dit en l'article 963.

Dans les huit jours de l'adjudication, toute personne pourra surenchérir d'un sixième du prix principal, en se conformant aux conditions et aux formalités prescrites par les articles 708, 709 et 710. Cette surenchère produira le même effet que dans les ventes de biens de mineurs (c). — **Pr.** 456, 958, 963, 972, 977, 1033 ; **C.** 822 et s.

974. Lorsque la situation des immeubles aura exigé plusieurs expertises distinctes,

---

(a) Ancien article 971. — Il sera procédé aux nominations, prestations de serment et rapports d'experts, suivant les formalités prescrites au titre des *Rapports d'experts* ; néanmoins, lorsque toutes les parties seront majeures, il pourra n'être nommé qu'un expert, si elles y consentent.

(1) V. sous l'article 969 l'article 4 de la loi du 2 juin 1841 et la note.

(b) Ancien article 972. — Le poursuivant demandera l'entérinement du rapport, par requête de simples conclusions d'avoué à avoué. On se conformera pour la vente aux formalités prescrites dans le titre *de la Vente des biens immeubles*, en ajoutant dans le cahier des charges :

Les noms, demeure et profession du poursuivant, les noms et demeure de son avoué ;

Les noms, demeures et professions des colicitants.

Copie du cahier des charges sera signifiée aux avoués des colicitants par un simple acte, dans la huitaine, du dépôt au greffe ou chez le notaire.

(c) Ancien article 973. — S'il s'élève des difficultés sur le cahier des charges, elles seront vidées à l'audience sans aucune requête et sur un simple acte d'avoué à avoué.

et que chaque immeuble aura été déclaré impartageable, il n'y aura cependant pas lieu à licitation, s'il résulte du rapprochement des rapports que la totalité des immeubles peut se partager commodément. — **C.** 832, 833, 862.

975. (L. du 2 juin 1841) (1). Si la demande en partage n'a pour objet que la division d'un ou de plusieurs immeubles sur lesquels les droits des intéressés soient déjà liquidés, les experts, en procédant à l'estimation, composeront les lots ainsi qu'il est prescrit par l'article 466 du Code civil ; et, après que leur rapport aura été entériné, les lots seront tirés au sort, soit devant le juge-commissaire, soit devant le notaire déjà commis par le tribunal, aux termes de l'article 969 (a). — **Pr.** 976 et s.; **C.** 828 et s., 834 et s.

976. (L. du 2 juin 1841). Dans les autres cas, et notamment lorsque le tribunal aura ordonné le partage sans faire procéder à un rapport d'experts, le poursuivant fera sommer les copartageants de comparaître, au jour indiqué, devant le notaire commis, à l'effet de procéder aux compte, rapport, formation de masse, prélèvements, composition de lots et fournissements, ainsi qu'il est ordonné par le Code civil, article 828.

Il en sera de même après qu'il aura été procédé à la licitation, si le prix de l'adjudication doit être confondu avec d'autres objets dans une masse commune de partage pour former la balance entre les divers lots (b). — **Pr.** 969 et s., 973, 977 et s.

977. Le notaire commis procédera seul et sans l'assistance d'un second notaire ou de témoins : si les parties se font assister auprès de lui d'un conseil, les honoraires de ce conseil n'entreront point dans les frais de partage, et seront à leur charge.

Au cas de l'article 837 du Code civil, le notaire rédigera en un procès-verbal séparé les difficultés et dires des parties : ce procès-verbal sera, par lui, remis au greffe, et y sera retenu.

Si le juge-commissaire renvoie les parties à l'audience, l'indication du jour où elles devront comparaître leur tiendra lieu d'ajournement.

Il ne sera fait aucune sommation pour comparaître soit devant le juge, soit à l'audience. — **Pr.** 973, 976, 989 et s.; **T.** 92, 168.

978. Lorsque la masse du partage, les rapports et prélèvements à faire par chacune

(1) V. sous l'article 969 l'article 4 de la loi du 2 juin 1841 et la note.

(a) Ancien article 975. — Si la demande en partage n'a pour objet que la division d'un ou de plusieurs immeubles, sur lesquels les droits des intéressés soient déjà liquidés, les experts, en procédant à l'estimation, composeront les lots ainsi qu'il est prescrit par l'article 466 du Code civil ; et après que leur rapport aura été entériné, les lots seront tirés au sort, soit devant le juge-commissaire, soit devant un notaire commis par le tribunal.

(b) Ancien article 976. — Dans les autres cas, le poursuivant fera sommer les copartageants de comparaî-

tre, au jour indiqué, devant le juge-commissaire, qui renverra les parties devant un notaire dont elles conviendront, si elles peuvent et veulent en convenir, ou qui, à défaut, sera nommé d'office par le tribunal, à l'effet de procéder aux comptes, rapports, formation de masses, prélèvements, composition de lots et fournissements, ainsi qu'il est ordonné par le Code civil, art. 828.

Il en sera de même après qu'il aura été procédé à la licitation, si le prix d'adjudication doit être confondu avec d'autres objets dans une masse commune de partage pour former la balance entre les divers lots.

des parties intéressées, auront été établis par le notaire, suivant les articles 829, 830 et 831 du Code civil, les lots seront faits par l'un des cohéritiers, s'ils sont tous majeurs, s'ils s'accordent sur le choix, et si celui qu'ils auront choisi accepte la commission : dans le cas contraire, le notaire, sans qu'il soit besoin d'aucune autre procédure, renverra les parties devant le juge-commissaire, et celui-ci nommera un expert. — C. 834 ; T. 168.

979. Le cohéritier choisi par les parties, ou l'expert nommé pour la formation des lots, en établira la composition par un rapport qui sera reçu et rédigé par le notaire à la suite des opérations précédentes. — Pr. 978, 980 et s.

980. Lorsque les lots auront été fixés, et que les contestations sur leur formation, s'il y en a eu, auront été jugées, le poursuivant fera sommer les copartageants à l'effet de se trouver à jour indiqué, en l'étude du notaire, pour assister à la clôture de son procès-verbal, en entendre lecture et le signer avec lui, s'ils le peuvent et le veulent. — C. 835 ; T. 29.

981. Le notaire remettra l'expédition du procès-verbal de partage à la partie la plus diligente pour en poursuivre l'homologation par le tribunal : sur le rapport du juge-commissaire, le tribunal homologuera le partage, s'il y a lieu, les parties présentes ou appelées si toutes n'ont pas comparu à la clôture du procès-verbal, et sur les conclusions du procureur du Roi, dans le cas où la qualité des parties requerra son ministère. — Pr. 83, 982.

982. Le jugement d'homologation ordonnera le tirage des lots, soit devant le juge-commissaire, soit devant le notaire, lequel en fera la délivrance aussitôt après le tirage. — Pr. 981 ; C. 834, 842 ; T. 92.

983. Soit le greffier, soit le notaire, seront tenus de délivrer tels extraits, en tout ou en partie, du procès-verbal de partage que les parties intéressées requerront. — Pr. 839 et s.

984. Les formalités ci-dessus seront suivies dans les licitations et partages tendant à faire cesser l'indivision, lorsque des mineurs ou autres personnes non jouissant de leurs droits civils y auront intérêt. — C. 388, 509, 819, 838, 839, 1687.

985. Au surplus, lorsque tous les copropriétaires ou cohéritiers seront majeurs, jouissant de leurs droits civils, présents ou dûment représentés, ils pourront s'abstenir des voies judiciaires, ou les abandonner en tout état de cause, et s'accorder pour procéder de telle manière qu'ils aviseront. — Pr. 982 ; C. 819, 1687.

TITRE HUITIÈME

DU BÉNÉFICE D'INVENTAIRE

986. Si l'héritier veut, avant de prendre qualité, et conformément au Code civil, se faire autoriser à procéder à la vente d'effets mobiliers dépendants de la succession, il présentera, à cet effet, requête au président du tribunal de première instance dans le ressort duquel la succession est ouverte.

La vente en sera faite par un officier public, après les affiches et publications ci-dessus prescrites pour la vente du mobilier. — **Pr.** 174, 617 et s., 945 et s., 1,000 ; **C.** 110, 461, 796, 805 ; **T.** 77.

987. (L. du 2 juin 1841) **(1).** S'il y a lieu à vendre des immeubles dépendants de la succession, l'héritier bénéficiaire présentera au président du tribunal de première instance du lieu de l'ouverture de la succession une requête dans laquelle ces immeubles seront désignés sommairement. Cette requête sera communiquée au ministère public ; sur ses conclusions et le rapport du juge nommé à cet effet, il sera rendu jugement qui autorisera la vente et fixera la mise à prix, ou qui ordonnera préalablement que les immeubles seront vus et estimés par un expert nommé d'office.

Dans ce dernier cas, le rapport de l'expert sera entériné sur requête par le tribunal, et, sur les conclusions du ministère public, le tribunal ordonnera la vente (a). — **Pr.** 83, 302 ; **C.** 806.

988. (L. du 2 juin 1841) **(2).** Il sera procédé à la vente, dans chacun des cas ci-dessus prévus, suivant les formalités prescrites au titre *de la Vente des biens immeubles appartenant à des mineurs.*

Sont déclarés communs au présent titre, les articles 701, 702, 705, 706, 707, 711, 712, 713, 733, 734, 735, 736, 737, 738, 739, 740, 741, 742, les deux derniers paragraphes de l'article 964 et l'article 965, du présent Code.

L'héritier bénéficiaire sera réputé héritier pur et simple, s'il a vendu des immeubles sans se conformer aux règles prescrites par le présent titre (b). — **Pr.** 953, 966, 986, 987, 989 ; **C.** 778, 796, 800 et s., 806, 1006, 1026, 1031.

989. S'il y a lieu à faire procéder à la vente du mobilier et des rentes dépendant de la succession, la vente sera faite suivant les formes prescrites pour la vente de ces sortes de biens, à peine contre l'héritier bénéficiaire d'être réputé héritier pur et simple. — **Pr.** 619, 642 et s., 945 et **s.** ; **C.** 778 et s., 796, 805.

---

(1)   *Loi du 2 juin* 1841.

Art. 5. Les articles 987 et 988 du titre VIII, *Du bénéfice d'inventaire,* livre II, deuxième partie du Code de procédure civile, seront remplacés par les dispositions suivantes :

(V. le nouveau texte).

V. la note sous l'article 953.

(a) Ancien article 987. — S'il y a lieu à vendre des immeubles dépendant de la succession, l'héritier bénéficiaire présentera au président du tribunal de première instance une requête où ils seront désignés ; cette requête sera communiquée au ministère public ; sur ses conclusions et le rapport d'un juge commis à

cet effet, il sera rendu jugement qui ordonnera préalablement que les immeubles seront vus et estimés par un expert nommé d'office.

(2) V. Sous l'article 987 l'art. 5 de la loi du 2 juin 1841.

(b) Ancien art. 988. — Si le rapport est régulier il sera entériné sur requête par le même tribunal, et, sur les conclusions du ministère public, le jugement ordonnera la vente.

Il sera procédé à ladite vente suivant les formalités prescrites au titre *Des partages et licitations.*

L'héritier bénéficiaire sera réputé héritier pur et simple, s'il a vendu des immeubles sans se conformer aux règles prescrites dans le présent titre.

990. Le prix de la vente du mobilier sera distribué par contribution entre les créanciers opposants, suivant les formalités indiquées au titre *de la Distribution par contribution*. — **Pr.** 656 et **s.** ; **C.** 808, 809.

991. Le prix de la vente des immeubles sera distribué suivant l'ordre des privilèges et hypothèques. — **Pr.** 749 et **s.** ; **C.** 806. et **s.**, 2094, 2166.

992. Le créancier ou autre partie intéressée qui voudra obliger l'héritier bénéficiaire à donner caution, lui fera faire sommation, à cet effet, par acte extrajudiciaire signifié à personne ou domicile. — **Pr.** 517 et **s.** ; **C.** 807, 2040 et **s.** ; **T.** 29.

993. Dans les trois jours de cette sommation, outre un jour par trois myriamètres de distance entre le domicile de l'héritier et la commune où siège le tribunal, il sera tenu de présenter caution au greffe du tribunal de l'ouverture de la succession, dans la forme prescrite pour les réceptions de caution (1). — **Pr.** 517 et **s.**, 1033 ; **C.** 102 110, 807.

994. S'il s'élève des difficultés relativement à la réception de la caution, les créanciers provoquants seront représentés par l'avoué le plus ancien. — **Pr.** 520 et **s.**, 653, 667.

995. Seront observées, pour la reddition du compte du bénéfice d'inventaire, les formes prescrites au titre *des Redditions de comptes*. — **Pr.** 527 et **s.** ; **C.** 803, 809.

996. Les actions à intenter par l'héritier bénéficiaire contre la succession seront intentées contre les autres héritiers ; et s'il n'y en a pas, ou qu'elles soient intentées par tous, elles le seront contre un curateur au bénéfice d'inventaire, nommé en la même forme que le curateur à la succession vacante. — **Pr.** 998, 999 ; **C.** 802, 812, 2258 ; **T.** 77.

TITRE NEUVIÈME

DE LA RENONCIATION A LA COMMUNAUTÉ, DE LA VENTE DES IMMEUBLES DOTAUX ET DE LA RENONCIATION A LA SUCCESSION

(Loi du 2 juin 1841) (2).

997. Les renonciations à communauté ou à succession seront faites au greffe du tribunal dans l'arrondissement duquel la dissolution de la communauté ou l'ouverture de la succession se sera opérée, sur le registre prescrit par l'article 784 du Code civil, et en conformité de l'article 1457 du même Code, sans qu'il soit besoin d'autre formalité.

---

(1) V. l'art. 1033 du Code de procédure civile, modifié par l'art. 4 du décret du 22 avril 1863.

(2)   *Loi du 2 juin 1841.*

Art. 6. Le titre IX, livre II, deuxième partie du Code de procédure, sera ainsi rectifié ;

(V. le texte nouveau).

V. la note sous l'article 953 :

Lorsqu'il y aura lieu de vendre des immeubles dotaux dans les cas prévus par l'article 1358 du Code civil, la vente sera préalablement autorisée sur requête, par jugement rendu en audience publique.

Seront, au surplus, applicables les articles 955, 956 et suivants du titre *de la vente des biens immeubles appartenant à des mineurs* (a). — **C.** 785 et s., 1455, 1461.

TITRE DIXIÈME

DU CURATEUR A UNE SUCCESSION VACANTE

998. Lorsqu'après l'expiration des délais pour faire inventaire et pour délibérer, il ne se présente personne qui réclame une succession, qu'il n'y a pas d'héritier connu, ou que les héritiers connus y ont renoncé, cette succession est réputée vacante; elle est pourvue d'un curateur, conformément à l'article 812 du Code civil.

(*Ordonnance du* 19 *octobre* 1828, *art.* 43.) — Au cas prévu par l'article 998, l'administration des successions réputées vacantes sera de droit dévolue au curateur des biens vacants.

ART. 44. Les formalités prescrites pour l'héritier bénéficiaire s'appliqueront également au mode d'administration et au compte à rendre par le curateur aux biens vacants, qui se conformera en outre aux règles d'administration spéciales qui lui seront tracées par les lois, ordonnances et arrêtés en vigueur dans la colonie (1). — **C.** 795, 811 et **s.**; **T.** 77.

999. En cas de concurrence entre deux ou plusieurs curateurs, le premier nommé sera préféré sans qu'il soit besoin de jugement.

1000. Le curateur est tenu, avant tout, de faire constater l'état de la succession par un inventaire, si fait n'a été, et de faire vendre les meubles suivant les formalités prescrites aux titres *de l'Inventaire et de la vente du mobilier.* — **Pr.** 941 et s., 945; **C.** 813 et s.

1001. Il ne pourra être procédé à la vente des immeubles et rentes que suivant les formes qui ont été prescrites au titre *du Bénéfice d'inventaire.* — **Pr.** 986 et **s.**; **C.** 813; **T.** 128.

(a) Ancien texte.
Titre neuvième. De la renonciation à la communauté ou à la succession.
Art. 997. Les renonciations à communauté ou à succession seront faites au greffe du tribunal dans l'arrondissement duquel la dissolution de la communauté ou l'ouverture de la succession se sera opérée, sur le registre prescrit par l'article 784 du Code civil, et en conformité de l'article 1437 du même code, sans qu'il soit besoin d'autres formalités.

(1) V. l'édit du 24 novembre 1781, concernant les successions vacantes dans les colonies françaises de l'Amérique, les curateurs en titre d'office, les exécuteurs testamentaires et légataires.
(C. de la M. T. III, p. 455.)
V. le décret du 27 janvier 1855, portant règlement d'administration publique sur les curatelles aux successions et biens vacants à la Martinique, à la Guadeloupe et à la Réunion.
(B. O. 1855 : M. p. 567 s; G. p. 577 s.)

22

1002. Les formalités prescrites pour l'héritier bénéficiaire s'appliqueront également au mode d'administration et au compte à rendre par le curateur à la succession vacante. — **Pr.** 986 et s.; **C.** 814.

LIVRE TROISIÈME

(Décret du 29 avril 1806, promulgué le 9 mai suivant).

TITRE UNIQUE

DES ARBITRAGES

1003. Toutes personnes peuvent compromettre sur les droits dont elles ont la libre disposition. — **Pr.** 1004; **C.** 128, 217 et s., 225, 457 et s., 499, 502, 513, 1123, 1124, 1125, 1127, 1989, 2045.

1004. On ne peut compromettre sur les dons et legs d'aliments, logement et vêtements ; sur les séparations d'entre mari et femme, *divorces*, questions d'état, ni sur aucune des contestations qui seraient sujettes à communication au ministère public (1). — **Pr.** 83, 881 et s., 1002 ; **C.** 467, 1989, 2045.

1005. Le compromis pourra être fait par procès-verbal devant les arbitres choisis, ou par acte devant notaires, ou sous signature privée. — **Pr.** 54, 1006 et s., 1017, 1028 ; **C.** 1338.

1006. Le compromis désignera les objets en litige et les noms des arbitres, à peine de nullité. — **Pr.** 1005, 1007, 1029 ; **C.** 1131, 1133, 2003.

1007. Le compromis sera valable, encore qu'il ne fixe pas de délai ; et, en ce cas, la mission des arbitres ne durera que trois mois, du jour du compromis. — **Pr.** 1012, 1028, 1029, 1033 ; **C.** 1592.

1008. Pendant le délai de l'arbitrage, les arbitres ne pourront être révoqués que du consentement unanime des parties. — **Pr.** 1014 ; **C.** 1134.

1009. Les parties et les arbitres suivront, dans la procédure, les délais et les formes établis pour les tribunaux, si les parties n'en sont autrement convenues. — **Pr.** 1033 ; **C.** 1134.

1010. Les parties pourront, lors et depuis le compromis, renoncer à l'appel.

---

(1) Le divorce est aboli (L. du 8 mai 1816).

Lorsque l'arbitrage sera sur appel ou sur requête civile, le jugement arbitral sera définitif et sans appel. — **Pr.** 480; **C.** 1998.

1011. Les actes de l'instruction, et les procès-verbaux du ministère des arbitres, seront faits par tous les arbitres, si le compromis ne les autorise à commettre l'un d'eux. — **Pr.** 1009.

1012. Le compromis finit : 1° par le décès, refus, départ ou empêchement d'un des arbitres, s'il n'y a clause qu'il sera passé outre, ou que le remplacement sera au choix des parties ou au choix de l'arbitre ou des arbitres restants ; 2° par l'expiration du délai stipulé, ou de celui de trois mois s'il n'en a pas été réglé ; 3° par le partage, si les arbitres n'ont pas le pouvoir de prendre un tiers arbitre. — **Pr.** 118, 380, 1006, 1014, 1028.

1013. Le décès, lorsque tous les héritiers sont majeurs, ne mettra pas fin au compromis : le délai pour instruire et juger sera suspendu pendant celui pour faire inventaire et délibérer. — **Pr.** 174, 1004, 1007; **C.** 795 et **s.**, 1122, 1134, 1456 et **s.**

1014. Les arbitres ne pourront se déporter si leurs opérations sont commencées : ils ne pourront être récusés si ce n'est pour cause survenue depuis le compromis. — **Pr.** 44 et **s.**, 308 et **s.**, 378 et **s.**, 1012.

1015. S'il est formé inscription de faux, même purement civile, ou s'il s'élève quelque incident criminel, les arbitres délaisseront les parties à se pourvoir, et les délais de l'arbitrage continueront à courir du jour du jugement de l'incident. — **Pr.** 214 et **s.**, 427, 1007; **I. C.** 448 et **s.**

1016. Chacune des parties sera tenue de produire ses défenses et pièces, quinzaine au moins avant l'expiration du délai du compromis, et seront tenus les arbitres de juger sur ce qui aura été produit.

Le jugement sera signé par chacun des arbitres; et dans le cas où il y aurait plus de deux arbitres, si la minorité refusait de le signer, les autres arbitres en feraient mention, et le jugement aura le même effet que s'il avait été signé par chacun des arbitres.

Un jugement arbitral ne sera, dans aucun cas, sujet à l'opposition. — **Pr.** 1007, 1009, 1020 et **s.**, 1028.

1017. En cas de partage, les arbitres autorisés à nommer un tiers seront tenus de le faire par la décision qui prononce le partage : s'ils ne peuvent en convenir, ils le déclareront sur le procès-verbal, et le tiers sera nommé par le président du tribunal qui doit ordonner l'exécution de la décision arbitrale.

Il sera, à cet effet, présenté requête par la partie la plus diligente.

Dans les deux cas, les arbitres divisés seront tenus de rédiger leur avis distinct et motivé, soit dans le même procès-verbal, soit dans des procès-verbaux séparés. — **Pr.** 116 et **s.**, 1012-3°, 1016, 1018 et **s.**, 1020; **C.** 1338 ; **T.** 77.

1018. Le tiers arbitre sera tenu de juger dans le mois du jour de son acceptation, à moins que ce délai n'ait été prolongé par l'acte de la nomination : il ne pourra prononcer qu'après avoir conféré avec les arbitres divisés, qui seront sommés de se réunir à cet effet.

Si tous les arbitres ne se réunissent pas, le tiers arbitre prononcera seul ; et néanmoins il sera tenu de se conformer à l'un des avis des autres arbitres. — **Pr.** 1007, 1011, 1017, 1019, 1028-2°, 4°, 1029 ; **T.** 29.

1019. Les arbitres et tiers arbitre décideront d'après les règles du droit, à moins que le compromis ne leur donne pouvoir de prononcer comme amiables compositeurs. — **Pr.** 1009.

1020. Le jugement arbitral sera rendu exécutoire par une ordonnance du président du tribunal de première instance dans le ressort duquel il a été rendu : à cet effet, la minute du jugement sera déposée dans les trois jours, par l'un des arbitres, au greffe du tribunal.

S'il avait été compromis sur l'appel d'un jugement, la décision arbitrale sera déposée au greffe du tribunal d'appel, et l'ordonnance rendue par le président de ce tribunal.

Les poursuites pour les frais du dépôt et les droits d'enregistrement ne pourront être faites que contre les parties. — **Pr.** 130 et s., 545 1017, 1018, 1021, et s., 1028 ; **C.** 2123 ; **T.** 91.

1021. Les jugements arbitraux, même ceux préparatoires, ne pourront être exécutés qu'après l'ordonnance qui sera accordée, à cet effet, par le président du tribunal, au bas ou en marge de la minute, sans qu'il soit besoin d'en communiquer au ministère public ; et sera ladite ordonnance expédiée ensuite de l'expédition de la décision.

La connaissance de l'exécution du jugement appartient au tribunal qui a rendu l'ordonnance. — **Pr.** 173, 442, 452, 472, 528, 545, 1020 ; **C.** 2123.

1022. Les jugements arbitraux ne pourront, en aucun cas, être opposés à des tiers. — **Pr.** 474 ; **C.** 1165, 1351.

1023. L'appel des jugements arbitraux sera porté, savoir : devant les tribunaux de première instance, pour les matières qui, s'il n'y eût point eu d'arbitrage, eussent été, soit en premier, soit en dernier ressort, de la compétence des juges de paix ; et devant les cours royales, pour les matières qui eussent été, soit en premier, soit en dernier ressort, de la compétence des tribunaux de première instance. — **Pr.** 1026, 1028.

1024. Les règles sur l'exécution provisoire des jugements des tribunaux sont applicables aux jugements arbitraux. — **Pr.** 135 et s., 155, 439, 457 et s., 534.

1025. Si l'appel est rejeté, l'appelant sera condamné à la même amende que s'il s'agissait d'un jugement des tribunaux ordinaires. — **Pr.** 471.

1026. La requête civile pourra être prise contre les jugements arbitraux, dans les délais, formes et cas ci-devant désignés pour les jugements des tribunaux ordinaires.

Elle sera portée devant le tribunal qui eût été compétent pour connaître de l'appel. — **Pr.** 480 et s.

1027. Ne pourront cependant être proposés pour ouvertures :

1° L'inobservation des formes ordinaires, si les parties n'en étaient autrement convenues, ainsi qu'il est dit en l'article 1009;

2° Le moyen résultant de ce qu'il aura été prononcé sur choses non demandées, sauf à se pourvoir en nullité, suivant l'article ci-après. — **Pr.** 480-2°, 3°.

1028. Il ne sera besoin de se pourvoir par appel ni requête civile dans les cas suivants :

1° Si le jugement a été rendu sans compromis, ou hors des termes du compromis ;

2° S'il l'a été sur compromis nul ou expiré ;

3° S'il n'a été rendu que par quelques arbitres non autorisés à juger en l'absence des autres ;

4° S'il l'a été par un tiers sans en avoir conféré avec les arbitres partagés.

5° Enfin s'il a été prononcé sur choses non demandées.

Dans tous ces cas, les parties se pourvoiront par opposition à l'ordonnance d'exécution, devant le tribunal qui l'aura rendue, et demanderont la nullité de l'acte qualifié *jugement arbitral*.

Il ne pourra y avoir recours en cassation que contre les jugements des tribunaux, rendus soit sur requête civile, soit sur appel d'un jugement arbitral. — **Pr.** 480-3°, 1009, 1018, 1019, 1026, 1029; **C.** 1134, 2044, 2052.

DISPOSITIONS GÉNÉRALES

1029. Aucune des nullités, amendes et déchéances prononcées dans le présent Code, n'est comminatoire. — **Pr.** 15, 56, 61, 66, 70, 147, 156, 161, 173, 191, 213, 244 et s., 257, 260 et **s.**, 263 et **s.**, 271 et **s.**, 278, 280, 292 et s., 344, 357, 360, 366, 374, 390, 397, 399, 444, 456, 471, 479, 480, 500, 503, 512 et **s.**, 516, 608, 609, 634, 635, 684, 701, 707, 709, 711, 715, 728, 739, 743, 751, 755, 756, 776, 838, 869, 873, 1006, 1030.

1030. Aucun exploit ou acte de procédure ne pourra être déclaré nul, si la nullité n'en est pas formellement prononcée par la loi.

Dans les cas où la loi n'aurait pas prononcé la nullité, l'officier ministériel pourra, soit pour omission, soit pour contravention, être condamné à une amende, qui ne sera pas moindre de cinq francs et n'excèdera pas cent francs.

1031. Les procédures et les actes nuls ou frustratoires, et les actes qui auront donné lieu à une condamnation d'amende, seront à la charge des officiers ministériels qui les auront faits, lesquels, suivant l'exigence des cas, seront en outre passibles des dommages et intérêts de la partie, et pourront même être suspendus de leurs fonctions. — **Pr.** 67, 71, 81, 102, 103, 105, 128, 132, 152, 191, 192, 281, 292, 338, 360 et **s.**, 462, 463, 465, 529, 531, 562, 609, 667, 711, 799, 1030; **C.** 1319, 1338, 1382, 1985, 1991; **I. C.** 415.

1032. Les communes et les établissements publics seront tenus, pour former une demande en justice, de se conformer aux lois administratives (1). — **Pr.** 49, 69, 336 ; **C.** 537.

1033. (Ainsi remplacé : Décr. 22 avril 1863) (2). Le jour de la signification et celui de l'échéance ne sont point comptés dans le délai général fixé pour les ajournements, les citations, sommations et autres actes faits à personne ou domicile.

Le délai sera augmenté d'un jour à raison de trois myriamètres de distance.

Il en sera de même dans tous les cas prévus, en matière civile et commerciale, lorsqu'en vertu de lois, décrets ou ordonnances, il y a lieu d'augmenter un délai en raison des distances.

(1) *Décret colonial du 12 juin* 1837.

Art. 53. Le conseil municipal délibère et vote :
. . . .
2° Sur les actions judiciaires à intenter ou à soutenir.
. . . .
Art. 81. Une commune ne peut intenter d'action judiciaire qu'après avoir été autorisée par le gouverneur en conseil privé.

L'action est suivie par le Maire, si la commune succombe, elle ne peut se pourvoir soit en appel, soit en cassation, soit en requête civile, qu'en vertu d'une nouvelle autorisation du Gouverneur en Conseil privé.

Dans le cas où le Conseil municipal ne croirait pas devoir acquiescer à la décision du Gouverneur, le maire se pourvoira conformément à l'article 80 ci-dessus.

Le maire peut faire dans l'intervalle des décisions tous actes conservatoires dans l'intérêt de la commune.

(B. O. 1837, M p. 111 s. G. p. 1963).

Ordonnance organique du gouvernement du 9 février 1827, modifiée par celle du 22 août 1833.

Art. 175. Le conseil (Le conseil privé) statue :
§ II. Sur les autorisations de plaider demandées par l'autorité municipale.

(B. O. 1839, M p. 133 s ; G. 1833, p. 626 s).

Sénatus-consulte du 4 juillet 1866.

Art. 1er. Le Conseil général statue :
. . . .
5° Sur les actions à intenter ou à soutenir au nom de la colonie, sauf dans le cas d'urgence, où le gouverneur peut intenter toute action ou y défendre, sans délibération préalable du Conseil général, et faire tous actes conservatoires ;
. . . .
Les délibérations prises sur ces diverses matières sont définitives et demeurent exécutoires si dans le délai d'un mois à partir de la clôture de la session, le Gouverneur n'en a pas demandé l'annulation pour excès de pouvoir, pour violation d'un sénatus-consulte, d'une loi ou d'un règlement d'administration publique.

Cette annulation est prononcée, sur le rapport du ministre de la marine et des colonies, par décret de l'Empereur, rendu dans la forme des règlements d'administration publique.

(B. O. 1856 : M. p. 591 s.)

Décret du 30 décembre 1809.

Art. 12. Seront soumis à la délibération du Conseil (de fabrique).
. . . .
5. Les procès à entreprendre ou à soutenir, les...

Art. 77. Ne pourront les marguilliers entreprendre aucun procès, ni y défendre, sans une autorisation du Conseil de préfecture, auquel sera adressée la délibération qui devra être prise à ce sujet par le conseil et le bureau réunis.

Art. 79. Les procès seront soutenus au nom de la fabrique, et les diligences faites à la requête du trésorier, qui donnera connaissance de ses procédures au bureau.

Art. 80. Toutes contestations relatives à la propriété des biens et toutes poursuites à fin de recouvrement des revenus, seront portées devant les juges ordinaires.

Ledit décret rendu exécutoire dans les colonies de la Martinique, de la Guadeloupe et de la Réunion, par décret du 31 octobre 1856, promulgué :

(B. O. 1856 : M. p. 655 s ; G. p. 755, 756 s.)

(2) Art. 4. L'article 1033 du même code (Code de procédure) sera remplacé par les dispositions suivantes :

V. le nouveau texte.

(B. O. 1863, M. p. 285 et s. G. p. 279. s.)

V. sous l'article 673 le décret du 27 avril 1848, sur l'expropriation forcée, art. 10.

Les fractions de moins d'un myriamètre ne seront pas comptées; les fractions d'un myriamètre et au dessus augmenteront le délai d'un jour entier.

Si le dernier jour du délai est un jour férié, le délai sera prorogé au lendemain (a). — **Pr.** 5, 16, 20, 51, 72, 162, 175, 257, 260, 261, 315, 345, 408, 415, 416, 456, 563, 564, 583, 602, 613, 614, 691, 731, 762, 882, 993, 1009, 1030; **C.** 411, 435, 489, 2185; **Co.** 165, 201, 492.

1034. Les sommations pour être présent au rapport d'experts, ainsi que les assignations données en vertu de jugement de jonction, indiqueront seulement le lieu, le jour et l'heure de la première vacation ou de la première audience; elles n'auront pas besoin d'être réitérées, quoique la vacation ou l'audience ait été continuée à un autre jour. — **Pr.** 153, 315.

1035. Quand il s'agira de recevoir un serment, une caution, de procéder à une enquête, à un interrogatoire sur faits et articles, de nommer des experts, et généralement de faire une opération quelconque en vertu d'un jugement, et que les parties, ou les lieux contentieux, seront trop éloignés, les juges pourront commettre un tribunal voisin, un juge, ou même un juge de paix, suivant l'exigence des cas; ils pourront même autoriser un tribunal à nommer, soit un de ses membres, soit un juge de paix, pour procéder aux opérations ordonnées. — **Pr.** 121, 255, 266, 296 305, 326, 412, 428, 517 et s. ; **Co.** 16 ; **I. Cr.** 90.

1036. Les tribunaux, suivant la gravité des circonstances, pourront, dans les causes dont ils seront saisis, prononcer, même d'office, des injonctions, supprimer des écrits, les déclarer calomnieux, et ordonner l'impression et l'affiche de leurs jugements. — **Pr.** 88, 512 ; **I. Cr.** 504 et s.

1037. Aucune signification ni exécution ne pourra être faite, depuis le 1er octobre jusqu'au 31 mars, avant six heures du matin et après six heures du soir ; et depuis le 1er avril jusqu'au 30 septembre, avant quatre heures du matin et après neuf heures du soir ; non plus que les jours de fête légale, si ce n'est en vertu de permission du juge, dans le cas où il y aurait péril en la demeure.

(*Ordonnance du* 19 *octobre* 1828, *art.* 45.) — Aucune signification ni exécution ne pourra être faite dans la colonie, pendant tout le cours de l'année, avant six heures du matin et après six heures du soir. — **Pr.** 8, 63, 781, 808, 828, 1033 ; **I. Cr.** 395 ; **Co.** 134, 162 ; **P.** 184.

1038. Les avoués qui ont occupé dans les causes où il est intervenu des jugements définitifs seront tenus d'occuper sur l'exécution de ces jugements, sans nouveaux pouvoirs, pourvu qu'elle ait lieu dans l'année de la prononciation des jugements. — **Pr.** 75, 148, 162, 342 et s., 496.

(a) Ancien article 1033. — Le jour de la signification ni celui de l'échéance ne sont jamais comptés pour le délai général fixé pour les ajournements et les citations, sommations et autres actes faits à personne ou domicile ; ce délai sera augmenté d'un jour à raison de trois myriamètres de distance ; et quand il y aura lieu à voyage ou envoi et retour, l'augmentation sera du double.

1039. Toutes significations faites à des personnes publiques préposées pour les recevoir seront visées par elles sans frais sur l'original.

En cas de refus, l'original sera visé par le procureur du roi près le tribunal de première instance de leur domicile. Les refusants pourront être condamnés, sur les conclusions du ministère public, à une amende, qui ne pourra être moindre de cinq francs. — **Pr.** 4, 45, 68, 69-5°, 7°, 561, 601, 628, 673, 676 et s., 698 et s., 901, 967, 1020; **T.** 19.

1040. Tous actes et procès-verbaux du ministère du juge seront faits au lieu où siège le tribunal; le juge y sera toujours assisté du greffier, qui gardera les minutes et délivrera les expéditions : en cas d'urgence, le juge pourra répondre en sa demeure les requêtes qui lui seront présentées; le tout, sauf l'exécution des dispositions portées au titre *des Référés*. — **Pr.** 8, 806 et s.

1041. Le présent Code sera exécuté à dater du 1ᵉʳ janvier 1807 : en conséquence, tous procès qui seront intentés depuis cette époque, seront instruits conformément à ses dispositions. Toutes lois, coutumes, usages et règlements relatifs à la procédure civile, seront abrogés (1).

1042. Avant cette époque, il sera fait, tant pour la taxe des frais que pour la police et discipline des tribunaux, des règlements d'administration publique. — Dans trois ans au plus tard, les dispositions de ces règlements qui contiendraient des mesures législatives seront présentées au Corps législatif en forme de loi (2).

(1) V. p. 10, l'article 1ᵉʳ de l'ordonnance du 19 octobre 1828, applicative dudit code aux îles de la Martinique, de la Guadeloupe et de ses dépendances.
(2) V. texte et notes sous les articles 543 et 544.

FIN DU CODE DE PROCÉDURE CIVILE.

ORDONNANCE DU 19 OCTOBRE 1828 (Suite de l')

ART. **46** (1). — § 1ᵉʳ. En conformité de l'article 31 de notre ordonnance du 24 septembre 1828, sur l'organisation judiciaire, les fonctions attribuées aux présidents des tribunaux de première instance par les diverses dispositions du Code de procédure, seront exercées par le juge royal.

§ 2. Il en sera de même de celles que les présidents ne remplissent qu'en commun avec les autres juges.

§ 3. — Le juge royal pourra toujours se désigner lui-même, soit comme rapporteur, soit comme juge-commissaire, si mieux il n'aime en déléguer les fonctions à l'un des juges-auditeurs, dans tous les cas où la nomination d'un juge-commissaire ou d'un juge rapporteur est autorisée ou prescrite par le Code de procédure (2).

47. Les règles établies par les diverses dispositions du Code de procédure, en faveur de ceux qui sont absents du territoire continental de la France, seront appliquées à ceux qui seront absents du territoire de la colonie.

48. Les attributions particulières conférées aux maires et à leurs adjoints par les diverses dispositions du Code de procédure, seront confiées aux commissaires-commandants des communes et à leurs lieutenants, et, à leur défaut, aux officiers de l'état civil.

Les appositions d'extraits, d'affiches et placards, qui doivent être faites à la porte des mairies, se feront à l'avenir à celles des officiers de l'état civil (3).

49. Les insertions et annonces qui doivent être publiées dans les journaux d'arrondissement ou de département se feront dans tous les journaux de la colonie (4).

50. (Abrogé par le décret du 27 avril 1848 qui a aboli l'esclavage). — **B. O.** 1848 : **M.** p. 394.

---

(1) Les dispositions spéciales de cet article 46 et des articles 47 à 50 de l'ordonnance du 19 octobre 1828 n'ont pu utilement trouver place sous les articles du Code. Ces dispositions sont reproduites ci-après :

(2) Décret du 16 août 1854 sur l'organisation judiciaire.

Art. 2. Les tribunaux de première instance de Saint-Pierre (Martinique), de la Pointe-à-Pitre (Guadeloupe) et de Saint-Pierre (Réunion) sont composés :

D'un président,
De trois juges,
D'un procureur impérial et d'un ou deux substituts au plus,
D'un greffier et de commis greffiers.

Les autres tribunaux de première instance sont composés :

· D'un président,
De deux juges,

D'un procureur impérial et d'un substitut,
D'un greffier et de commis greffiers.
Un ou deux juges suppléants peuvent être attachés à chacun de ces tribunaux.
(B. O. 1854 : M. p. 579 s., G. p....)
Décret du 28 avril 1860.
Art. 1ᵉʳ. Il est créé un troisième emploi de juge au tribunal de 1ʳᵉ instance de Fort-de-France.
(B. O. 1860, M. p. 381).
(3) V. sous l'article 69 du Code l'article 2 du décret colonial du 12 juin 1837 sur l'organisation municipale de la Martinique.

. . . .

(4) Cet article a été modifié par la loi du 2 juin 1841 pour tous les cas où des insertions dans les journaux doivent être faites en vertu de cette loi.
V. notes sous l'article 673.
Décret du 27 avril 1848.
Art. 9 (V. ce texte sous l'article 673).

23

TITRE DEUXIÈME

DISPOSITIONS SUPPLÉMENTAIRES AU CODE DE PROCÉDURE CIVILE

CHAPITRE PREMIER

DE LA DISTRIBUTION DES CAUSES ET DE L'INSTRUCTION D'AUDIENCE

SECTION PREMIÈRE

DE LA DISTRIBUTION DÉS CAUSES ET DE L'INSTRUCTION D'AUDIENCE A LA COUR ROYALE

51. Il sera tenu, par le greffier de la Cour, un registre ou rôle sur lequel seront inscrites les affaires civiles ou commerciales venant par voie d'appel.

Ce registre sera coté et paraphé par le président.

52. L'inscription devra être faite lors de l'échéance des délais de l'assignation, et, au plus tard, la veille du jour où l'on se présentera à l'audience.

Chaque inscription contiendra les noms des parties et ceux des avoués constitués.

53. A l'ouverture de la première audience de la session, l'huissier de service fera successivement l'appel des causes dans l'ordre de leur inscription au rôle.

Sur cet appel, le président retiendra, pour être jugées pendant le cours de la session, les causes dans lesquelles il y aurait eu constitution d'avoué, et renverra, soit à la fin de la session, soit au commencement de la session suivante, les causes qui ne seraient pas en état.

A l'égard de celles où il n'y aurait pas eu constitution d'avoué, il sera donné défaut contre la partie, sur les conclusions signées de l'avoué qui le requerra.

Ces conclusions seront immédiatement remises au greffier.

54. Si un avoué demande acte, à l'audience, de sa constitution, il sera ultérieurement procédé comme dans les causes où il y aura eu constitution d'avoué.

55. Les causes où il y aura eu constitution d'avoué dans le délai de l'ajournement, seront portées à l'audience au jour indiqué par le président, et sur un simple acte d'avoué à avoué.

56. Lorsque les avoués auront posé qualités, la Cour donnera acte aux parties des conclusions par elle prises.

L'arrêt de qualités posées sera porté sur la feuille d'audience, et les conclusions signées des avoués seront remises au greffier.

57. Le greffier tiendra pour chaque session un rôle particulier, sur lequel seront inscrites les causes qui devront être appelées à chaque audience de la session, avec mention de leur numéro au rôle général.

Les rôles particuliers seront affichés dans l'auditoire et au greffe.

58. Aucune cause ne pourra être plaidée qu'autant qu'elle aura été affichée huit jours à l'avance; si ce n'est en cas d'urgence ou de consentement des parties.

59. Dans toutes les causes, les avoués, avant d'être admis à requérir défaut ou à plaider, remettront au greffier de service leurs conclusions motivées avec le numéro du rôle particulier.

Lorsqu'à l'audience les avoués changeront les conclusions par eux posées, ou qu'ils en prendront de nouvelles, ils seront tenus, après les avoir signées, de les remettre au greffier, qui les joindra à celles précédemment déposées.

60. Si, au jour fixé pour plaider, aucun avoué ne se présente, ou si celui qui se présente refuse de prendre jugement, la Cour pourra, après avoir ordonné que les pièces seront déposées sur le bureau, juger sur le vu desdites pièces, et déclarer que la cause est retirée du rôle particulier.

Aucune cause retirée du rôle ne pourra y être rétablie que sur le vu de l'expédition de l'arrêt de radiation, dont le coût restera à la charge personnelle des avoués, qui seront en outre tenus de tous dommages-intérêts envers les parties, et auxquels il pourra encore être fait des injonctions suivant les circonstances.

61. Lorsqu'il aura été formé opposition à un arrêt par défaut, la cause reprendra le rang qu'elle occupait, soit au rôle général, soit au rôle particulier, à moins qu'il ne soit accordé, par le président, un jour fixe pour statuer sur les moyens d'opposition.

SECTION II

DE LA DISTRIBUTION DES CAUSES ET DE L'INSTRUCTION D'AUDIENCE DEVANT LES TRIBUNAUX DE PREMIÈRE INSTANCE ET LES TRIBUNAUX DE PAIX

62. Il sera tenu, aux greffes des tribunaux de première instance, un registre ou rôle coté et paraphé par le juge royal, et destiné à l'inscription, suivant l'ordre de leur présentation, des affaires civiles et commerciales.

63. Les causes introduites par assignation à bref délai, celles qui auront pour objet des déclinatoires, des exceptions, des règlements de procédure qui ne tiennent point au fond, celles qui seront retenues pour être jugées en état de référé, ou qui seront relatives à des demandes à fin de mise en liberté ou de provisions alimentaires, et toutes autres causes également urgentes, seront appelées sur simples mémoires pour être plaidées et jugées sans remise, sans tour de rôle, avant toutes autres affaires, et sans qu'elles aient besoin d'être affichées. Si, par des motifs extraordinaires, le tribunal croit devoir accorder remise, elle sera ordonnée contradictoirement à jour fixe, et, au jour indiqué, il n'en pourra être accordé une nouvelle.

64. A l'ouverture de chaque audience, l'huissier de service fera successivement l'appel des causes dans l'ordre de leur inscription au rôle.

Sur cet appel et à la même audience, les causes dans lesquelles il y aurait eu constitution d'avoué seront distribuées par le juge royal à l'un des jours de la semaine.

A l'égard de celles où il n'y aurait pas eu constitution d'avoué, il sera donné défaut contre la partie, sur les conclusions signées de l'avoué qui le requerra.

Ces conclusions seront immédiatement remises au greffier.

65. Le greffier tiendra, pour chaque semaine, un rôle particulier, sur lequel les causes seront inscrites dans l'ordre de leur distribution, avec mention de leur numéro au rôle général.

Les rôles particuliers seront affichés dans l'auditoire et aux greffes.

66. Aucune cause ne pourra être plaidée qu'autant qu'elle aura été affichée, huit jours à l'avance dans l'auditoire et au greffe des tribunaux, si ce n'est en cas d'urgence ou de consentement des parties.

67. Les dispositions des articles 54, 55, 56, 58, 59, 60 et 61 de la présente ordonnance seront applicables aux tribunaux de première instance.

68. Il sera tenu, au greffe de chaque tribunal de paix, deux registres ou rôles cotés et paraphés par le juge de paix, et destinés à l'instruction, savoir :

Le premier, des affaires civiles et commerciales ;

Le second, des affaires portées en conciliation.

Les causes civiles et commerciales seront jugées dans l'ordre de leur inscription au rôle.

CHAPITRE II

DE LA COMMUNICATION DES CAUSES AU MINISTÈRE PUBLIC

69. Le ministère public assistera à toutes les audiences.

Dans les causes qui devront lui être communiquées, les avoués seront tenus de remettre les pièces au parquet, la veille de l'audience où la cause devra être appelée.

Dans les causes contradictoires, cette communication devra être faite trois jours au moins avant celui indiqué pour la plaidoirie.

Si la remise des pièces n'a pas été faite dans le temps prescrit, elle ne passera point en taxe.

70. Lorsque celui qui remplit les fonctions du ministère public ne portera pas la parole sur-le-champ, il ne pourra demander qu'un seul délai qui ne pourra excéder quinzaine, et il en sera fait mention sur la feuille d'audience.

71. Dans les procès mis au rapport, et dont l'instruction sera faite par écrit, le juge rapporteur devra veiller à ce que les communications au ministère public soient faites assez à temps pour que le jugement ne soit pas retardé.

Le ministère public, après avoir pris communication des pièces, les fera remettre dans le plus bref délai au rapporteur, quand il les aura reçues de ses mains ; sinon, au greffe.

72. Le ministère public une fois entendu, les parties ni leurs avoués ne pourront obtenir la parole après lui ; ils pourront seulement remettre sur-le-champ de simples notes, ainsi qu'il est dit à l'article 3 (1) du Code de procédure civile.

CHAPITRE III

DU JUGEMENT

SECTION PREMIÈRE

DU JUGEMENT A LA COUR ROYALE

73. Lorsque les juges tenant audience trouveront une cause suffisamment éclaircie, le président pourra faire cesser les plaidoiries.

74. Il mettra la matière en délibération, et recueillera ensuite les opinions dans l'ordre inverse du rang que les magistrats occupent entre eux.

Dans les affaires jugées sur rapport, le rapporteur opinera le premier.

75. Aucun membre du ministère public ne pourra assister aux délibérations des juges.

La même disposition s'appliquera au greffier.

76. Les arrêts seront rendus à la majorité des voix.

77. La rédaction des arrêts contiendra, indépendamment de ce qui est prescrit par le Code de procédure civile, la mention qu'ils ont été prononcés publiquement et à l'audience, sous peine, s'il y a lieu, de dommages-intérêts contre le greffier envers les parties.

78. Le greffier portera sur la feuille d'audience du jour la minute de chaque arrêt, aussitôt qu'il aura été rendu.

Les feuilles d'audience seront vérifiées par le président, et signées par lui et par le greffier, dans les vingt-quatre heures qui suivront l'audience où l'arrêt aura été prononcé. Elles seront de papier de même forme, et réunies, par année, en forme de registre.

Le greffier se conformera en outre aux dispositions du titre VII, livre II, du Code de procédure civile.

79. Si le président se trouvait dans l'impossibilité de signer la feuille d'audience, elle devra l'être, dans les vingt-quatre heures suivantes, par le plus ancien des magistrats qui aura assisté à l'audience.

80. Dans le cas où le greffier serait dans l'impossibilité de la signer, il suffira que le président en fasse mention en signant.

81. Si les feuilles d'une ou de plusieurs audiences n'avaient pas été signées dans les délais et ainsi qu'il est dit ci-dessus, la Cour pourra, suivant les circonstances, et sur les

(1) Erreur : c'est l'article 111.

conclusions par écrit du procureur général, autoriser un des conseillers qui auront concouru à ces arrêts à les signer.

SECTION II

DU JUGEMENT AU TRIBUNAL DE PREMIÈRE INSTANCE ET AUX TRIBUNAUX DE PAIX

82. Lorsque le juge royal trouvera une cause suffisamment éclaircie, il pourra faire cesser les plaidoiries.

83. Les dispositions des articles 75, 77, 78 ci-dessus, seront applicables aux tribunaux de première instance.

84. Si le juge royal se trouvait dans l'impossibilité de signer la feuille d'audience, elle devra l'être, dans les vingt-quatre heures suivantes, par le plus ancien des juges-auditeurs qui aura assisté à l'audience.

85. Dans le cas où le greffier serait dans l'impossibilité de la signer, il suffira que le juge royal en fasse mention en signant.

86. Si les feuilles d'une ou de plusieurs audiences n'avaient pas été signées dans les délais et ainsi qu'il est dit ci-dessus, la cour pourra, suivant les circonstances, autoriser un des juges-auditeurs qui auront assisté à l'audience à signer le jugement (1).

87. Lorsque le juge de paix aura entendu les parties, il prendra, avant de prononcer son jugement, l'avis de son suppléant, dans le cas où celui-ci serait présent à l'audience.

88. Les dispositions des articles 77, 78 et 85 seront applicables aux tribunaux de paix.

Au cas prévu par l'article 84, le juge suppléant qui aura assisté au jugement signera la feuille ordinaire.

Au cas prévu par l'article 86, il pourra y être autorisé par la cour.

CHAPITRE IV

DU MODE DE PROCÉDER SUR LES DEMANDES EN ANNULATION

89. Les jugements rendus en dernier ressort par les justices de paix, soit en matière civile, soit en matière commerciale, pourront être attaqués devant la cour royale par la voie de l'annulation.

Cette voie ne sera ouverte aux parties que pour cause d'incompétence et d'excès de pouvoir.

(1) V. sous l'article 46 de l'ordonnance, l'article 2 du décret du 16 août 1854...

Elle sera ouverte, mais dans l'intérêt de la loi seulement, au procureur général, pour cause d'incompétence, d'excès de pouvoir ou de contravention à la loi (1).

90. Le délai du recours en annulation sera, pour les parties, de dix jours francs, à dater de celui soit de la signification des jugements définitifs, soit de la prononciation des jugements interlocutoires.

A l'égard du recours contre les jugements préparatoires, ce délai ne courra que du jour de la signification du jugement définitif, sans que leur exécution puisse, en aucun cas, être opposée au demandeur en annulation, comme fin de non recevoir.

91. Lorsque, à l'expiration du délai fixé par l'article précédent, aucune des parties n'aura formé de recours, le jugement, passé ainsi en force de chose jugée, pourra être attaqué par le procureur général, en annulation pour cause d'incompétence ou d'excès de pouvoir.

Dans le cas où le recours du procureur général aura pour cause une contravention à la loi, il lui sera loisible de l'introduire immédiatement après la prononciation du jugement définitif.

92. Les déclarations de recours seront formées, savoir :

Celles des parties, par une simple requête, signée d'un avoué ;

Et celles du procureur général, par un réquisitoire.

Les déclarations de recours seront déposées au greffe de la cour royale, et elles y seront inscrites, par ordre de dates et de numéros, sur un registre ou rôle général, au moment de leur présentation.

93. Les requêtes introductives des recours formés par les parties devront contenir, indépendamment des noms, profession et domicile des demandeurs en annulation, de leurs conclusions et des noms et demeure des parties adverses, l'exposé sommaire des faits et des moyens tendant à prouver l'incompétence, ou l'excès de pouvoir, sans que ni cet exposé, ni le complément ou le développement soit des faits, soit des moyens, puisse ultérieurement donner lieu à la production d'aucun mémoire ampliatif.

94. Les parties seront tenues de joindre à leur requête introductive, savoir :

Si le jugement attaqué par elles est définitif, la copie qui leur en aura été signifiée ;

Et s'il est interlocutoire ou préparatoire, une expédition de ce jugement.

Le procureur général joindra seulement à son réquisitoire une copie certifiée du jugement attaqué dans l'intérêt de la loi.

95. Les parties seront tenues, en outre, de consigner, à peine de déchéance, une amende de cent francs, si leur recours est formé contre un jugement contradictoire, et de la moitié de cette somme, si le jugement attaqué a été rendu par défaut.

(1) Loi du 25 mai 1838.

Art. 15. Les jugements rendus par les juges de paix ne pourront être attaqués par la voie du recours en cassation que pour excès de pouvoir.

Ladite loi rendue exécutoire à la Martinique et à la Guadeloupe par le décret du 16 août 1854, sur l'org. judiciaire, promulgué le 27 septembre suivant.

(B. O. 1854 : M p. 571, 579, 722 s.)

Sont exempts de l'amende les administrations, régies, ou agents publics, pour les affaires concernant directement les divers services administratifs, ou les domaines et revenus de l'État.

A l'égard de toutes autres parties, l'amende sera encourue par celles qui succomberont dans leur recours. Seront néanmoins dispensées de la consigner celles qui joindront à leur requête introductive un certificat d'indigence délivré par le commissaire commandant de la commune de leur domicile, ou par son lieutenant; ce certificat devra, en outre, être visé et approuvé par le directeur de l'intérieur (1).

96. La requête introductive sera signifiée, dans les cinq jours de sa production, à la partie au profit de laquelle aura été rendu le jugement attaqué.

La copie ne pourra être signifiée qu'après avoir été certifiée véritable, et signée par l'avoué du demandeur en annulation.

L'original de la signification sera, dans les cinq jours, rapporté par l'avoué au greffe de la cour royale et joint par le greffier à l'original de la requête introductive.

97. Dans les dix jours de la signification, le défendeur en annulation sera tenu de constituer avoué, et de faire signifier à celui du demandeur sa requête en défense, dont l'original sera, dans les cinq jours de la signification, déposé au greffe de la cour.

98. La signature de l'avoué au bas de l'original et de la copie de la requête primitive, soit en demande, soit en défense, vaudra, à son égard, acte de constitution, et, à l'égard de la partie, acte d'élection de domicile chez son avoué.

99. Le demandeur pourra faire signifier une réplique dans la huitaine, après les défenses fournies, et le défendeur signifier la sienne dans la huitaine suivante. L'original et la copie de chaque réplique seront également signés par l'avoué de la partie, lequel devra de même déposer l'original au greffe dans les cinq jours de la signification.

Il ne pourra être produit aucune autre requête de la part de chaque partie.

100. Les affaires seront réputées en état, soit après la production des deux requêtes à fournir en demande ainsi qu'en défense, soit après l'expiration des délais pour produire.

Chaque affaire, immédiatement après sa mise en état, sera distribuée par le président au conseiller qui devra en effectuer le rapport, et les pièces de l'instruction seront transmises par le greffier au rapporteur aussitôt après le dépôt de la réplique en défense.

A l'égard des demandes en annulation introduites par le procureur général dans l'intérêt de la loi, la nomination du rapporteur aura lieu immédiatement après le dépôt du réquisitoire, et le greffier transmettra sans délai le réquisitoire au rapporteur.

101. Le rapporteur rétablira les pièces de chaque instruction au greffe, en y remettant son rapport écrit, dans les quinze jours de sa nomination, au plus tard, sans que

---

(1) V. sous l'article 69 du Code l'art. 2 du décret colonial du 12 juin 1837 portant organisation de la municipalité à la Martinique, et la note 2, p. 24.

dans aucun cas, ce délai puisse être prolongé, pour attendre les productions qui n'auraient pas eu lieu en temps utile.

102. La date de la nomination du rapporteur et celle de la remise du rapport au greffe seront inscrites par le greffier sur le rôle général de présentation.

103. Les affaires dont le rapport aura été déposé seront distribuées par le président à l'un des jours de la session qui suivra celle où le dépôt aura eu lieu.

Le greffier sera tenu de les inscrire, par ordre de dates et de numéros, sur les rôles particuliers de distribution, qu'il devra, jusqu'à l'appel de la cause, tenir et afficher conformément à l'article 57 de la présente ordonnance; et il les y classera sous un titre distinct.

Il devra également inscrire, sur le dossier de chaque affaire, son numéro d'ordre au rôle particulier.

104. Dans le jour du dépôt des pièces de l'instruction, au greffe, par les conseillers rapporteurs, le greffier les transmettra au procureur général, qui les y rétablira trois jours au plus tard avant celui où chaque affaire devra être portée à l'audience.

105. Les affaires seront appelées et jugées suivant leur ordre d'inscription au rôle particulier.

Celles introduites à la requête des parties pourront, soit du consentement commun de celles en demande et en défense, soit à la réquisition de l'une d'elles, être remises par la Cour une seule fois et à jour fixe. Il ne pourra, sous aucun prétexte, être accordé de nouveaux délais; et l'ordre, soit de l'inscription, soit de la remise, devra être invariablement suivi pour le rapport et le jugement.

106. Les rapports seront faits à l'audience.

Après le rapport, les avoués des parties seront successivement entendus, et le président les avertira, s'il y a lieu, qu'ils doivent se borner à présenter de simples observations.

Le procureur général donnera ensuite ses conclusions. Il devra être entendu dans chaque affaire, même dans celles introduites sur son réquisitoire.

Les avoués des parties ne pourront obtenir la parole après le procureur général, que dans le cas où celui-ci se trouverait partie principale et poursuivante.

107. Les dispositions établies en la présente ordonnance par les articles 72, 73, 74, 75 et 76, relativement à la cessation des plaidoiries et à la manière dont les arrêts seront délibérés et rendus, sont applicables au jugement des affaires en annulation.

108. Dans les affaires introduites à la requête des parties, si l'annulation est prononcée pour cause d'incompétence, la Cour royale annulera le jugement ou les jugements attaqués, ainsi que toute la procédure; et, prononçant par voie de règlement de juges, elle renverra l'affaire devant ceux qui devront en connaître, pour être statué sur le fond seulement. Si l'annulation est prononcée pour cause d'excès de pouvoir, la Cour annulera simplement, en ce qui concerne l'excès de pouvoir, le jugement attaqué, et, s'il y a lieu, les actes de l'instruction; elle renverra l'affaire devant l'un des tribunaux de paix des

24

cantons limitrophes du tribunal qui aura prononcé; et le tribunal de paix saisi par la Cour devra, en statuant définitivement sur le litige, se renfermer strictement dans les limites résultant de l'arrêt d'annulation.

A l'égard des affaires introduites sur le réquisitoire du procureur général, l'annulation ne sera prononcée que dans l'intérêt de la loi; et les parties ne pourront s'en prévaloir pour se soustraire à l'exécution du jugement annulé (1).

109. Le demandeur qui succombera dans son recours en annulation sera condamné à l'amende et aux dépens : les administrations ou régies de l'État et les agents publics ne seront condamnés qu'aux frais.

Si le jugement est annulé, l'amende consignée sera rendue, quand même l'arrêt d'annulation aurait omis d'ordonner la restitution de l'amende.

L'arrêt d'annulation ou de rejet devra d'ailleurs contenir la liquidation des dépens.

110. Les motifs et le dispositif des arrêts seront rédigés par les rapporteurs, écrits de leur main, sur la minute de chaque arrêt, et remis par eux au greffe, dans la semaine qui suivra celle de leur prononciation.

Seront observées, au surplus, les règles ci-dessus prescrites par les articles 78, 79, 80 et 81, pour la tenue des feuilles d'audience.

111. En cas d'annulation, soit à la repuête des parties, soit sur le réquisitoire du procureur général, expédition de l'arrêt lui sera remise et sera transcrite, à sa diligence, en marge ou à la suite du jugement annulé.

Le greffier de la justice de paix devra justifier au procureur général de la transcription ainsi prescrite.

TITRE TROISIÈME

DISPOSITIONS GÉNÉRALES

112. Toutes dispositions concernant le mode de procéder en matière civile aux îles de la Martinique, de la Guadeloupe ainsi que dans ses dépendances, sont et demeurent abrogées en ce qu'elles ont de contraire à la présente ordonnance.

113. Notre ministre, etc.

(**B. O.**1829, **M.** p. 376 s.)

(1) V. sous l'article 89 de l'ordonnance du 19 octobre 1828 l'article 15 de la loi du 25 mai 1838.

TABLE

DES MATIÈRES

DU CODE DE PROCÉDURE CIVILE

PREMIÈRE PARTIE

PROCÉDURE DEVANT LES TRIBUNAUX

LIVRE PREMIER

DE LA JUSTICE DE PAIX   Art. **1** à **47**

LIVRE DEUXIÈME

DES TRIBUNAUX INFÉRIEURS   **48 — 442**

LIVRE TROISIÈME

DES TRIBUNAUX D'APPEL   443 — 473

LIVRE QUATRIÈME

DES VOIES EXTRAORDINAIRES POUR ATTAQUER LES JUGEMENTS   474 — 516

LIVRE CINQUIÈME

DE L'EXÉCUTION DES JUGEMENTS   517 — 811

DEUXIÈME PARTIE

PROCÉDURES DIVERSES

FIN DE LA TABLE DU CODE DE PROCÉDURE CIVILE.

TABLE DES MATIÈRES

DE L'ORDONNANCE DU 19 OCTOBRE 1828

SUR LE MODE DE PROCÉDER EN MATIÈRE CIVILE A L'ILE DE LA MARTINIQUE ET A L'ILE DE LA GUADELOUPE ET SES DÉPENDANCES

(1) V. ces articles reproduits : les 45 premiers, à la suite des articles du code, auxquels ils se réfèrent, et les 5 derniers, p. 177.

(2) V. ces articles, p. 178 et s.

FIN DE LA TABLE DE L'ORDONNANCE DU 19 OCTOBRE 1828

TABLE DE CONCORDANCE

DES

LOIS, DÉCRETS, ORDONNANCES, SÉNATUS-CONSULTES, ETC.

PAR ORDRE ALPHABÉTIQUE (1).

———

N. B. La première colonne renferme, par ordre alphabétique, les mots indicateurs sous lesquels sont réunis, dans l'ordre chronologique, les lois, décrets, ordonnances, sénatus-consultes, etc., sur la même matière ; la deuxième colonne contient les titres de ces lois, décrets, ordonnances, sénatus-consultes, etc. ; la troisième leur date; la quatrième indique la page où ils se trouvent.

MOTS INDICATEURS	TITRES DES LOIS, DÉCRETS, ETC., ETC.	DATES	PAGES
A			
ADMINISTRATEURS....	V. *Saisies-arrêts*.		
ALIÉNATION.........	L. relative à l'aliénation des valeurs mobilières appartenant aux mineurs ou aux interdits et à la conversion de ces mêmes valeurs en titres au porteur................................	27 février 1880...	149
Idem.............	Dépêche ministérielle explicative de ladite loi................	3 mars 1880........	149
AVOCAT.............	Ord. sur l'exercice de la profession d'avocat, dans les colonies françaises..	15 février 1831....	81
AVOCATS	Arrêt en règlement du conseil souverain, concernant les avocats.	10 nov. 1769......	9
AVOUÉS............	Arrêté du grand juge, concernant les avoués dans les plaidoiries des affaires non sommaires...............................	25 brum. an XIII (16 nov. 1804)..	9
B			
BANQUES COLONIALES.	V. *Colonies. — Opposition*.		
BOURSE COMMUNE....	Arrêt du conseil souverain établissant une bourse commune entre les huissiers,..	10 mai 1771......	9
C			
CASSATION.........	V. *Pourvois en cassation*.		
CERTIFICATS........	V. *Saisies-arrêts*.		
CIRCULAIRE MINISTÉ-			
RIELLE..........	V. *Code de procédure civile*.		
CODE CIVIL.........	Sa promulgation aux Antilles, suspension de l'exécution du titre XIX sur l'expropriation forcée :		
	Arrêté G...	7 brumaire an XIV (29 oct. 1805)...	108
	Arrêté M..	16 brum. an XIV (17 nov. 1805)..	108

(1) V. l'explication des abréviations, p. 8.

MOTS INDICATEURS	TITRES DES LOIS, DÉCRETS, ETC., ETC.	DATES	PAGES
C			
CODE DE PROCÉDURE CIVILE............	Circulaire ministérielle relative à l'application du Code de procédure civile aux Antilles.................................... V. Colonies. — Communauté. — Délais. — Emprisonnement. — Inventaire (Bénéfice d'). — Licitation. — Mode de procéder. — Ordre. — Saisie immobilière. — Ventes judiciaires de biens immeubles.	24 mars 1807....	9
COLONIES	Décr. rendant exécutoire aux colonies le titre XIV du livre V du Code de procédure civile, intitulé De l'ordre....................	27 avril 1848.....	124
Idem............	Décr. rendant exécutoire aux colonies : 1° la loi du 12 novembre 1808, article 2, relative au privilège du trésor public pour le recouvrement des contributions directes ; 2° la loi du 14 novembre 1808, sur la saisie des biens situés dans plusieurs arrondissements ; 3° la loi du 24 mai 1842, qui a remplacé les dispositions du titre 10 du livre 5 de la 1re part. du Code de pr. civile, relatif à la saisie des rentes constituées sur particuliers ; 4° et la loi du 2 juin 1841 sur les ventes judiciaires de biens immeubles. V. Saisie immobilière.	22 janvier 1852..	90
Idem............	Décr. portant organisation du service judiciaire à la Martinique, à la Guadeloupe et à la Réunion............................	16 août 1854....	138
Idem............	Décr. portant règlement d'administration publique sur les curatelles aux successions et biens vacants à la Martinique, à la Guadeloupe, etc...	27 janvier 1855..	152
Idem............	Décr. rendant exécutoire aux colonies le décret du 30 décembre 1809 sur les fabriques d'église............................	31 octobre 1856..	174
Idem............	Décr. rendant applicable aux colonies la loi du 2 juin 1862, concernant les pouvoirs devant la Cour de cassation en matière civile.	2 juillet 1862....	83
Idem............	Décr. rendant exécutoire dans les colonies la loi du 2 mai 1855, modificative de celle du 25 mai 1838, art. 17, sur les justices de paix..	2 juillet 1862....	12
Idem............	Décr. déclarant applicable aux colonies la loi du 26 mars 1855, modificative de l'art. 781, n° 5, du Code de procédure civile....	2 septembre 1862.	132
Idem............	Décr. rendant exécutoire dans les colonies l'ordonnance du 16 mai 1835, sur les appels relatifs aux séparations de corps.........	2 septembre 1862.	132
Idem............	Décr. rendant exécutoire dans les colonies des Antilles et de la Réunion le décret du 19 mars 1852, concernant les juges suppléants..	11 février 1863 ..	106
Idem............	Décr. rendant applicable aux colonies la loi du 4 mai 1841 sur la légalisation des juges de paix............................	7 mars 1863......	89
Idem............	Décr. déclarant applicable aux colonies, sous certaines modifications, la loi du 21 mai 1858, concernant la saisie immobilière et l'ordre, art. 1, 2 et 4..................................	7 mars 1863......	112-124-128
Idem............	Décr. remplaçant l'art. 78 du Code de procédure civile..........	22 avril 1863....	25
Idem............	Décr. déclarant applicables dans les colonies divers lois, décrets, etc., concernant les saisies-arrêts ou oppositions sur les sommes dues par l'État..	6 août 1863......	91
Idem............	Décr. déclarant applicable aux colonies celui du 28 février 1852 et la loi du 10 mai 1853 sur les sociétés de crédit foncier......	31 août 1863	108
Idem............	Décr. portant application aux colonies de l'article 1er de la loi du 22 juillet 1867, relative à la contrainte par corps.............	6 décembre 1869.	15

MOTS INDICATEURS	TITRES DES LOIS, DÉCRETS, ETC., ETC.	DATES	PAGES
E			
EXPROPRIATION FORCÉE...............	V. *Crédit foncier colonial. — Ordre. — Saisie-immobilière.*		
F			
FABRIQUE D'ÉGLISES..	Décr. sur la matière, art. 12, 77, 79, 80........................	30 décemb. 1809.	174
	V. *Colonies.*		
FORMULE EXÉCUTOIRE.	Décr. concernant l'intitulé des arrêts, jugements, etc.	2 septembre 1871.	36
FRAIS ET DÉPENS....	V. *Tarif.*		
G			
GREFFE............	V. *Tarif.*		
GROSSE	V. *Formule exécutoire.*		
H			
HUISSIERS.........	V. *Bourse commune.*		
HYPOTHÈQUES.......	Ord. sur l'organisation de la conservation des hypothèques à la Martinique et à la Guadeloupe, art. 17, 18 et 21...............	14 juin 1829.....	125
I			
INTERDITS	V. *Aliénation.*		
INTITULÉ	V. *Formule exécutoire.*		
INSTRUCTIONS MINISTÉRIELLES........	V. *Mode de procéder.*		
INVENTAIRE (bénéfice d').........	L. remplaçant les articles 987 et 988 du titre 8, du bénéfice d'inventaire, livre II, 2e partie, du Code de procédure civile.......	2 juin 1841......	167
J			
JUGES DE PAIX......	V. *Légalisation.*		
JUGES SUPPLÉANTS...	Décr. portant que les juges suppléants non officiers ministériels peuvent être chargés de la confection des ordres et contributions.	19 mars 1852....	106
Idem	Décr. portant que les gouverneurs des colonies qu'il concerne désigneront parmi les juges-suppléants non officiers ministériels ceux qui devront être chargés spécialement des règlements des ordres.	7 mars 1863.....,	124
JUSTICES DE PAIX....	L. sur les justices de paix, art. 3, 10, 11, 12, 13, 14, 15, 16, 17, 18, 19.	25 mai 1838.....	12-14-15-138-183
Idem	L. modificative de la loi du 25 mai 1838, art. 17, sur les justices de paix...	2 mai 1855......	12
L			
LÉGALISATION.......	L. relative à la légalisation par les juges de paix des signatures des notaires et des officiers de l'état civil....................	4 mai 1861.......	80
LÉGATAIRES........	V. *Successions vacantes.*		
LICITATION	Ord. du roi sur les licitations et partages....................	24 août 1726....	9
Idem	L. remplaçant les articles 969 à 973, 975 à 976 du titre 7 des partages et licitations, livre II, 2e partie, du Code de procédure civile, art. 3, 4, 5 et 6........................	2 juin 1841......	159-163 167-168
M			
MINEURS	V. *Aliénation.*		
MINISTÈRE PUBLIC...	V. *Procédure.*		

MOTS INDICATEURS	TITRES DES LOIS, DÉCRETS, ETC., ETC.	DATES	PAGES
M			
MODE DE PROCÉDER..	Ord. sur le mode de procéder en matière civile à l'île de la Martinique et à l'île de la Guadeloupe et ses dépendances..........	19 octobre 1828..	9
Idem	Instructions ministérielles sur le mode de procéder en matière civile aux Antilles..	14 nov. 1828	3
N			
NOTARIAT	Décr. portant organisation du notariat à la Martinique et à la Guadeloupe, art. 19 et 28.............................	14 juin 1864.....	89
O			
OPPOSITION.........	L. organique des banques coloniales, art. 5...................	24 juin 1874.....	93
	V. Crédit foncier. — Saisies-arrêts.		
ORDRE.............	Décr. concernant l'ordre entre les créanciers	21 mai 1858.....	124
	V. Juges-suppléants. — Saisies-immobilières.		
ORGANISATION DU GOUVERNEMENT	Ord. sur le gouvernement aux Antilles, art. 175...............	9 février 1827, 22 août 1833...	174
Idem	Sénatus-consulte organique du gouvernement, art. 1er..........	4 juillet 1866...	174
ORGANISATION JUDICIAIRE	Décr. sur l'organisation judiciaire aux Antilles, art. 1 et 2.......	16 août 1854	69-138-177
Idem	Décr. créant un 3e emploi de juge au Tribunal de 1re instance de Fort de France..	28 avril 1860....	177
	V. Compétence civile.		
ORGANISATION MUNICIPALE	Décr. colonial portant organisation de la municipalité à la Martinique, art. 2, 53, 81..	12 juin 1837.....	25-174
P			
PARTAGES	V. Licitation.		
POURVOIS EN CASSATION.............	L. concernant les pourvois devant la Cour de cassation, en matière civile...	2 juin 1862	82
PRIVILÈGE	L. relative au privilège du trésor public pour le recouvrement des contributions directes; art. 2.................................	12 nov. 1808	90
PROCÉDURE CIVILE ...	Arrêt en règlement du conseil souverain de la Martinique, ordonnant l'enregist. sur les registres du greffe de l'ordonnance du mois d'août 1667 sur la procédure civile.......................	5 novembre 1681.	9
	V. Ordre. — Rentes. — Saisies-arrêts.		
PROCÉDURES	Arrêt du conseil d'État du roi, portant règlement sur les procédures dans les affaires qui étaient de nature à être introduites au Conseil par les habitants de la Martinique...................	31 juillet 1763...	9
Idem	Arrêté du grand juge, portant règlement sur les procédures susceptibles de communication au ministère public...............	25 brumaire an XIII (16 novembre 1804)	9
PROMULGATION	Ord. applicative du Code de procédure civile......	10 février et 3 mars 1829..........	9
	V. Code civil. — Colonies. — Mode de procéder. — Saisies-arrêts.		
R			
RECEVEURS	V. Saisies-arrêts.		

FIN DE LA TABLE DE CONCORDANCE.

TABLE ALPHABÉTIQUE [1]

A

(1) Cette table, renvoyant tant aux articles du Code qu'à ceux de l'ordonnance applicative, comprend implicitement les dispositions subséquentes placées sous ceux de ces articles, qu'elles complètent ou modifient.
V. l'explication des abréviations, p. 8.

D

E

O

P

Q

T

FIN DE LA TABLE ALPHABÉTIQUE.

4005-81. — Corbeil. Typ. et Stér. Crété.

A LA MÊME LIBRAIRIE

ACOLLAS (É.), Ancien Professeur de Droit civil français à l'Université de Berne, membre de la Société d'économie politique, de la Société d'anthropologie de Paris et de la Société de linguistique, etc. **Manuel de droit civil**, commentaire philosophique et critique du Code Napoléon, contenant l'exposé complet des systèmes juridiques. Seconde édition. 3 forts vol. in-8 (ouvrage complet), accompagnés d'un *Appendice* et de *Tables analytiques* très détaillées, ces dernières formant, dans leur corrélation avec le manuel, un véritable dictionnaire des matières du droit civil, Prix....... 40 fr.
Chaque volume du *Manuel* se vend séparément : 12 fr.
Le volume d'*Appendice* et de *Tables* se vend également à part au prix de 4 fr.

LAURENT (F.), Professeur à l'Université de Gand. **Principes de droit civil français.** Troisième édition. 33 volumes in-8... 297 fr.
Chaque volume se vend séparément................... 9 fr.

LAURENT (F.). **Cours élémentaire de droit civil**, 1878. 4 vol. in-8............................ 40 fr.

LAURENT (F.). **Le droit civil international**, 1880-1882. 8 vol. in-8............................ 72 fr.

ARNTZ (E.-R.-N.), Professeur de droit à l'Université de Bruxelles, associé de l'Académie royale des sciences, des lettres et des beaux-arts de Belgique. **Cours de droit civil français** contenant l'explication des lois qui ont modifié le code civil en France et en Belgique. Deuxième édition. 1880. 4 vol. in-8.................................. 36 fr.

HUREAUX, Président du Tribunal civil de Charleville. **Traité du droit de succession.** 1867-1868. 5 vol. in-8. 36 fr.

DÉDARRIDE (J.), Avocat près la Cour d'appel d'Aix, ancien bâtonnier, membre correspondant de l'Académie de Législation de Toulouse. **Droit commercial commentaire du code de commerce.** 31 vol. in-8............. 270 fr.

BERGER (E.), Juge de paix du canton de Bourganeuf, ancien notaire. **Transcription.** Distinction des actes translatifs de propriété d'avec ceux qui sont simplement déclaratifs. Explication de la loi du 25 mars 1855. 1875. 1 vol. in-8. 10 fr.

VERDIER (Fernand), Avocat à la Cour d'appel de Nîmes, ancien magistrat. **Transcription hypothécaire.** Explication théorique et pratique de la loi du 23 mars 1855, mise en rapport avec la Législation, la Doctrine et la Jurisprudence, précédée d'une introduction historique et des documents législatifs, suivie d'un appendice sur les effets de la transcription, etc. Deuxième édition. Revue, corrigée et considérablement augmentée. 1881-1882. 2 forts volumes in-8................................. 18 fr.

BONNIER (E.), Professeur à la Faculté de droit de Paris. **Traité théorique et pratique des preuves en droit civil et en droit criminel.** 4e édit., revue et mise au courant de la législation et de la jurisprudence. 1874. 2 vol. in-8........................... 16 fr.

BUCHÈRE (Ambroise), Docteur en droit, Conseiller à la Cour d'appel de Paris. **Traité théorique et pratique des valeurs mobilières et effets publics.** Rentes sur l'État, actions de la Banque, Obligations foncières et communales, actions et obligations des Sociétés commerciales. Valeurs étrangères, titres nominatifs et au porteur, etc. ; et de la législation qui les régit. Comprenant : Un commentaire de la loi du 15 juin 1872 sur les titres au porteur perdus ou volés. Deuxième édition refondue et augmentée d'après les dernières solutions de la jurisprudence et la loi du 27 février 1880. 1882. 1 fort vol. in-8.......................... 12 fr.

BUCHÈRE (Ambroise). **Traité théorique et pratique des opérations de la bourse.** Transferts, mutations et Conversions des rentes sur l'état, actions, obligations et autres valeurs mobilières. Marchés au comptant et à terme, jeux de bourse, etc., et des actions judiciaires auxquelles ils donnent naissance d'après les principes qui les régissent et les dernières solutions de la Jurisprudence. Suivi du Règlement des Agents de Change de Paris. 1877. 1 beau vol. in-8. 9 fr.

BUCHÈRE (Ambroise). Commentaire de la loi du 27 février 1880 sur l'**aliénation des valeurs mobilières** appartenant aux mineurs et interdits et la conversion des valeurs. 1882. 1 vol. in-8.......................... 3 fr. 50

BURY (Aug.), Avocat à la Cour d'appel de Liège. **Traité de la législation des mines, des minières, des usines et des carrières** en France et en Belgique, ou Commentaire théorique et pratique de la loi du 21 avril 1810 et des lois et règlements qui s'y rattachent. 2e édit., revue et mise au courant des dernières décisions judiciaires et administratives. 1877. 2 vol. in-8....................... 18 fr.

CABANTOUS et LIÉGEOIS. **Répétitions écrites sur le droit administratif**, contenant l'exposé des principes généraux, leurs motifs et la solution des questions théoriques; par MM. L. CABANTOUS, professeur de Droit administratif à la Faculté d'Aix, doyen de la même Faculté, et J. LIÉGEOIS, professeur de Droit administratif à la Faculté de Nancy, président de l'Académie de Stanislas. 6e édit., revue augmentée et mise au courant de la législation. 1882. 1 fort vol. in-8........................... 14 fr.

GAMBERLIN (E.), Secrétaire de la Présidence du Tribunal de commerce de Paris. **Manuel pratique des tribunaux de commerce**, à l'usage des magistrats, des justiciables, des officiers ministériels et des divers auxiliaires de la juridiction commerciale. Divisé en six parties : 1° historique, organisation et fonctionnement des tribunaux de commerce; 2° attributions, compétence et procédure, mandataires, agréés, arbitres, etc., etc. ; 3° bourses de commerce, agents de change, courtiers, etc. ; 4° faillites, formalités, juges-commissaires, syndics, comptabilité des faillites ; 5° conseils de prud'hommes, législation, attributions, compétence et procédure; 6° formulaire général commenté et annoté. 1879. 1 fort vol. in-8............................... 10 fr.

CASSASSOLES, Ancien Magistrat. **Nouveau guide du juge d'instruction** théorique et pratique, avec formulaire. 4e édit., revue, augmentée et refondue d'après les nouvelles lois organiques. 1869. 1 vol. in-8................. 6 fr.

CELLIEZ (Henri) et LE SENNE (Charles), Avocats à la Cour d'appel de Paris. **Loi de 1881 sur la presse**, accompagnée des travaux de rédaction, savoir : le rapport de la Commission d'initiative qui a préparé la loi pour la Chambre des Députés ; les trois délibérations de cette Chambre avec les rapports supplémentaires ; le rapport et la délibération du Sénat et suivie de la circulaire ministérielle du 9 novembre 1881. Le tout conforme au compte rendu *in-extenso* du *Journal officiel*, avec observations et table alphabétique. 1882. 1 fort vol. in-8..................... 12 fr.

CHARRIER-LUIGNET (F.), **Code pratique ou le Code civil expliqué dans ses rapports avec le code de procédure**, contenant : 1° l'exposé des motifs avec la solution de chaque article; 2° une table alphabétique et raisonnée de la marche à suivre dans le cas qui se présente. 1872, 2 forts vol. in-8............................ 16 fr.

COTELLE, Docteur en droit, avocat au Conseil d'État et à la Cour de cassation, et professeur à l'École des ponts et chaussées. **Législation française des chemins de fer et de la télégraphie électrique.** 2e édit., 2 vol. in-8..... 16 fr.

CURASSON. **Traité de la compétence des juges de paix**, dans lequel la loi du 25 mai 1838 et toutes les lois de la matière sont développées et combinées avec les principes de droit qui s'y rattachent et les règles de la procedure civile et criminelle. 4e édit., revue, annotée et mise au courant de la Législation, de la Doctrine et de la Jurisprudence jusqu'à ce jour, par MM. POUX-LAGIER et Paul PIALAT, docteurs en droit, avocats du barreau de Dôle. 1877-1979. 2 beaux vol. in-8............................. 20 fr.

DEJEAN (Oscar), Ancien Magistrat. **Traité théorique et pratique des expertises** en matières civiles, administratives et commerciales. Manuel des experts. 2e édit., revue, augmentée et mise au courant de la jurisprudence. 1880. 1 gros vol. in-8............................ 9 fr.

DOMENGET, Docteur en droit, juge d'instruction à Bergerac. **Institutes de Gaïus**, contenant le texte et la traduction en regard, avec le commentaire au-dessous. Nouvelle édition, revue et considérablement augmentée. 1 vol. in-8.... 8 fr.

FOLLEVILLE (Daniel de), Avocat à la Cour d'appel, professeur à la Faculté de droit de Douai. **Traité de la possession des meubles** et des titres au porteur. 2e édit., avec la collaboration de M. Jules LONFIER, avocat, docteur en droit. 1875. 1 très fort vol. in-8...................... 12 fr.